Todo un mundo por descubrir

El desarrollo del niño de 6 a 24 meses.

Crecer jugando. El arte de vivir. Para padres y profesionales

Elizabeth Fodor
Montserrat Morán

Todo un mundo por descubrir

El desarrollo del niño de 6 a 24 meses.

Crecer jugando. El arte de vivir. Para padres y profesionales

EDICIONES PIRÁMIDE

COLECCIÓN «GUÍAS PARA PADRES Y MADRES»

Diseño de cubierta: Gerardo Domínguez

Realización de cubierta: Anaí Miguel

Fotografía de cubierta: Amador Toril

Fotografías de interiores: Rocío Carballo

Ilustraciones: Carmen Redondo
Sparafucile\Mashica

ADVERTENCIA
Las autoras y el editor renuncian explícitamente a hacerse responsables de cualquier accidente o perjuicio (personal, económico o de otra índole) que se pueda sufrir como consecuencia, directa o indirecta, de la aplicación de cualquiera de los contenidos de esta obra.

Juan Ignacio Luca de Tena, 15. 28027 Madrid
Teléfono: 91 393 89 89
www.edicionespiramide.es
Depósito legal: M. 35.088-2018
ISBN: 978-84-368-4066-7
Printed in Spain

Dedicado a todos los padres que nos confiaron la educación de sus hijos, y especialmente para Kevin, Thomas, Carlos, Shean, Jasmin y Markus.

Índice

Agradecimientos 15

Colaboradoras 19

Introducción 21

Cómo utilizar este libro 25

¿Es posible comprender qué piensa y siente el bebé? 27

El cerebro y su funcionamiento 27
Funciones de los hemisferios cerebrales 28
El desarrollo cerebral en los dos primeros años. El sistema límbico, protagonista de las emociones 37
Cómo influyen las emociones y la motivación en el proceso de adaptación 41

Qué entendemos por concentración en los bebés 47

La atención, fundamental para la prevención del fracaso escolar 47
Percepción y memoria 51

Los sentidos, antesala del conocimiento 57

El gusto 57
El olfato 58
Los recuerdos evocados por el sentido del olfato 59
El tacto (somestesia) 59
La audición 60
La visión 61

Qué es el juego 63

La imitación como un proceso unificador entre etapas 64
Transmitir un ritmo a través de distintos contrastes en los juegos .. 67

1. Campeón de gateo. Juegos mes a mes. De 6 a 12 meses 73

1.1. Tu bebé de seis meses 80
1.1.1. El flotador 80
1.1.2. Una hamaca especial para mí 81
1.1.3. Jugando con harina de maíz 83
1.1.4. Un espejito para mí 84
1.2. Tu bebé de siete meses 85
1.2.1. El parque de atracciones 85
1.2.2. Una pelota diferente 86
1.2.3. Campeón de gateo 87
1.2.4. El rollo balancín 89
1.3. Tu bebé de ocho meses 90
1.3.1. Las pulseras de mamá. Me pongo de pie 90
1.3.2. La carretilla 92
1.3.3. Buscando juguetes aprendo a anticipar 93
1.3.4. La esencia del lenguaje 94
1.4. Tu bebé de nueve meses 96
1.4.1. Atravesando una gran montaña 96
1.4.2. Bota, bota y rebota como si fueras una pelota 97
1.4.3. Sentadito. ¿Qué suena a mi lado? 98
1.4.4. Chocando y apilando estoy pensando 100
1.5. Tu bebé de diez meses 101
1.5.1. Giro, giro como una croqueta. Balanceándome descubro mi fuerza 101
1.5.2. Trepando por la montaña 103
1.5.3. El patito, mi mejor amigo 105
1.5.4. ¡Ay, qué divertido es ver y escuchar cómo caen mis juguetes! El camino hacia la conducta inteligente 106
1.6. Tu bebé de once meses 108
1.6.1. Que nunca me falte mi balón 108
1.6.2. Una intensa vida social. Aprendiendo a compartir 110
1.6.3. La curiosidad puede conmigo. Descubriendo la tercera dimensión 111
1.6.4. Música para escuchar 112
1.6.5. Los sonidos del silencio 113
1.7. Tu bebé de doce meses 114
1.7.1. Arre, arre, caballito 114
1.7.2. Espejito, espejito, ¿quién es el niño más bonito? 116
1.7.3. El pequeño carpintero 116
1.7.4. Gusanitos saltarines 118
Hoja guía 121

2. El comienzo de la independencia. Juegos mes a mes. De 12 a 18 meses 125
2.1. Tu bebé de trece meses 128
2.1.1. ¡Soy yo! 128
2.1.2. Plas, plas, plas, caminando avanzarás 130
2.1.3. Recorriendo nuevos horizontes 131
2.1.4. Me concentro jugando 134
2.1.5. Lectura en posición horizontal 136
2.2. Tu bebé de catorce meses 138
2.2.1. Las piedras. Caminito, caminito, me llevas al río 138
2.2.2. Las bolitas. Caminito, caminito, me llevas a la montaña 139
2.2.3. Buscando, buscando, me entra la risa 141
2.2.4. Dibujo en posición horizontal 142
2.3. Tu bebé de quince meses 144
2.3.1. La esterilla. Caminito, caminito, me llevas a la cabaña 144
2.3.2. La alfombra peluda. Caminito, caminito, me llevas al prado 145
2.3.3. Andando, andando, con el equilibrio voy jugando 147
2.3.4. El orgullo de mamá. Soy creativo e ingenioso 149
2.3.5. Mi primer instrumento: el xilófono 150
2.4. Tu bebé de dieciséis meses 151
2.4.1. Que te pillo, que te pillo 151
2.4.2. Salvando obstáculos en el camino 153
2.4.3. La curiosidad me devora. Me interesa el concepto del tamaño 154
2.4.4. Los tambores 156
2.4.5. Dibujo en posición vertical 158
2.5. Tu bebé de diecisiete meses 159
2.5.1. Pío, pío, sígueme 159
2.5.2. El puente. Por debajo y por encima llegaré hasta la cima 161
2.5.3. En el barreño... ya no cabe más 162
2.5.4. La curiosidad me devora. Me interesan las formas irregulares 164
2.5.5. La hucha 165
2.6. Tu bebé de dieciocho meses 166
2.6.1. Atravesando una caja. Ya está, cuando domino algo me lo complican, pero no podrán conmigo 166
2.6.2. Cajas, cajas y más cajas. ¡Qué placer!, descubro el concepto del espacio 167
2.6.3. ¿Qué ocurre con las pelotas? Máster en matemáticas y cálculo 171
2.6.4. La caja de música 172
Hoja guía 176

3. Integrando el mundo. Juegos mes a mes. De 18 a 24 meses 181

3.1. Tu bebé de diecinueve meses 185
3.1.1. Pase misí, pase misá, por la puerta de Alcalá... 185
3.1.2. Los aros. Arriba, abajo, camina el escarabajo 186
3.1.3. Bandeja de hielo. Descubriendo el seguimiento lineal 189
3.1.4. Colorín, colorado, jugando con bolas de harina vamos. Pintura de dedos 190
3.1.5. Lectura en posición vertical 192
3.2. Tu bebé de veinte meses 193
3.2.1. Disfruto con mi independencia 193
3.2.2. Tengo un coche, vaya pasada 195
3.2.3. El pequeño arquitecto 196
3.2.4. El «supertablero» es el más completo. Un día tendré que reconocer las letras 197
3.3. Tu bebé de veintiún meses 199
3.3.1. Los bolos, soy un experto calculando 199
3.3.2. El baile del calipso. Conociendo mi esquema corporal 201
3.3.3. El escondite de los palos. Cabe o no cabe 203
3.3.4. Coser. ¿Quién dijo que coser era cosa de la abuela? 204
3.3.5. Lectura con frutas y verduras 205
3.4. Tu bebé de veintidós meses 206
3.4.1. El laberinto, la alegría me hace dar un brinco. Esquivando obstáculos 206
3.4.2. Los saquitos. Tengo un cuerpo de campeón 208
3.4.3. El corro de la patata 210
3.4.4. La serpiente de la selva encantada 212
3.5. Tu bebé de veintitrés meses 213
3.5.1. El enano y el gigante. Trucos para corregir el mal apoyo plantar 213
3.5.2. Un batería muy especial 214
3.5.3. El dominio de colocar las figuras en vertical 215
3.5.4. Un cuento para soñar 217
3.6. Tu bebé de veinticuatro meses 220
3.6.1. ¡La perdiz se escondió! 220
3.6.2. El túnel del tiempo 222
3.6.3. La torre de cristal 223
3.6.4. El cofre del tesoro 224
Hoja guía 227

4. La motivación según las últimas investigaciones en neuropedagogía. Juegos en familia 231

¿Qué es la motivación? 233
Juegos en familia. Los juegos de siempre bajo el enfoque de las últimas investigaciones en neuropedagogía 235

5. **Disfruta del mundo mágico de la cultura** 249

5.1. Introducción 251
5.2. La lógica: movimiento, ritmo y lenguaje 253
5.2.1. Relaciones sensibles y sensoriales. Audición y lenguaje 253
5.2.2. Relaciones en el espacio. Prelectura, preescritura y conceptos matemáticos básicos y de cálculo 255
5.2.3. Conciencia de las relaciones 258
5.2.4. Acceso al número 258
5.3. La música. La necesidad de una educación sensorial y musical en el aprendizaje infantil 261
5.4. Imaginando, creando, inventando 263
5.4.1. Introducción 263
5.4.2. Recetas mágicas para jugar 264

6. **Consejos útiles** 269

6.1. Todo a la boca 271
6.1.1. El chupete. Sí o no o cómo dejarlo 271
6.2. Acondicionar el espacio 272
6.3. La independencia 274
6.4. Cómo educar sin miedo 275
6.5. Los límites 276
6.6. Pautas de comportamiento 278
6.7. La rutina diaria 279
6.8. Control de esfínteres 283

7. **Por un cuerpo sano** 285

7.1. El desarrollo de la columna vertebral infantil 287
7.2. La importancia del cuidado de la cadera 289
7.3. Por unos pies sanos 290

8. **La personalidad del niño** 291

8.1. Las figuras de referencia, «los modelos» 295
8.2. La autoestima 295
8.3. ¿Qué hacer ante una rabieta? 297
8.4. El camino para el desarrollo de una personalidad sana y estable del niño. La separación de mamá 299

9. **La prevención del fracaso escolar y la violencia infantil** 303

9.1. Introducción 305
9.2. El lenguaje 307
9.3. La orientación. Espacio y tiempo 307
9.4. La capacidad de concentración 308
9.5. Los juegos de aptitudes 309
9.6. Repetición de actividades y situaciones 309

10. El desarrollo de la visión 311

10.1. Introducción 313
10.2. El aparato visual 314
10.3. Funcionamiento del aparato visual 314
10.4. Algunas observaciones y consejos sobre la visión de los bebés 317
10.4.1. Hasta los seis meses 317
10.4.2. Desde los seis hasta los veinticuatro meses 319

11. El desarrollo de la inteligencia 323

12. El desarrollo general del niño de 6 a 24 meses 329

Bibliografía 335

Direcciones útiles 339

Agradecimientos

En primer lugar, quisiera dar las gracias al destino, en el cual algunos creen y otros no, pero en el que yo creo fervientemente y, tal vez por ese motivo, me suele sorprender con todo tipo de acontecimientos singulares. Algunos no son tan agradables y ponen a prueba toda la tolerancia a la frustración —que actualmente intento enseñar a mis pequeños—, pero otros son increíblemente hermosos y, desde luego, muchos de ellos notablemente trascendentales.

Siempre he soñado que era necesario hacer algo por los muy pequeños, para que sus vidas fuesen divertidas, alegres, llenas de sorpresas y de anécdotas. De esta forma, tendrían posibilidad de crecer y madurar en compañía de unos padres ocurrentes, tolerantes, inteligentes, llenos de sentido común y humor.

La teoría la tenía muy clara, pero ¿cómo ponerla en práctica? Han pasado 34 largos y duros años de trabajo y de mucha experiencia, donde aprendí que la validez de la teoría tiene importancia en la medida en que sea posible su aplicación en la práctica. En estos años, he estado en diferentes países y he conocido mucha gente, lo que me ha enriquecido enormemente. Estoy segura de que este intercambio de riqueza humana es lo que me ha permitido crecer. Lo que en un momento me parecía un simple sueño actualmente es una realidad. En esta realidad, estoy convencida de que el destino tuvo mucho que ver, por el hecho de haber encontrado gente maravillosa, llena de humanidad y de gran profesionalidad.

Le doy gracias a la doctora Susana Kesselman, quien me ha orientado en descubrir el «pensamiento corporal»; la admiro y la quiero profundamente. A Kurt, mi marido, por creer en mí y ver, día tras día, su equilibrio, tolerancia, sensatez y amor, tanto hacia mí como hacia sus hijos y nietos. A Montserrat Morán, mi compañera y coautora del libro, a quien ha sido una alegría conocer y con quien es un placer compartir trabajo, amistad y risas. A mis muchos y buenos amigos, por soportarme, quererme y estar siempre presentes cuando más los necesito, especialmente a Mayte por dedicar tantas horas a corregir mis letras imposibles y compartir los momentos buenos y los no tanto, pero siempre con entereza y amor. A Miranda, por su inmensa valentía al afrontar la verdad y por haberme acompañado en una parte de mi camino. A «CEDAM, Centro de Enseñanza y Desarrollo de Aptitudes Musicales», con el que me he reencontrado después de tantos años y con el que colaboramos actualmente. A la doctora María del Campo porque está siempre ahí cuando necesito bucear dentro de mí. Ayudar a transformar mis debilidades en fuerzas y descubrir el bagaje de mi extensa y larga existencia. Serán cosas del destino o estas sorpresas trascendentales a las cuales me refería anteriormente.

Hacía tiempo que daba vueltas y vueltas en mi cabeza a la necesidad de crear un espacio amplio, con gente amplia en ideas, en humanidad y en profesionalidad, donde los niños puedan crecer desde su nacimiento hasta la edad adulta en un ambiente de cultura, arte y música. Obtener una formación ética, cálida y de conocimientos profundos y exquisitos, tanto si después quieren ser profesionales como si simplemente desean disfrutar de una vida de cultura.

En los primeros años de vida y en la adolescencia, es necesario estar acompañado y arropado en un ambiente rico en estímulos, haber desarrollado el interés y el placer hacia la música desde pequeñitos; entonces se relacionarán con sus amigos a través de estos medios y sabrán disfrutar de la vida de una manera sana. Éste sería el mejor remedio para prevenir la violencia infantil, el fracaso escolar y educar niños tolerantes, inteligentes, divertidos y cultos. Habremos conseguido una nueva generación maravillosa.

Elizabeth Fodor

* * *

Quisiera comenzar dando las gracias con el corazón a mi marido Rafa por su paciencia y apoyo y por ser la persona que más confianza deposita en mí cada día. Te quiero.

A mi hijo Carlos, que se ha hecho todo un hombre y colabora con nosotras con eficacia, humor y alegría en los grupos de juego. Me siento muy orgullosa de él ya que cumple a la perfección el ser modelo para los más pequeños, según palabras de los propios niños al final de curso.

Gracias a mis padres y hermanos, Mayte y Santi, por estar ahí siempre que les necesito.

Alguien dijo que un profesor es el que enseña, y un maestro, aquel del que se aprende. Elizabeth Fodor es maestra, ya que sin decir nada es capaz de transmitir a los niños todos sus conocimientos y hacerles sentir que son el centro del universo. Hay momentos en los que trabajando junto a ella me siento como una niña que absorbe por su piel todo lo que ella transmite con sus gestos y palabras. Gracias, nena.

Aquel que diga que todo lo sabe sobre su profesión posiblemente no tiene la suerte de trabajar con niños. Quisiera referirme a las mamás que han depositado su confianza en mí, y a sus hijos, que cada día me ofrecen la oportunidad de sorprenderme de nuevo.

MONTSERRAT MORÁN

Colaboradoras

Nuestro más sincero agradecimiento a Ana Ley Echave-Sustaeta por la colaboración profesional y humana y por tantas horas de trabajo invertido en la revisión del desarrollo visual de los bebés y de los niños pequeños. Ella es optometrista por el New England College of Optometry, Boston, y colaboradora de la Association for Childhood Education International.

También damos las gracias de corazón a Andrea Moleres, profesora de enseñanza preescolar, dedicada a trabajar con la primera infancia y en grupos de juego de padres e hijos. A ella le debemos la incorporación de las canciones que acompañan los juegos, enriqueciendo profesionalmente nuestro trabajo, haciéndolo más divertido. Gracias, Andrea, por compartir con nosotras tantas horas divertidas, por tu natural alegría y carisma con los niños y adultos.

Queremos manifestar nuestro agradecimiento a Esther Rubín, a la que conocimos como mamá cuando acudía a los grupos de juego con sus hermosos y divertidos hijos Jaime y Gabriel. Gracias, Esther, por acercarnos al mundo científico con tus aportaciones sobre cómo funciona el cerebro de un bebé mientras juega. Nadie mejor que tú como mamá y neuropsicóloga para aportar tu conocimiento y aproximarnos así a los nuevos estudios sobre el cerebro infantil en relación con los juegos.

A todo el equipo de profesionales, que ha crecido notablemente desde la primera edición de este libro hasta la ampliación actual: Clara, Susana, Katia, Esther, Ana y Merche. Gracias por colaborar con tantas ideas novedosas y estar tan comprometidas con nuestro proyecto en la educación de los pequeños.

Introducción

Querido lector: si en estos momentos estás leyendo nuestro libro, estamos seguras de que ya conoces el primer volumen, *Todo un mundo de sensaciones, mi bebé de 0 a 6 meses* —publicado por esta misma editorial y ampliado y revisado en el año 2013—, dirigido a la etapa inicial de la vida con divertidos juegos para los pequeñines.

El objetivo del libro *Todo un mundo por descubrir* es llevar a la práctica las ideas de Jean Piaget y Lev Vygotski, psicólogos pioneros en el desarrollo cognitivo infantil. En la ampliación y revisión actual queremos acercarnos a las nuevas investigaciones en neurociencia. **¿Cómo funciona el cerebro del niño pequeño? ¿Qué piensa y siente el bebé?** Al mirar a nuestros hijos, más de una vez nos hemos hecho estas preguntas.

Esther Rubín, neuropsicóloga y madre de dos niños pequeños nos da la respuesta colaborando en esta edición, acercando con sus conocimientos tanto a los padres como a los educadores al mundo científico.

De esta manera nos ayuda a sacar el mayor beneficio para nutrir el cerebro infantil teniendo en cuenta que tanto la información como la carga emocional sean positivas, así como que su medio ambiente sea rico en experiencias sensoriales y motoras, favoreciendo de esta manera una conducta y actitud inteligentes.

Esther Rubín encuentra el camino con su magnífica exposición para que podamos entender un mundo tan complejo como es la mente de un bebé. Su gran profesionalidad, su pasión por estar siempre al tanto de todas las nuevas investigaciones y su faceta de madre, siempre presente mental y emocionalmente en la vida de sus pequeños, han logrado que todos los que la conocemos sintamos admiración, respeto y un gran afecto por ella. Gracias, Esther, por tu magnífica colaboración para comprender y sincronizar cuerpo, movimiento y juego.

Además de los juegos que se ofrecen para las etapas cruciales del desarrollo del niño de 6 a 24 meses, se incluyen temas tan importantes como:

— Las rutinas diarias en el ambiente familiar.
— El niño demasiado apegado a su madre.
— Las rabietas y miedos.
— Control de esfínteres y los sentimientos contradictorios.
— La capacidad de anticipar como preludio al desarrollo de la inteligencia.
— Cómo conseguir que la primera experiencia de aprendizaje sea placentera, evitando así, en el futuro, el fracaso escolar.
— Desarrollar el placer por la literatura, el arte y especialmente la música, como ayuda para obtener la habilidad de pensar con lógica. Dicha habilidad constituirá la base para el futuro aprendizaje de la lectura y las matemáticas.
— Experimentar con el sonido del silencio y con las actividades manuales.
— Cómo lograr el desarrollo moral que lleva a la indispensable transformación del niño en un ser autónomo, hacia la tolerancia y el respeto mutuo.

El niño aprende todas estas aptitudes y conceptos desde muy pequeño y a través de las relaciones que establece con sus padres. Nuestro objetivo es facilitar estos juegos amenos y alegres y algunos que otros pequeños trucos que hemos aprendido observando, durante los últimos 34 años, en la interacción de los niños con sus padres en los grupos de juegos, obteniendo una óptima calidad educativa.

También te orientaremos sobre los logros que tu hijo irá consiguiendo con el tiempo; por lo tanto, no intentamos forzar una destreza determinada en el niño, sino poner los medios precisos para que el desarrollo muscular y nervioso se produzca con un ejercicio ordenado y adecuado a las posibilidades reales de un niño, según su edad y el grado de desarrollo logrado ya en etapas anteriores. No debemos olvidar que para que un niño pueda arrastrarse, gatear, caminar, hablar, leer o escribir debe producirse una maduración cerebral.

El principio básico que determina el desarrollo del niño es la ley céfalo-caudal y próximo-distal y el desarrollo del tejido nervioso. De nada sirve poner a un niño de pie antes de que, a nivel cerebral, haya obtenido el control cefálico, como tampoco forzarlo para andar si no está preparado para ello, pero sí podemos motivarlo a través de juegos adecuados según la etapa evolutiva en la que se encuentre.

El despertar de los sentidos de los padres beneficia enormemente a los niños. Al tomar contacto con sus propios cuerpos, sensibilizándose y compartiendo juegos con otros padres y niños, se vuelven más tolerantes, comprensivos, creativos y divertidos. Se les abren nuevos horizontes, cómo enseñar a sus hijos la compasión, valorar el sufrimiento ajeno, inculcarles el concepto real pero positivo de la vida. Educar y formar en la tolerancia y en la convivencia.

Los programas del Método Pedagógico a través del Movimiento y los Sentidos ayudan a los padres a fomentar estos valores para prevenir y evitar la violencia infantil en el futuro. Los padres que tienen hijos adolescentes y han trabajado con esta metodología comentan que en la actualidad son sanos, deportistas, eficientes, integrados en su medio ambiente y tolerantes. Tienen sentido del humor y sentido común; cuando sienten deseos de realizar alguna acción, la saben evaluar coherentemente llevándola a la práctica, por lo que hay un buen equilibrio entre la emoción, el pensamiento y la acción. Además, son buenos estudiantes, ya que encuentran placer en ello.

A lo largo de este libro nos acercamos a los datos que nos aportan los estudios científicos; la manera en que influye el aprendizaje lúdico sobre el comportamiento del niño pequeño y la forma de dejar al niño crecer respetando su ritmo, estableciendo una correlación entre un ambiente sociocultural rico en estímulos y sus aptitudes; considerando la inteligencia —según Alfed Binet, David Wechsler, Daniel Goleman y Howard Gardner— un conjunto de aptitudes entre las que se cuenta no sólo la capacidad de razonar, sino también la creatividad, la introspección, la perseverancia, la flexibilidad y la velocidad a la que el cerebro procesa la información.

Por tal motivo nos gustaría hacer hincapié en la filosofía de nuestro método pedagógico, que se basa en la motivación lúdica, para lograr un desarrollo global e integral del niño. A continuación podéis encontrar los esquemas de cómo se produce esta motivación, utilizando juegos específicos para despertar armónicamente todas las áreas del cerebro y ayudar a descubrir un sinfín de aptitudes en el niño.

Recuerda

La validez de la teoría tiene importancia en la medida en que sea posible su aplicación en la práctica. El niño toca, ve y oye según le hayan enseñado a hacerlo. Los sentidos se convierten en antesala del conocimiento.

Cómo utilizar este libro

Ten el libro siempre a mano. Procura ir leyendo poco a poco, no es necesario que lo hagas de un tirón.

Te recomendamos que vayas leyendo siempre por delante de la edad del niño; sería conveniente que apuntaras y subrayaras todo aquello que te parezca interesante y que señalases las páginas mediante dobleces. Queremos que se convierta en tu aliado, no en un libro más de tu biblioteca.

Según avances en la lectura, sentirás la alegría y el entusiasmo de ir aprendiendo junto a tu hijo. El placer de ser padres es ayudar al niño a crecer y desarrollarse de forma equilibrada en todos los aspectos de su vida.

Los juegos están divididos por meses, de forma que cuando tu pequeño cumpla seis meses podrás comenzar a jugar con el capítulo «Tu bebé de seis meses», y así sucesivamente. De cualquier forma, recuerda que cada niño es diferente y tiene su desarrollo particular; por lo tanto, observa a tu pequeño; tal vez necesite continuar durante un tiempo practicando los juegos anteriores.

Hemos dividido el libro en seis grandes bloques:

- Bases científicas y últimas investigaciones en las que se apoya la teoría de nuestra metodología y trabajo. Ampliado con: «¿Qué entendemos por concentración en los bebés?». Concentración en acción, concentración en movimiento y concentración en quietud.

- Juegos mes a mes. Cada uno de ellos consta de tres partes: ¿Qué necesitamos para realizarlos?; ¿Cómo hacerlo?, es decir, el desarrollo del juego, y los Objetivos que perseguimos con cada uno de ellos. Cada etapa tiene un nombre que hace referencia al desarrollo del niño. Éstas son: «Campeón de gateo», de 6 a 12 meses. «El comienzo de la independencia», de 12 a 18 meses. «Integrando el mundo», de 18 a 24 meses.
- Ampliado con un nuevo capítulo titulado «La motivación según las últimas investigaciones en neuropedagogía. Juegos en familia».
- El mundo mágico de la cultura.
- Los consejos útiles, en los que se engloban consejos sobre diferentes aspectos del desarrollo físico, emocional e intelectual del niño.
- Desarrollo del niño visto desde distintas áreas:
  — Desarrollo de la visión.
  — Desarrollo de la inteligencia y el lenguaje.
  — Desarrollo general del niño de 6 a 24 meses.

Cuando comenzamos a escribir tuvimos que decidir el género que íbamos a utilizar para referirnos al bebé, niño o niña; para evitar escribir «él» o «ella» constantemente, dado lo incómodo que resulta a la hora de realizar una lectura fluida, elegimos los pronombres masculinos por ser los que se utilizan como neutros en nuestro idioma.

Todo listo para emprender uno de los oficios más difíciles y maravillosos:

«EL DE SER PADRES»

¿Es posible comprender qué piensa y siente el bebé?

Desde la década de los noventa hasta la actualidad, el estudio del cerebro ha dado como resultado una mejor comprensión y un mayor conocimiento sobre su funcionamiento favoreciendo nuevos abordajes en el campo de la clínica y la educación. El logro más reciente es el de varios equipos estadounidenses del Allen's Institut of Brain Science, que han conseguido crear el primer mapa completo de las conexiones neuronales en el cerebro de un mamífero (rata) y, por otro lado, un mapa de alta resolución de regiones genéticamente activas en cerebros humanos durante su desarrollo intrauterino (publicado en *Nature* el 2 de abril de 2014).

El cerebro y su funcionamiento

El cerebro humano, sede de la inteligencia, la creatividad y la memoria, consta de alrededor de un billón de células; unos cien mil millones son neuronas conectadas entre sí formando redes. Su peso es aproximadamente de 1.500 g.

Las estructuras más voluminosas son los dos hemisferios cerebrales: hemisferio derecho y hemisferio izquierdo, que están conectados entre sí por el cuerpo calloso. Éste es una estructura fibrosa que se encarga de integrar y coordinar las funciones de los dos hemisferios. Los hemisferios cerebrales guardan en su interior diversas estructuras, algunas de las cuales conforman el sistema límbico, implicado principalmente en tareas de aprendizaje y memoria, así como de regulación de las emociones, y en conseguir que el cuerpo responda ante situaciones de estrés. Algunas de estas estructuras forman parte del tronco encefálico además del cerebelo, situado detrás de éste, y el bulbo raquídeo, encargados de la coordinación de los movimientos y de las funciones autónomas, como la cardíaca, la respiratoria y la digestiva respectivamente. Entre las funciones del bulbo raquídeo también está la de las transmisiones nerviosas entre la médula espinal, transmisora de las sensaciones que recibe nuestro cuerpo, y el cerebro.

La parte más superficial de los hemisferios cerebrales es la llamada corteza cerebral, donde se almacena la mayor parte de la información.

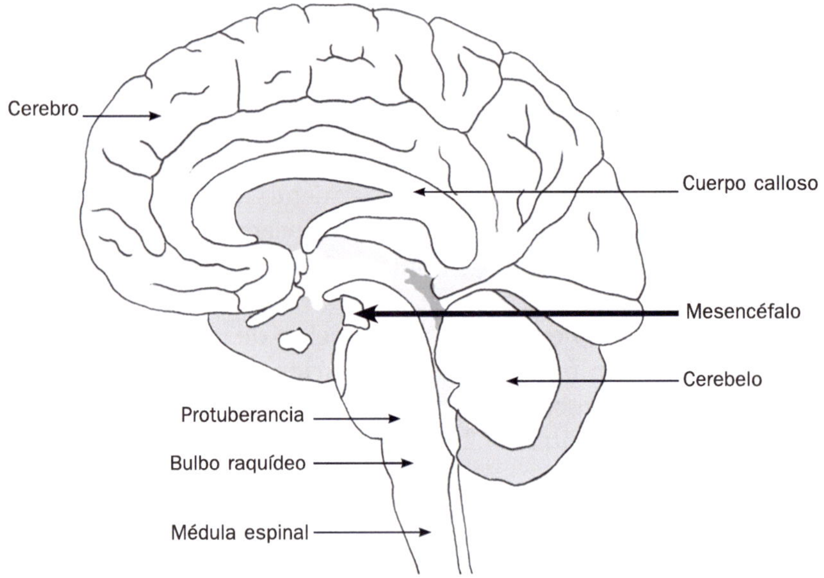

Figura 1. Anatomía básica del encéfalo humano.

De la actividad colectiva de todas estas estructuras y de sus células nerviosas aflora la conducta inteligente.

Funciones de los hemisferios cerebrales

La capa externa del cerebro es lo que se conoce como corteza y es donde se va a almacenar la mayor parte de la información procedente de los órganos de los sentidos, ojos, oídos, nariz, boca, piel, y los órganos internos. Dicha información va a viajar a través de la médula espinal y el tronco cerebral y otras estructuras subcorticales hasta la corteza, donde alcanzará las áreas específicas para cada tipo de información. La corteza cerebral se divide en dos hemisferios, el derecho y el izquierdo.

Con la llegada del lenguaje hablado, las funciones estarán cada vez más lateralizadas, es decir, que cada hemisferio procesará estímulos de diferentes orígenes, y además el procesamiento de la información será distinto. **El hemisferio derecho tiene un protagonismo en el aprendizaje de tareas nuevas, mientras que el hemisferio izquierdo se encarga más de las tareas automáticas o ya aprendidas.**

Hemisferio izquierdo: Control del hemicuerpo derecho	Hemisferio derecho: Control del hemicuerpo izquierdo
Procesamiento cognitivo: • Abstracto. • Lógico. • Racional. • Serial. • Fragmentario.	Procesamiento cognitivo: • Concreto. • Intuitivo. • Emocional. • Paralelo. • Global.
Comprensión y expresión del lenguaje.	Prosodia y creatividad literaria.
Lectura y escritura.	
Orientación espacial. Uno mismo con respecto al espacio.	Orientación espacial. Reconocimiento de mapas.
	Reconocimiento de los objetos a través del tacto.
Funciones motoras simbólicas (por ejemplo: peinarse o saludar).	Actividades motoras gruesas.
Actividades motoras finas.	Mímica y gesticulación facial.
Control de ambas manos.	
Razonamiento matemático.	Control atencional.
Memoria verbal.	Memoria espacial.
Expresión de emociones positivas.	Expresión de emociones negativas.

* Referencia bibliográfica. Revista *Polibéa.*

Un ejemplo de esto podría ser la respuesta a situaciones rutinarias o nuevas. La corteza prefrontal izquierda actuaría en respuesta a situaciones rutinarias, como hacer siempre el mismo recorrido al trabajo. Sin embargo, la corteza prefrontal derecha estaría más involucrada en la toma de decisiones ante situaciones nuevas, como por ejemplo cuando el camino al trabajo está cortado y tenemos que buscar una alternativa.

Lo mismo ocurre con el lenguaje hablado, que requiere de una secuenciación de fonemas, asignando palabras a conceptos, y está lateralizado en el hemisferio izquierdo, y todo lo que implica la interpretación del lenguaje en función del tono, los gestos o el contexto depende del hemisferio derecho y es lo primero que comprende un niño. Lo mismo que pasa con los músicos profesionales, que realizan un análisis de la música y la perciben como una secuencia de notas organizadas en compases de una duración determinada, para lo cual emplean también el hemisferio izquierdo; sin embargo, nosotros simplemente apreciamos la melodía en su globalidad, función del hemisferio derecho.

Durante los primeros años de vida, sobre todo los tres primeros, la capacidad de adaptación del cerebro es extraordinaria. En el caso de producirse una lesión, la recuperación es más factible cuando la lesión cerebral ocurre durante la infancia, y serán mayores las probabilidades cuanto más pequeño sea el niño. Si, pongamos por caso, una embolia en un niño de seis años daña el hemisferio izquierdo, que generalmente es el que controla el lenguaje, es posible que la lesión no impida que el pequeño llegue a desarrollar una habilidad normal para el lenguaje. Sin embargo, la terapia de rehabilitación no tendrá el mismo éxito si la lesión afecta a un adolescente.

La superficie de los hemisferios cerebrales se divide en cuatro lóbulos: parietal, occipital, temporal y frontal.

Los *lóbulos parietales*. Son los encargados de la percepción de las sensaciones: dolor, temperatura, presión, texturas, formas y tamaños, así como de la posición de las partes de nuestro cuerpo —«propiocepción»— y la localización de objetos o personas en el espacio (parietal derecho), función que desempeña en coordinación con el lóbulo occipital.

Cuando masajeamos el cuerpo de nuestro bebé, estamos enviando señales a esta área desde las diferentes partes de su cuerpo, ayudándole a establecer su conciencia corporal desde pequeño. Es muy importante que desde el principio permitamos al niño moverse libremente para que pueda de esta manera experimentar con su propio cuerpo los diferentes conceptos espaciales: boca arriba-boca abajo, encima-debajo, dentro-fuera, cerca-lejos... fomentando la orientación y el reconocimiento del espacio por el que se mueve. **El aprendizaje de todos estos conceptos es muy útil para moverse con libertad y seguridad en el mundo, favoreciendo el establecimiento de las bases para la lectura y la escritura.**

A través del tacto y la manipulación de objetos, los bebés realizan el reconocimiento de las características propias de éstos: texturas, formas, volumen, materiales y temperatura.

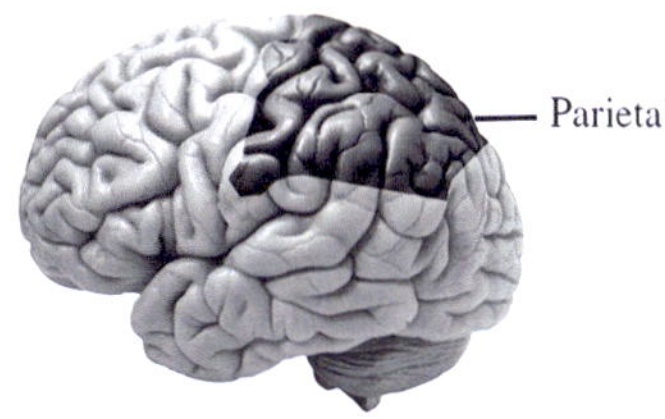

Figura 2. Te busco, te encuentro y... ¡qué gusto, mamá, cuando me acaricias! ¡Qué manos más suaves! ¡Cuánto amor en ellas!

Los lóbulos occipitales. Son los encargados de procesar la información visual: movimiento, color y forma. Es importante tener las vías de entrada en buenas condiciones para poder adquirir una óptima visión, ya que el 80% de la información que va a recibir el niño será a través de la vista.

Una forma de apoyar el desarrollo de esta área es la realización de juegos que fomenten el perfeccionamiento visual. Desde el primer mes se pueden realizar juegos visuales para mejorar los movimientos oculares y prevenir disfunciones como la hipermetropía o miopía en el futuro (véase *Todo un mundo de sensaciones,* Ed. Pirámide).

Podemos ofrecer a nuestro bebé objetos con formas, tamaños y colores diferentes para que los explore aprendiendo así sus características de modo que pueda reconocerlos en el futuro. Una experiencia visual enriquecedora, acompañada de un buen rastreo visual, permitirá la correcta identificación de letras y números, lo que favorecerá el conocimiento y la comprensión del lenguaje escrito.

Cuando nuestro bebé empiece a desplazarse, experimentará con el movimiento, las distancias y la velocidad de los objetos y de las personas que le rodean, ayudándole a establecer las relaciones espaciales, primero consigo mismo y después con los demás. Todo esto lo realiza coordinadamente con el lóbulo parietal.

Para la identificación de la forma y el color, funcionan en consonancia con los lóbulos temporales.

Debemos observar atentamente si el niño pequeño no muestra interés por lo que le rodea. Si esto sucediera, deberemos consultar con un especialista.

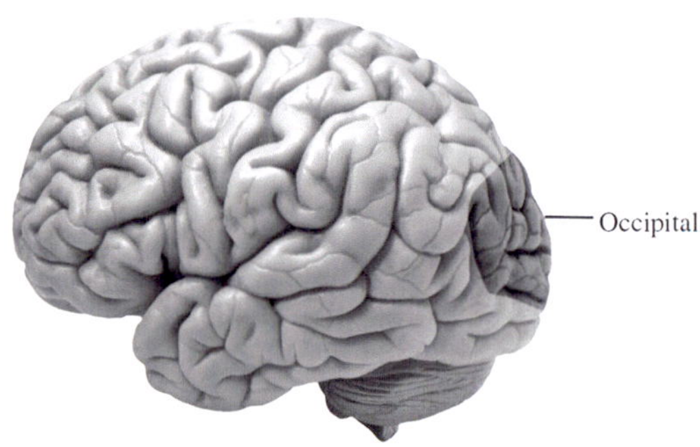

Figura 3. ¡Tengo ante mis ojos todo un mundo por descubrir!

Los *lóbulos temporales*. Esta zona del cerebro es la encargada de identificar los sonidos y clasificarlos en melodías, lenguaje o ruidos cotidianos... De forma más concreta, se encarga del reconocimiento de los sonidos y de la localización de éstos en el espacio, de la misma manera que participa en la percepción de la forma y el color. El área de Wernicke es la zona donde se realiza la comprensión del lenguaje hablado.

Los lóbulos temporales participan en algunas funciones sensoriales además de en la memoria y en las emociones. Las emociones son mediadas por el polo temporal, junto con regiones próximas tanto del mismo lóbulo temporal como del lóbulo frontal. Junto a estructuras como la amígdala, el hipocampo, el tálamo e hipotálamo y la corteza cingular, conforman el sistema límbico, origen de nuestra vida emocional.

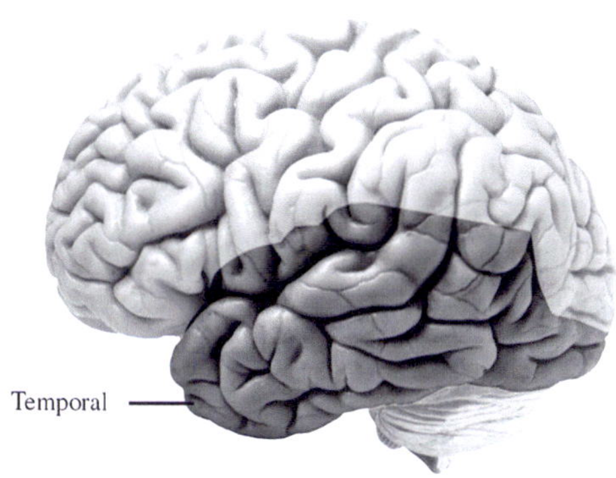

Figura 4. ¡Cuánto me gusta escuchar tu voz, sobre todo cuando cantas!

Para que el niño adquiera un buen lenguaje, es importante que le hablemos mucho y bien. Además, debemos fomentar la adquisición e integración de los conceptos de ritmo, armonía y melodía a través de juegos en los que empleemos música, marquemos ritmos en su cuerpo o les cantemos.

Desde recién nacidos hay estructuras encargadas de la audición y la visión que son cercanas y se desarrollan paralelamente. Estimularemos el desarrollo y la discriminación y localización auditiva con juegos sonoros y musicales. Podremos observar de este modo si hay una correcta audición y que no se vea afectada por catarros u otitis. Como medida preventiva revisaremos el oído dos o tres veces con el especialista durante el primer año.

Los *lóbulos frontales* son fundamentales para el comportamiento motor, tanto para la acción (ejecución, fuerza...) como para la decisión y el control de los movimientos implicados en la realización de una conducta. Intervienen en la planificación, iniciativa y resolución de problemas. Están implicados también en la regulación emocional, juicios de valor y conducta social.

Para desarrollar la motricidad gruesa fomentaremos el movimiento de las piernas, los brazos, el cuello y el tronco, dándole la posibilidad de moverse en libertad. Estos juegos favorecen la adquisición del equilibrio y fomentan una correcta integración de los ejes corporales. De este modo, se consigue un correcto desplazamiento, primero arrastrándose y gateando después, para terminar caminando.

Para el desarrollo de la motricidad fina le proporcionaremos juegos que requieran el uso de las manos, el movimiento de las muñecas y de los dedos de forma segmentada, necesario para la destreza en la escritura en el centro de Exner. En este lóbulo también nos encontramos con el centro encargado de la producción de lenguaje oral en el área de Broca. Los juegos que favorecen dicho desarrollo son todos aquellos que fomenten la producción de sonidos por parte del bebé y del niño: canciones, imitación y tertulias con mamá, instrumentos musicales, lectura de cuentos.

Tanto el uso de su cuerpo, en general, como el de sus manos, en particular, le llevarán a ser capaz de hacerse una representación mental de las cosas y personas que le rodean, lo que le permitirá encontrar solución a los retos y a las dificultades que se le van planteando. **De esta manera, el niño se va acostumbrando a planificar,**

buscar alternativas y crear nuevas opciones, conocimiento básico para la creatividad y el razonamiento, capacidades que nos definen como humanos. Esto dependerá en gran medida de la madurez de la corteza prefrontal, permitiendo al niño el manejo de representaciones mentales del mundo exterior. Todo esto se produce aproximadamente a los 8 meses de edad, lo que significa también que es capaz de saber que las cosas «existen» aunque no estén a la vista: lo que en psicología se denomina «permanencia del objeto».

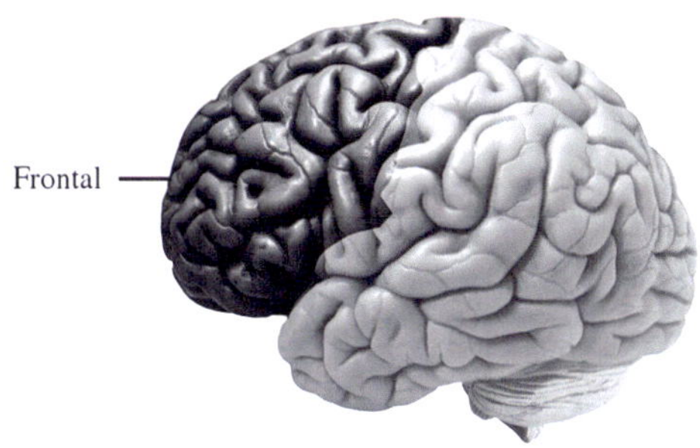

Figura 5. Con la ayuda de papá y mamá, el director de orquesta aprenderá a dirigir con coherencia y armonía.

Los procesos principales de los lóbulos son la recepción, el análisis, el codificado y el almacenamiento de la información proceden-

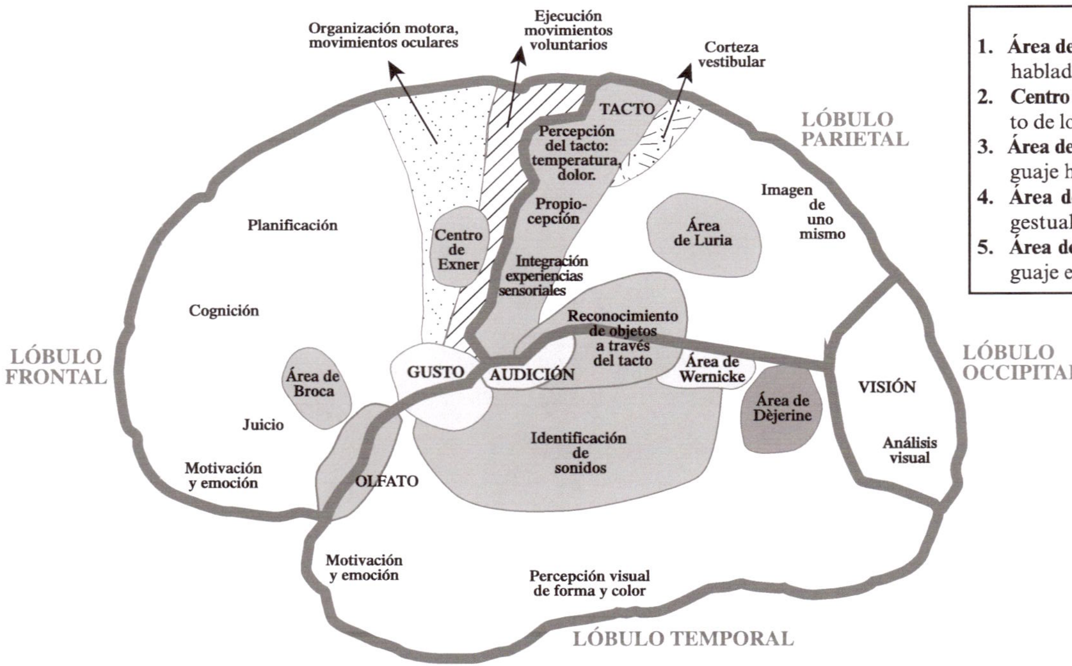

Áreas del lenguaje

1. **Área de Broca:** producción del lenguaje hablado.
2. **Centro de Exner:** control del movimiento de los dedos y mano para la escritura.
3. **Área de Wernicke:** comprensión del lenguaje hablado.
4. **Área de Luria:** implicada en lenguaje gestual y sistema fonoarticulatorio.
5. **Área de Dèjerine:** comprensión del lenguaje escrito.

Figura 6.

te de los diferentes órganos de los sentidos y del propio organismo. Estos procesos se distribuyen en diferentes áreas:

Áreas primarias: reciben información sensorial y la registran.

Áreas secundarias: organizan la información y la codifican dándole un significado.

Áreas terciarias: son las encargadas de los procesos mentales más complejos. Realizan asociaciones y sintetizan la información procedente de diferentes áreas sensoriales.

Para nutrir adecuadamente el cerebro infantil es importante tener en cuenta que tanto la información como la carga emocional sean positivas, así como que su medio ambiente sea rico en experiencias sensoriales y motoras, favoreciendo de esta manera una conducta y actitud inteligentes. Del mismo modo, estas experiencias positivas favorecen el establecimiento de un buen vínculo afectivo con ellos fomentando un buen desarrollo de zonas frontales implicadas en la gestión de las emociones y de las respuestas al estrés. Estos aspectos son muy importantes para el desarrollo de una personalidad sana y equilibrada que permita al niño el establecimiento de relaciones constructivas y saludables en un futuro.

El desarrollo cerebral en los dos primeros años. El sistema límbico, protagonista de las emociones

Numerosas veces, al mirar a mis hijos cuando duermen, me pregunto qué es lo que estará pasando por su cabeza, cómo organizarán lo que han vivido durante el día. Cuando les observo sin anticipar lo que van a hacer, me sorprendo de lo que veo. Una vez mi hijo con quince meses cogió un posavasos de la mesa, y ya iba yo a reprenderle porque lo podía romper cuando esperé a ver lo que hacía y me sorprendió guardándolo en su sitio. Eso me reveló la capacidad que tienen ellos de observar e imitar nuestras acciones y a la vez nuestra tendencia a prejuzgar, limitando las suyas. Pero es a través de esta imitación y observación como ellos van aprendiendo del mundo y desarrollándose en él. Como padres, somos su primer referente y su puente hacia una vida independiente y autónoma. Pero antes de que esto suceda tienen que darse unos pasos previos. Y el origen está en el cerebro.

El sistema nervioso humano se desarrolla de la siguiente manera. Desde que el bebé va creciendo en tu vientre, se van formando unas estructuras con miles de millones de células dentro; unas serán las que creen órganos, músculos, huesos…, y otras, las encargadas de formar el sistema nervioso. Estas últimas, según se van creando —neurogénesis—, se van desplazando a su lugar correspondiente para cumplir su función —migración neuronal—, después se van conectando entre sí —sinaptogénesis— y, por último, las conexiones se harán cada vez más rápidas y precisas gracias a una capa blanca que recubre el axón de la neurona —mielinización—. Llegará un momento en que habrá una selección de las conexiones más utilizadas y una eliminación de aquellas que no se usan —poda sináptica.

Lo más característico del sistema nervioso de los bebés y de los niños, sobre todo durante los tres primeros años, es su plasticidad y su capacidad de adaptación. Y esto tiene total sentido puesto que no todos tenemos los mismos padres ni nacemos en los mismos sitios. Por ello el cerebro se desarrollará teniendo en cuenta lo anterior. Al nacer, nuestro sistema nervioso tiene los mismos componentes, y el desarrollo de éstos sigue un orden y un calendario establecidos. Son determinados logros que se dan en todos los humanos en el mismo orden y, aproximadamente, en las mismas edades: gatear, andar, hablar... Pero será el entorno tanto físico como social el que determine cómo se desarrolle este calendario.

La médula espinal y el tronco cerebral son dos estructuras desarrolladas al nacer. Están implicadas en la supervivencia: la médula espinal recibe la información del entorno tanto interno como externo y actúa en principio de forma refleja; por eso las pruebas que les hacen al nacer a los bebés se centran en la revisión de los reflejos. Y los irán perdiendo hacia los seis meses. Y entonces será la corteza cerebral la que vaya adquiriendo mayor control sobre la conducta. Por otro lado, alguna de las funciones del tronco cerebral, como hemos comentado más arriba, es la de mantener las constantes vitales: tasa cardíaca, presión arterial, respiración, regulación sueño-vigilia, hambre…

El tronco cerebral al nacer también está conectado a la amígdala, que es una estructura muy importante para la supervivencia e implicada en la gestión de las emociones y especialmente el estrés.

La amígdala está preparada para activarse e informar a otras estructuras tanto superiores como inferiores cuando algo emocionalmente significativo está pasando. Intervendrán estructuras superiores cuando la respuesta requiera cierto control o valoración, algo que los bebés y los niños, sobre todo entre el nacimiento y los 24 meses, harán pero de forma rudimentaria para el final de esta etapa. Por ejemplo: para los nueve meses, cuando el bebé ve a su madre preparando el biberón, anticipa que va a comer y lo muestra poniéndose contento. A los dos años el niño puede soportar la espera hasta que mamá termina de preparar la cena. Desde bebé, y según se van desarrollando las conexiones entre amígdala, hipotálamo y corteza cerebral prefrontal, el niño va a ir grabando toda la información emocional y respuestas emocionales que reciba de sus figuras de referencia. Estas grabaciones se registran más concretamente en el área orbitofrontal, encargada en los adultos de la realización de juicios sociales para escoger la respuesta o comportamiento más adecuado a la situación. **Los bebés son seres sociales por naturaleza, y sus circuitos cerebrales están programados para establecer relaciones y vínculos con el otro. El motivo principal es la supervivencia. Pero es a través de esta relación y vínculo con el otro como aprenderá a identificar y asociar emoción y situación y responder adecuadamente.** (Acerca del vínculo, véase: *Todo un mundo de emociones*, capítulo: «Comunicación emocional entre padres e hijos»). Si nuestro deseo es que nuestro hijo desarrolle una personalidad equilibrada con un enfoque positivo ante la vida, debemos poner a su disposición modelos adecuados a través de nuestro propio comportamiento. Es a partir del segundo semestre de vuestro bebé cuando estas experiencias empezarán a hacerse más conscientes, haciendo posible la práctica y aprendizaje de estos intercambios afectivos-emocionales. Seguro que si tenéis a un bebé de seis meses o más os habréis dado cuenta de lo atentos que están a explorar su entorno, observando a otros niños, a otros adultos o esa lámpara tan llamativa que cuelga del techo. Otro ejemplo que seguramente la mayoría habréis observado es el momento en que vuestro hijo señala un perro: no sólo os está indicando lo que ha descubierto, sino que está confirmando la seguridad de dicho descubrimiento, pues, dependiendo de vuestra expresión facial, el niño aprenderá si es o no seguro, y esto estará relacionado con vuestras experiencias previas. Ello nos lleva a deducir que hay miedos que son aprendidos. Otro caso típico es cuando un niño se cae; hay unos segundos en los que no sabe muy bien cómo reaccionar: si salís corriendo con cara de susto, él responderá del mismo modo, pero si por el contrario respondéis de forma serena y cariñosa, el niño se sentirá tranquilo y seguro.

Sin embargo, las conexiones con estructuras inferiores sirven para actuar de forma refleja cuando la situación lo requiere, normalmente cuando la integridad física o emocional está en juego. Por ejemplo, el bebé tiene hambre y llora, o no ve a su mamá y llora.

En el segundo semestre de vida el área orbitofrontal en la corteza prefrontal va a ir asumiendo de forma gradual el control de la vida emocional del niño, aumentando el número de conexiones sinápticas. Coincide con el momento en que el bebé empieza a interactuar más con su entorno, por ejemplo sonriendo para que su mamá le devuelva la sonrisa. Este suceso implica que la información emocional está alcanzando un nivel más consciente en el bebé, si bien es cierto que desde recién nacidos venimos preparados para experimentar las emociones y detectarlas en el otro (inteligencia social), motivo por el cual los niños enseguida se contagian de las emociones que le rodean. El aprendizaje de éstas se hace a través de la imitación, que supone una herramienta para el desarrollo de la empatía, aunque ésta no se desarrollará de forma consciente hasta meses e incluso años más tarde. Probad a captar la mirada de vuestro bebé e ir reflejando en vuestra cara diferentes emociones: veréis como él os imita, a pesar de no saber a qué emoción va asociada. Pero a partir de los 8 o 9 meses el niño va estableciendo dichas asociaciones.

La implicación del área prefrontal en la regulación de las emociones supone que los niños van asociando la emoción con lo que sucede alrededor para después ponerlo en práctica. El hecho de la aparición del juego social o el intercambio (10-12 meses) implica reconocimiento del otro y de sus emociones, además de la aparición de la capacidad de inhibición conductual, aunque de forma rudimentaria; de ahí lo adecuado de trabajar los turnos, el juego social..., por ejemplo el juego 1.6.2: Una intensa vida social. Aprendiendo a compartir. Es muy común en los grupos de juego de bebés con sus papás que a estas edades te ofrezcan el sonajero o una pelota. Si tu hijo ya lo hace, devuélveselo y compartiréis un juego que le encanta, sobre todo si va acompañado de risas y más risas.

El logro más importante en la vida emocional y afectiva del niño es la aparición del apego: el establecimiento de un fuerte lazo entre el niño y su madre o, en su defecto, el cuidador principal. A pesar de que éste está presente desde el principio: el niño busca a la madre y la madre está cautivada por el bebé, no es hasta los 6 meses cuando el bebé es consciente del verdadero afecto y de la alegría de estar con sus padres. Éste es el principal motivo por el que a los bebés a partir de estas edades les encantan los juegos de cucú-tras. Además, esta etapa coincide con la permanencia del objeto y el gateo. Cuántas veces habréis observado que vuestros hijos en los primeros meses no tenían problema para quedarse con otras personas, incluso se «iban con cualquiera», pero en un momento dado ya no les podéis dejar con nadie o ni siquiera desaparecer un minuto para ir al baño porque enseguida lloran*. Todos estos cambios se deben al aumento de actividad en la corteza prefrontal.

El periodo de los dos primeros años se caracteriza por ser una etapa marcadamente sensorial, motora y emocional. Esto se debe a que las estructuras cerebrales del bebé se están organizando y recogiendo información de todos los órganos de los sentidos y del interior del organismo para poder adaptarse al entorno y a las demandas de éste, teniendo en cuenta el propio organismo y sus necesidades.

Cómo influyen las emociones y la motivación en el proceso de adaptación

En el proceso de adaptación las emociones y la motivación van a desempeñar un papel importante, y más en su segundo año y los dos siguientes. Cada niño viene con un temperamento diferente que está grabado en sus genes*. La forma en que gestionen este temperamento dependerá en gran medida de cómo les ayudemos nosotros como padres y de los modelos que les ofrezcamos. A los niños no los podemos clasificar en buenos o malos, pueden resultar más fáciles de llevar o por el contrario un poco menos fáciles. Nuestra tarea como padres y educadores es encontrar las herramientas adecuadas para cada uno.

* Para más información acerca del tema, acompañada de vídeos ilustrativos, véase: www.efodor.com/Bebes/Cursos.html.

A uno de mis hijos, con un temperamento más introvertido, a partir de los 8 o 9 meses, y sobre todo con más edad, le resultaba incómodo estar entre gente desconocida o que le estuvieran hablando o diciendo cosas. Se ponía nervioso y lloraba, algo normal en estas edades; pero lo que hacíamos era cogerle y estar con él dándole seguridad y comprensión, acompañándolo cuando estaba con otros niños o personas con las que no tenía confianza. Siempre respetando su emoción. En la actualidad él decide cuándo quiere estar con alguien y cuándo no, y en el momento en que esto sucede no tiene problema en buscar otras alternativas con las que sentirse mejor y más cómodo. Recuerdo otra ocasión, con mi hijo de 2 años, en la que le pedí que guardara un juguete porque teníamos que ir a la cama. Él no quería y lloraba enfadado. Yo me acerqué a él y, poniéndome a su altura, le dije que entendía el enfado porque era un juguete muy divertido, pero que era hora de ir a la cama. Convencida como estaba de que convencerle me llevaría un buen rato, cuál sería mi sorpresa cuando, con su lengua de trapillo, me dijo que «tenía una idea»: «que al otro día después del baño jugaría con el juguete». **Si reconocemos su emoción y la respetamos desde tan tempranas edades, estamos sentando las bases para fomentar el respeto hacia sí mismos y hacia los demás, la identificación de sus emociones y las de los otros y la búsqueda de alternativas cuando la emoción lo requiere, esto es, transformar emociones negativas en alternativas positivas.**

Durante los seis primeros meses el cerebro del niño ha pasado de comportamientos reflejos y centrados en sí mismo y su mamá a comportamientos y acciones más voluntarios y relacionados con el mundo físico que le rodea, los objetos que se le ofrecen, las caras que se le acercan... Los movimientos oculares son más coordinados, ya son voluntarios e implican cierta anticipación, pues son capaces de buscar un objeto con la mirada, lo que implica la actividad del lóbulo frontal. También se va a coordinar en el trabajo visual con áreas temporales y parietales, determinando qué estamos viendo y de qué color para localizarlo en el espacio o seguir su movimiento.

El trabajo coordinado entre las manos y el ojo es de suma importancia, puesto que va a ser a través de la manipulación de objetos y de toda la estimulación táctil como el bebé va a ir creando

imágenes mentales del mundo material y de su propio cuerpo y las relaciones entre éstos*. A través de las manos y, mucho antes, de la boca, el niño percibe las características del mundo que le rodea, formas, texturas, dureza de los materiales, colores, volúmenes... Esto le va a permitir más adelante establecer relaciones entre los diferentes objetos, reconocerlos y al final nombrarlos (véanse *Todo un mundo de sensaciones,* capítulo «Tu bebé en el segundo semestre», y *Todo un mundo de sorpresas,* capítulo «¿Es posible prevenir el fracaso escolar desde la cuna?», Ediciones Pirámide). Esta combinación es lo que va a hacer posible el pensamiento en las etapas posteriores. El juego manipulativo, o trabajo con las manos, va a favorecer el entrenamiento de la atención, proceso básico para la recepción, elaboración y almacenaje de la información que llega al cerebro y posterior uso. Por ejemplo, el juego 1.4.4: Chocando y apilando estoy pensando.

¿Te has fijado en tu bebé en su segundo semestre? Cuando le muestras un objeto llamativo delante de sus ojos, ya acerca las dos manos al centro para alcanzarlo, e incluso jugará con él, se le escapará de una mano y lo volverá a atrapar. Empieza a haber una coordinación entre los dos hemisferios cerebrales. Según vaya aumentando la mielinización de sus axones, la coordinación va a ser más precisa y rápida. Otro de los grandes logros en motricidad fina es cuando los bebés ya son capaces de abrir la mano, y más concretamente de colocar un objeto en un lugar determinado, esto último hacia los 11 meses. En su segundo año su destreza manual se observará en la capacidad de coger con precisión objetos de diferentes tamaños y formas y encajarlos o apilarlos. Ello explica el placer y concentración que muestran los niños en estas edades por los puzles o las construcciones.

Para el segundo semestre, los hemisferios cerebrales, gracias al incremento de las conexiones del cuerpo calloso, coordinan diferentes áreas cerebrales como para poder organizar toda una serie de músculos con el objetivo de desplazarse y moverse con un fin determinado. A partir de aquí, el bebé se arrastrará, mantendrá una postura en cuatro apoyos, gateando, se desplazará y se sentará por sus propios medios siempre y cuando haya tenido la posibilidad de moverse en libertad y experimentar con el movimiento*. Esto le

---

* Para más información acerca del tema, acompañada de vídeos ilustrativos, véase: www.efodor.com/Bebes/Cursos.html.

permitirá moverse de manera independiente, pues ya no necesita del otro para desplazarse y alcanzar lo que quiere, o experimentar con los diferentes conceptos espaciales, dentro-fuera, arriba-abajo, cerca-lejos... ¡Cuánto les divierte que les persigas mientras ellos escapan gateando como rayos! O cuando ya han adquirido control y seguridad en la marcha, te encontrarás parada delante de unas escaleras mirando a tu hijo subiéndolas y bajando como si hubiera culminado el Everest y regresado al campamento base.

Entre el final del primer año y principio del segundo, el niño va a poder desplazarse en bipedestación. Esto le va a ofrecer mayores posibilidades de explorar el entorno y de ampliar las opciones o formas de desplazarse, empujando o arrastrando objetos. Por ejemplo, los juegos 1.2.3: Campeón de gateo, 1.4.1: Atravesando una montaña, 2.1.3: Recorriendo nuevos horizontes o 2.4.1: Que te pillo, que te pillo. En los grupos de juego para bebés con sus padres no me canso de oír a éstos comentar lo que les gusta a sus hijos arrastrar las sillas o empujar su sillita de paseo.

El desarrollo motor va íntimamente ligado al desarrollo somatosensorial. A través del tacto, el cerebro va haciéndose un mapa mental de las diferentes partes del cuerpo, de dónde están y de las sensaciones que de éste recibe. Por otro lado, los movimientos envían información al cerebro, y también en combinación con la visión de dónde se encuentra cada parte del cuerpo, información muy valiosa a la hora de moverse, mantener la postura, alcanzar objetos... Por eso es tan importante en estas etapas realizar juegos en los que el niño reciba sensaciones de diferentes partes del cuerpo. Del mismo modo que el desarrollo del sistema vestibular-equilibrio es primordial para todo lo anterior. Por ejemplo, los juegos 2.6.2: Cajas, cajas y más cajas, 2.3.1: La esterilla y 2.3.2: La alfombra peluda. Es cierto que ya con estas edades, y debido a su capacidad de locomoción independiente, es muy difícil darles masajes; sin embargo podéis aprovechar el momento del baño para masajearlos con la esponja o jugar con diferentes texturas, maicena, gelatina, agua, para proporcionar estímulos que favorezcan el desarrollo sensorial.

El primero de los sentidos que está más desarrollado al nacer es el del tacto, puesto que la piel, las articulaciones y los músculos envían, a través de la médula espinal y tronco cerebral, información al cerebro sobre su cuerpo y su entorno.

Por eso es tan importante y beneficioso que toquemos y acariciemos a nuestros bebés durante los primeros meses especialmente. La información saliente desde la corteza sensorial se hace más fuerte y rápida durante los primeros doce meses (mielinización). Cuando tocamos la mejilla de un bebé, experimentamos una sensación de calor y suavidad. Un grupo de nervios de las yemas de los dedos responden al calor, mientras que otro grupo lo hace a la sensación de suavidad. Es en el cerebro donde los dos mensajes se unen para darnos una imagen de la piel del bebé. Pero a la vez en el cerebro del bebé sucede algo más completo. No sólo recibe la sensación de ser tocado, sino también la calidez; además, informa de dónde le están tocando, lo que le ayuda a la creación de su propio mapa corporal, y por último y no menos importante recibe sensación de placer, estableciendo la base de experiencias emocionales y vinculación afectiva. Por tanto, la estimulación del sentido del tacto va a favorecer no sólo el desarrollo de la sensibilidad táctil sino también el de las habilidades motoras, para lo que el mapa corporal va a ser primordial, además del mapa del conocimiento de su mundo físico a través de su boca y sus manos sobre todo, contribuyendo al desarrollo de su bienestar físico y emocional. Siempre en vuestra compañía y bajo vuestra atenta mirada.

Qué entendemos por concentración en los bebés

La atención, fundamental para la prevención del fracaso escolar

La atención es un mecanismo complejo en el que dos procesos diferentes suceden de forma simultánea. Por un lado, el mantenimiento de la vigilia y la alerta y, por otro, el control y dirección de la atención. La primera se puede considerar latente e involuntaria y la segunda sería la parte visible y voluntaria del proceso de atender. Para que este proceso se dé, el niño necesita, como punto de partida, mostrar interés por lo que tiene delante, es decir, sentirse motivado. Además, el hecho de atender le va a permitir percibir la información de lo atendido de manera global y almacenarlo posteriormente en su memoria.

El proceso atencional comienza cuando un estímulo capta la atención de nuestro bebé. En ese momento el niño dirigirá su mirada, cabeza, cuerpo y mente hacia dicho estímulo. El paso siguiente será ponerse manos a la obra. En el caso de un bebé de 6 meses, podrá ser la voz de mamá tarareando su canción favorita: el bebé se quedará ensimismado mirándola proyectando toda su atención sobre ella. En el de un gateador, le encantará explorar su entorno ahora que puede desplazarse y toda su atención estará puesta en esta tarea. A un niño en su segundo año probablemente le encante sentarse delante de puzles o encajables y probar dónde encajan las piezas o sacar objetos de un sitio para trasladarlos a otro. **Los niños necesitan su tiempo para explorar y sacar el máximo partido a lo que tienen delante. Por eso es importante dar tiempo al niño, que**

procesa la información más lentamente. Lo que se abre ante sus ojos es un mundo por descubrir, con un cerebro por construir.

Por lo tanto es indispensable que tanto el niño como el adulto que realiza las actividades con el pequeño concentren toda la atención en COMPRENDER el PORQUÉ del juego y no sólo en cómo se realiza. A medida que vamos comprendiendo el porqué de las cosas y situaciones, nuestro cerebro irá reorganizando y almacenando dicho proceso, integrándolo en todas las experiencias previas. El PORQUÉ representa la parte emocional del proceso. El motivo por el cual el niño ha elegido el juego es primordial para el aprendizaje. No puede haber un buen aprendizaje, si lo que hacemos no nos emociona. No es lo mismo copiar y memorizar textos al estudiar que comprender el verdadero significado, guardarlo en su «cajita» de memoria, de modo que cuando se presenten situaciones en las que necesitemos valernos de él, entonces ¡ZASSS!, se iluminará el conocimiento en todo su esplendor.

Pues todo este proceso atencional hará posible una mejor actuación en el aprendizaje, la búsqueda y resolución de problemas, la creatividad... A través del juego podemos favorecer y entrenar la atención, como queda reflejado en el capítulo «La motivación... Juegos en familia», donde se favorecerá la estimulación de los distintos procesos vinculados al funcionamiento de la atención, imprescindible para el éxito en las etapas escolares.

Reategui (1999) señala que la atención es un proceso discriminativo y complejo que acompaña todo el procesamiento cognitivo, además de ser el responsable de filtrar información y asignar recursos para permitir la adaptación interna del organismo en función de las necesidades externas. Se puede decir que la atención posee ciertas características además de la orientación hacia el estímulo o estímulos relevantes. Entre ellas están la estabilidad atencional y la concentración, de las que hablaremos, puesto que la distribución y la flexibilidad atencional requieren circuitos cerebrales más avanzados, que todavía no están maduros en los niños de 6 a 24 meses.

Estabilidad atencional. Dependerá de las características del estímulo y de la capacidad que tengamos para mantener el interés en él. Esta característica define la atención sostenida. En el niño pequeño el tiempo que permanecerá atento será limitado, y una vez que haya sacado toda la información posible pasará a otra cosa. Esto refleja la preferencia de los bebés por la búsqueda de la novedad. Recuerdo que en el primer cumpleaños de mi hijo pequeño, cuando le entregamos un regalo con un bonito envoltorio, rasgó el papel, abrió la caja, sacó el muñeco que había dentro, y cuando nos quisimos dar cuenta, estaba llenando la caja con los trozos de papel del precioso paquete. Si le mostramos objetos de diferentes tamaños y formas, atraeremos su atención, que mantendrá el tiempo que necesite para conocer el objeto. Alrededor de los 6 meses, los bebés están más abiertos a lo que sucede alrededor y es la etapa en la que van adquiriendo mayor autonomía en el desplazamiento, abriéndose un millón de posibilidades a su alrededor: motrices, cognitivas, emocionales...

Concentración: consiste en ignorar lo que no interesa en favor de lo interesante para la realización de una tarea determinada, en un momento determinado y por un tiempo prolongado. Esto requiere capacidad, motivación y resistencia a las distracciones. En esta definición están reflejados aspectos de los diferentes tipos de concentración propuestos por Elizabeth Fodor. Según E. Fodor, y en esto coincide con otros autores, la atención sostenida es la base de la que surge la concentración. E. Fodor, yendo un paso más allá, establece la siguiente clasificación:

a. **Concentración en acción*:** significa mantener la mente activa integrada con la actividad motora. *Integra* la concentración mental con el cuerpo en movimiento. Armoniza los hemisferios para lograr una mayor claridad mental. Es imprescindible para la planificación y organización de proyectos. Imprescindible también para la redefinición de dichos proyectos, aumentando la eficacia. Conlleva una disciplina y establecimiento de prioridades. Sería el mecanismo necesario para el afrontamiento de retos, situaciones novedosas y resolución de problemas.
b. **Concentración en movimiento.** En ella existe una sincronización del pensamiento o actividad mental con la acción o conducta. Se podría decir que es la que desarrollan con eficacia los deportistas. En ésta se pondrían en marcha dos procesos: por un lado, uno automático, que es la ejecución de la acción, y, por otro, aquel que se mantiene alerta inhibiendo lo irrelevante y disruptivo pero a la vez abierto a cualquier cambio y adaptación que requiera según el ambiente. En el

---

* Para más información acerca del tema, acompañada de vídeos ilustrativos, véase: www.efodor.com/Bebes/Cursos.html.

momento en que el niño adquiere autonomía en la locomoción, es la concentración en movimiento la que se pone a funcionar. El niño va adaptando los movimientos de su cuerpo a los diferentes obstáculos que aparecen. Por eso es positivo que les dejemos tiempo en el suelo, gateando, trepando por papá, levantándose, esquivando la mesa… que les ayudemos a bajar y subir las escaleras o las rampas…

c. **Concentración en quietud.** La atención está totalmente volcada sobre un estímulo relevante o interesante que lo tiene totalmente absorto. En relajación empleamos concentración en quietud. La diferencia que se establece con las demás es el carácter voluntario de las anteriores. Tanto en la concentración en acción como en movimiento se da una búsqueda activa por parte del bebé. Sin embargo, en la concentración que nos ocupa el estímulo es externo.

La concentración en quietud funciona en el niño desde el momento de nacer. Las demás las va a ir adquiriendo a la vez que se van desarrollando los circuitos neuronales necesarios para el control de la atención y otras capacidades. La manipulación de objetos a través de las manos va a permitir al niño entrenar su capacidad atencional, sobre todo el control de la atención sobre aquello que le interesa. Las manos dirigirán su atención, poniendo en funcionamiento la concentración en acción.

Teniendo en cuenta la clasificación anterior de E. Fodor, vemos que todos los aspectos englobados en el concepto de atención son muy importantes y necesarios para el desarrollo tanto motor como cognitivo del niño, que va a ir progresando desde el mismo de momento de nacer.

TIPOS DE CONCENTRACIÓN	CÓMO SE TRADUCE EN LA PRÁCTICA
Concentración en acción	Un bebé de 8 meses sentado en el suelo de la cocina entretenido con las tapas de las ollas, sacándolas, chocándolas… Un bebé de 12 meses intentando sacar una pelota de una botella, primero metiendo la mano, después sacudiéndola para terminar dándole la vuelta. Un bebé de 21 meses buscando la manera de completar un puzle.

TIPOS DE CONCENTRACIÓN	CÓMO SE TRADUCE EN LA PRÁCTICA
Concentración en movimiento	Un bebé gateando detrás de una pelota. Un bebé de 18 meses llevando una caja de un lado para otro, pasándola entre la mesa y el sofá, intentando meterse o subirse en ella.
Concentración en quietud	El bebé siguiendo atentamente la cara de mamá con sus idas y venidas. Un bebé absorto en la música que está sonando. Un bebé que se relaja y deja que papá le acaricie con sus manos llenas de amor. Un bebé en su segundo año escuchando el mismo cuento una y otra vez.

Percepción y memoria

El proceso de percibir está íntimamente ligado al proceso atencional y a la memoria. Como característica se destaca su subjetividad. Cómo percibamos el mundo que nos rodea dependerá de nuestras experiencias, preferencias, motivaciones, estados de ánimo… y actuaremos en función de nuestra percepción.

Por eso es importante adaptar los diferentes juegos a la edad evolutiva de cada niño, para que puedan ir procesando la información para la que están preparados. Todo ello dependerá de su desarrollo cerebral y de su entorno, de manera que se vayan estableciendo las estructuras sobre las que asentarán todo el conocimiento y las experiencias posteriores.

La memoria es el resultado de almacenar diversos tipos de información de diferentes maneras y que surgen según van madurando los diferentes circuitos cerebrales. La inteligencia necesita de la memoria para su desarrollo. Cualquier avance y éxito en la vida de nuestro pequeño dependerá de la capacidad que desarrolle para archivar experiencias y utilizarlas posteriormente almacenando en la memoria a largo plazo o en la memoria a corto plazo.

La memoria a largo plazo, como su propio nombre indica, es la que permanecerá almacenada en nuestro cerebro para siempre y no necesariamente siempre consciente: como las vacaciones en la playa cuando tenías 8 años. **La memoria a corto plazo es la que utiliza nuestro bebé de 13 meses cuando le pedimos que lleve la galleta a papá: mantiene la consigna el tiempo necesario para realizarla.**

La memoria explícita es aquella que guarda recuerdos de qué, cuándo, cómo... Es el caso del pequeño de 23 meses que se señala la pupa y hace «¡guau, guau!», queriendo decir que fue ahí donde le mordió un perro. O cuando empieza a asociar sonidos y pseudopalabras a los objetos, al comienzo de su segundo año. Ésta va a contribuir a crear la historia de vida de vuestro hijo, sus experiencias, conocimientos...

Sin embargo, la memoria implícita es aquella que no requiere un recuerdo consciente y declarativo. Es el caso del bebé que se calma tan sólo con percibir el olor de mamá. O el caso de andar o gatear, en el que no es necesario que los niños recuerden cómo se hace para después realizar la acción. O cuando escuchan una melodía conocida y se calman. Recuerdo que a mi hijo mayor, a la edad de 9 o 10 meses, le empezamos a poner un disco concreto en casa, y cantábamos y bailábamos con él. Cuando hacíamos un viaje largo en coche y se empezaba a poner nervioso y a llorar, le ponía el mismo disco y se calmaba de forma automática, incluso meses más tarde. No se calmaba de forma voluntaria, era la canción en sí la que le resultaba familiar y le infundía tranquilidad y seguridad. De ahí la importancia del establecimiento de rutinas en los niños.

El aprendizaje sensoriomotor (Piaget) es el primero que surge en el desarrollo debido a que no necesita circuitos complejos. La información le va llegando al bebé a través de los sentidos y de los movimientos de su cuerpo. Estas experiencias se van grabando en el cerebro y van ayudando al desarrollo de éste. No necesitan de un análisis, de la integración y almacenamiento posterior voluntario. Cuando acariciamos a nuestro bebé, esta experiencia placentera queda grabada de manera directa e implícita. El niño no necesita querer acordarse de ello. Los bebés nacen con información ya guardada: la voz de mamá, el ritmo de su corazón y su olor. El bebé reconoce esta información desde el momento en que nace.

Para los 6 meses los bebés ya son capaces de recordar objetos pero en el mismo entorno. Empiezan a diferenciar lo familiar de lo desconocido, y aparece el miedo a los extraños. Para los 8 meses son capaces de recordar aunque los estímulos se presenten de formas distintas o en lugares diferentes. Alrededor de estos meses el bebé empieza a darse cuenta de que mamá no está. Su imagen permanece unos momentos en su memoria, lo que llamamos permanencia del objeto, algo fundamental para el vínculo. Esto se debe al aumento de actividad en la corteza prefrontal.

El bebé es capaz de establecer asociaciones: te sonrío —me haces más caso, pones la música— es la hora del baño. Por eso es importante que establezcáis una rutina para el día a día puesto que eso le va a ayudar a anticipar lo que va a llegar y le infundirá seguridad. Otro mecanismo de aprendizaje que poseen los bebés desde muy temprana edad es la imitación, a través de lo cual aprende. La capacidad de imitar en el niño va progresando desde la imitación instantánea hasta la imitación diferida, y esto requiere memoria a largo plazo y la capacidad de abstraer dicho recuerdo, hacerlo consciente y utilizarlo en el momento en que lo necesita, lo que llamamos memoria de trabajo. Esto es clave en la práctica del juego simbólico. Observaréis como vuestro hijo de 18 meses en adelante, más cerca de los dos años, realiza toda una representación de las rutinas que tenéis en casa o de las experiencias que ha vivido, lo que favorece el aprendizaje y la comprensión de lo que les ocurre a la vez que da coherencia y continuidad a su historia de vida. Los humanos estamos programados para imitar las acciones de los que nos rodean a un nivel muy básico (inteligencia social). Esto dura hasta pasada la adolescencia, cuando, superada esta tendencia, comenzamos a llevar a cabo nuestras propias acciones.

El bebé desde que nace registra todo aquello que ve, oye y siente, al igual que sus movimientos. Por eso es importante que os tenga cerca para poder ofrecerle un modelo de relaciones y experiencias sanas y positivas.

En su desarrollo motor es la memoria procedimental la que entra en juego. Es la memoria que utilizan los niños cuando gatean o caminan, o cuando aprenden a montar en bicicleta. Han aprendido a través del cuerpo en movimiento. Estos patrones motores eficaces se establecen de manera implícita. Sin embargo, el avance en el aprendizaje consciente está relacionado con el desarrollo de los lóbulos frontales y de una estructura implicada en el recuerdo consciente y contextual que es el hipocampo, estructura unida a la amígdala y perteneciente al sistema límbico, donde las emociones asociadas a dicho aprendizaje quedan registradas.

El niño en su primer año almacena las experiencias en función del éxito, ensayo-error, y no tanto de la voluntad de querer recordar algo. Sin embargo, en el segundo año, con el desarrollo del hipocampo, podrá ir asociando acontecimientos: una pupa con el objeto que se la produjo; en este tipo de recuerdo la emoción desempeña un papel importante. En este momento podremos aprovechar para contarle lo que ha sucedido durante el día, de manera muy sencilla. Cuando atraemos la atención de nuestros hijos sobre acontecimientos o experiencias comunes centrándonos en quién, qué, cómo, cuándo y por qué, les estamos enseñando los principios de la narración y, lo más importante, la narración de su propia historia. Esto será positivo para poder enseñarles desde edades tempranas, al año y medio o los dos años, el desarrollo de la inteligencia emocional, ir reconociendo sus propias emociones para poder manejarlas después. Para ello podéis utilizar fotos o cuentos relacionándolos con sucesos personales, o fomentar esa costumbre de cuando papá llega a casa y decimos: «cuéntale a papá lo que hemos visto en el parque». (Véase el juego 6.2.23: Tu Historia, en *Todo un mundo de sorpresas,* Ediciones Pirámide). Las últimas investigaciones en la Universidad Mount Sinaí y en el Instituto Tecnológico de California han descubierto que las llamadas células Von Economo se encuentran en áreas implicadas en el control de las emociones y la empatía, siendo otra de sus funciones la de reconocernos como individuos.

Por cómo funciona la memoria en los bebés en estas edades es importante dejarles explorar por sí mismos además de proporcionarles modelos felices, sanos y coherentes de los que aprender una forma sana de relacionarse con los demás.

Durante el primer año el niño va aprendiendo las bases de la comunicación, cómo se realiza, función del hemisferio derecho: «mi madre me mira con cara sonriente moviendo la boca y la lengua, haciendo unos ruidos divertidos; suena contenta; ahora no dice nada pero me sigue mirando, voy a probar yo». Para el final del primer año establecerá asociaciones conscientes entre palabra y objeto: papá, mamá, agua... Hacia el año y medio se producirá un salto en cuanto a lenguaje se refiere. El desarrollo del hemisferio izquierdo, sobre todo en el área temporal primero (comprensión) y frontal después (expresión), será el causante de este gran paso encaminado a servir de regulador de la conducta del niño. El desarrollo del lenguaje, la aparición de la autoconciencia: corteza cingular anteriorlóbulo frontal y asiento de las neuronas Von Economo, y el autocontrol van coincidiendo en estas edades. El lenguaje se convierte en el logro que marca el funcionamiento del recuerdo consciente. Quiere decir que lo han grabado y son capaces de acceder a él en el momento en que lo necesitan, y esto es así desde el momento en que emiten sus primeras palabras.

El aprendizaje es por extensión desarrollo. Es la expresión de la capacidad que tiene el cerebro de cada individuo de modificarse a través de la propia experiencia. Por eso es importante dejar a los niños explorar y aprender explorando, evitando hacerlo por ellos. A esta forma de enseñar se la denomina *constructivismo*, un proceso de enseñanza dinámico, participativo e interactivo. El niño se convierte en el arquitecto de su propio conocimiento.

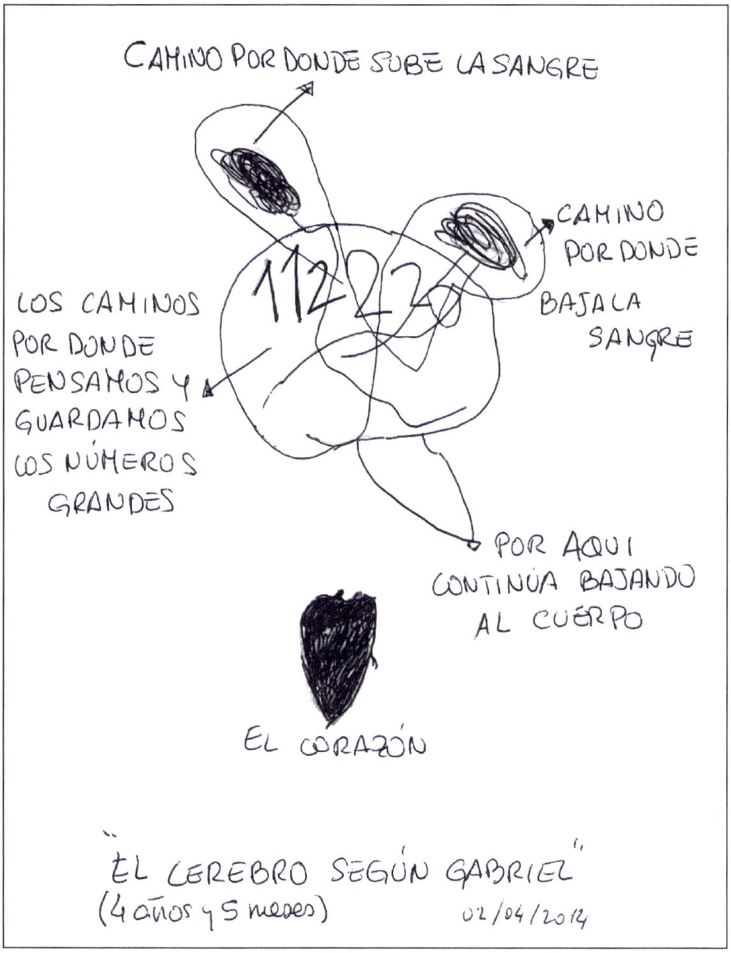

Figura 7.

SI EL NIÑO COMPRENDE EL PORQUÉ DE SU JUEGO,
PUEDE CAMBIAR EL MUNDO

Los sentidos, antesala del conocimiento

El gusto

El gusto es el más débil de nuestros sentidos, ya que la función de la lengua está más dedicada a la articulación de las palabras y a ser parte importante en la función de la digestión que al sentido del que se ocupa, el gusto. No obstante, la diferenciación de los sabores depende del grado de sensibilidad de las papilas gustativas y no de su morfología. El mecanismo de discriminación de sabores se debe a que cada papila es sensible a un sabor, merced a un código en el que los diferentes tipos de mensajes nerviosos se combinan en el cerebro para dar como resultado una sensación gustativa.

Los cuatro sabores básicos son:

Amargo. Se aprecia en la parte posterior de la lengua.
Ácido. En los bordes de la lengua.
Dulce. En la punta de la lengua.
Salado. Parte posterior de la lengua.

La lengua: además de la capacidad de gustar, como músculo es importante en la articulación de las palabras. Por tal motivo, es recomendable que el niño pequeño, en lugar de tener el biberón hasta edad muy avanzada, comience con sus papillas y luego pequeños trocitos para usar la lengua y los movimientos de masticación. Los receptores del gusto que se encuentran en la parte superior de la lengua transmiten hasta los centros cerebrales del gusto, y los receptores táctiles de la boca informan de la textura y temperatura.

El olfato

El sentido del olfato es el único, a diferencia de los otros, que no se encuentra cruzado con respecto a los hemisferios cerebrales; así, la información recibida por el orificio izquierdo va directamente al hemisferio izquierdo y la información procedente de la ventana derecha de la nariz se dirige al hemisferio derecho.

Si se corta la comisura anterior, es decir, si se imposibilita a ambos hemisferios de una posible intercomunicación, no pueden nombrarse los olores que se presentan en la ventana derecha de la nariz, porque el hemisferio izquierdo, donde está centrada el habla, está desconectado de la información. De un modo similar, el hemisferio derecho tiene la información, pero no el control del habla. Sin embargo, la función olfativa aún permanece intacta porque el paciente puede utilizar la mano izquierda para escoger un objeto, como una naranja, que se corresponda con el olor percibido. En este caso, no es necesaria ninguna conexión con el habla, ya que el hemisferio derecho contiene la información olfativa y el control de la mano izquierda. Si se pide al paciente que utilice la mano derecha, éste será incapaz de escoger el objeto, porque el hemisferio izquierdo, que controla la mano derecha, está desconectado de la información sensorial.

Los órganos del gusto y del olfato son llamados quimioceptores; estos dos sentidos están muy relacionados y son afines. Como hemos dicho, el sentido del gusto depende del grado de sensibilidad de las papilas gustativas y no de su morfología. La relación entre el gusto y el olfato se realiza a través de la intercomunicación naso-bucal; no obstante, hay una diferencia muy notable. Mientras el gusto reconoce a través de sustancias que se disuelven en la boca, las olorosas son sustancias volátiles dispersas en el aire. En el proceso olfativo las células respectivas y transmisoras nerviosas llevan la información al cerebro. La información pasa por las células receptoras y es recibida por el nervio olfativo, llegando hasta la corteza olfatoria, donde se hace consciente la percepción del olor. Somos capaces de distinguir entre dos y cuatro mil clases de olores diferentes y evocar recuerdos en nuestra memoria desde la primera infancia. El sentir un olor específico puede producir diferentes efectos emocionales, como felicidad o tristeza, en nuestro recuerdo.

¿A qué se debe esta relación tan íntima entre el olor y el recuerdo? Responsable de ello es una de las estructuras cerebrales: el hipocampo, ya que el sentido del olfato se encuentra muy cerca de él. Los otros sentidos tienen que recorrer un camino mucho más largo para llegar a los circuitos de la memoria y emociones del cerebro. Una de las funciones del hipocampo es almacenar la memoria a largo plazo durante semanas y gradualmente trasladarla a regiones específicas de la corteza cerebral, como el sistema límbico, que constituye el centro emotivo del cerebro. El impulso nervioso avanza hasta la corteza visual y luego hasta el hipocampo, donde se retiene su informe durante varias semanas antes de ser transferido de nuevo a la corteza para la memoria a largo plazo.

Los recuerdos evocados por el sentido del olfato

Como hemos mencionado anteriormente, de todos los sentidos, el olfato es el que se encuentra más cerca del hipocampo, una de las estructuras cerebrales responsables de la fijación de los recuerdos, y también es el que está conectado más directamente con el sistema límbico, que constituye el centro emotivo del cerebro. Por lo tanto, es la geografía del cerebro la responsable de que un olor familiar pueda despertar tan vívidos recuerdos de lo ocurrido tiempo atrás, incluso en la primera infancia, y producir con ellos esa mezcla de felicidad y tristeza que llamamos nostalgia, despertando amores. El olor es decisivo en la «química» del amor.

«Te amo con todo mi hipocampo, y no con mi corazón.»

Prof. Rodríguez Delgado

El tacto (somestesia)

El sistema somatosensorial está cruzado, al igual que el sistema visual. Las sensaciones táctiles de la mano derecha pasan al hemisferio izquierdo, y las de la mano izquierda, al hemisferio derecho.

Un objeto colocado en la mano izquierda puede ser nombrado porque la información pasa al hemisferio derecho, que la enviará al hemisferio izquierdo y posteriormente tendrá acceso a las zonas del habla.

Si los dos hemisferios cerebrales están desconectados entre sí, las funciones somatosensoriales de la parte izquierda y derecha del cuerpo se vuelven independientes. Ejemplo: si se coloca un objeto en la mano izquierda del paciente con los ojos vendados, éste podrá coger otro igual con la misma mano, pero no podrá decir su nombre ni cogerlo con la mano derecha.

La audición

El órgano es el oído; en él tienen lugar la percepción del sonido y el control del equilibrio (figura 2).

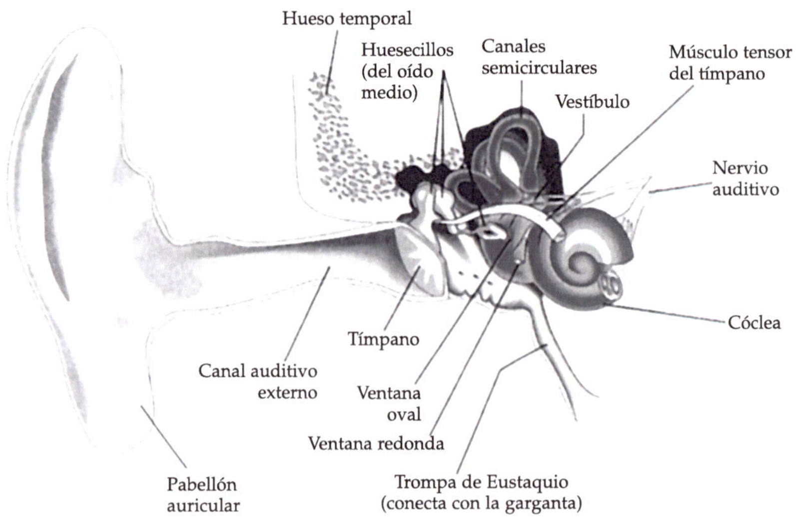

Figura 2.

Existen tres partes:

— Oído externo. Parte visible.
— Oído medio. Encargado de transmitir las vibraciones sonoras.
— Oído interno. Actúa como receptor de las vibraciones sonoras. Contiene un mecanismo que gobierna el equilibrio del cuerpo humano.

De este modo, sólo llegan al cerebro algunos sonidos, que se transforman en mensajes nerviosos, se codifican e interpretan como una sensación. Todo esto será lo que se almacenará en la memoria.

La intensidad de la audición en decibelios es de: límite inferior de la gama de sonidos corresponde a 16 vibraciones por segundo y el límite superior se encuentra en 30.000 db.

El sistema auditivo es algo más complicado que otros sistemas, pues, al igual que el sistema visual, tiene conexiones cruzadas y no cruzadas.

Aunque parece que el hemisferio izquierdo recibe la mayoría de la información del oído, el derecho también recibe información del oído izquierdo.

La visión

El sistema visual, según por dónde entre la información, se encuentra unas veces cruzado y otras no.

Recordemos que los investigadores han demostrado la superioridad del campo visual derecho o del izquierdo para distintos tipos de informaciones. Así, el material verbal se percibe de forma más precisa cuando es presentado al campo visual derecho, ya que se dirige al hemisferio izquierdo (del habla). En cambio, los diversos tipos de información visoespacial producen una superioridad del campo visual izquierdo, puesto que parece que el hemisferio derecho tiene un papel más importante a la hora de analizar esta información.

Sin embargo, la superioridad del campo visual en los sujetos normales es relativa, pues los dos hemisferios están intercomunicados entre sí. Lo que sí se ha demostrado es que según por dónde se reciba la información, ésta se procesa con mayor o menor rapidez (figura 3).

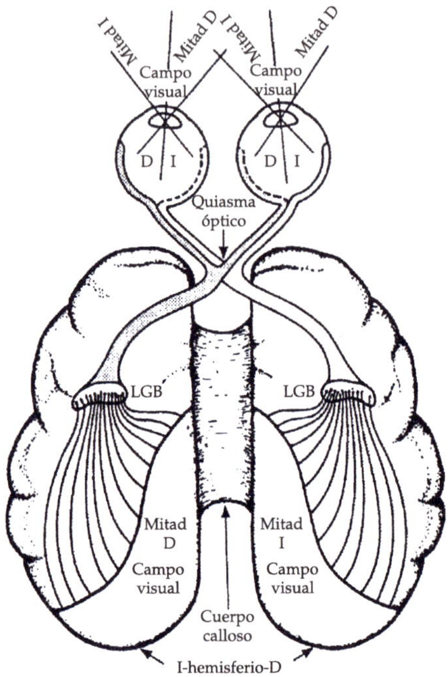

Figura 3.

Qué es el juego

En este capítulo observamos el juego desde la perspectiva de la relación materno/paterno infantil. Jugar es compartir experiencias, descubrirse y crecer juntos. El juego fomenta el deseo de aprender y descubre el placer de la risa, desarrollando así el sentido del humor, tan necesario para una vida placentera.

En este libro podrás encontrar ideas y trucos para buscar la mejor forma de educar a tu hijo con una óptima calidad y sin miedos. Encontrarás actividades para enseñarle el *interés* por *aprender,* mediante situaciones de juego para que el niño pueda tomar el día de mañana sus propias decisiones con *sentido común*. Además te ofrecemos consejos prácticos —tan necesarios en un mundo lleno de informaciones contradictorias— expuestos por profesionales con una rigurosa seriedad, en lo que se refiere al conocimiento del mundo de los niños, dando seguridad a los padres, aclarando sus dudas y ansiedades y manteniéndoles permanentemente informados sobre los avances de su hijo, disfrutando de la «alegría del movimiento» y sus sensaciones, mejorando su calidad de vida. Algunos descubren el movimiento armonioso de los bailarines, a escuchar con la sensibilidad de un músico o a sentir el amor con la piel.

Recuerda

La enseñanza individualizada es importante, ya que las bases biológicas del aprendizaje son diferentes en cada ser humano.

La imitación como un proceso unificador entre etapas

La imitación constituye un proceso básico en la vida del «muy pequeño» como medio de comunicación y de adquisiciones motrices. Un punto esencial es que las situaciones que uno inventa y que intentan estimular al niño, por medio de la imitación, deben ajustarse a las posibilidades y al desarrollo de estos esquemas motores para poder ejercer una acción sobre el pequeño. La imitación, a través de ejemplos tomados de la vida cotidiana, va a ser aprendida como una fuente importante de estímulos.

La imitación aparece desde el segundo mes en forma de imitación esporádica (véase *Todo un mundo de sensaciones*, Ed. Pirámide) y se prolonga bastante más allá de la adolescencia. Constituye un proceso fundamental desde los tres meses hasta los tres años, porque participa directamente en el desarrollo sensoriomotor. Anteriormente a los estudios de Piaget, Baldwin ya mencionó, en el año 1905, la importancia de un adecuado desarrollo sensoriomotor para conformar el pensamiento lógico en el niño y lograr así una conducta inteligente. La evolución y los progresos de la imitación son paralelos a los de las nociones de tiempo, espacio y objeto y, por lo tanto, parte importante del desarrollo psicomotor en su conjunto. Si bien representa el principal proceso de aprendizaje, permite también el enlace entre el desarrollo sensoriomotor y el desarrollo posterior, en el que interviene la representación gráfica. La imitación es, pues, un proceso unificador entre etapas.

Alrededor del octavo o noveno mes aparecen los primeros indicios de la «imitación espontánea». El niño comenzará a imitar movimientos no visibles sobre su cuerpo y modelos nuevos. El conocimiento de este último punto es fundamental para favorecer en el niño la correcta evolución para el conocimiento de su esquema corporal.

En este período aparecen los movimientos de desplazamiento de la cabeza hacia los lados y de adelante hacia atrás. El niño pequeño, que ve al adulto desplazar la cabeza lateralmente, para reproducir este movimiento va a ayudarse con estímulos cinestésicos y laberínticos, ya que no puede controlar la cabeza por medio de la vista. Es el momento de introducir todas aquellas músicas con ritmos binarios, pues es cuando el niño se encuentra más receptivo.

De 10 a 11 meses, todos los juegos de imitación relativos a partes del cuerpo son apropiados.

Todo este largo período se caracteriza por lo que llamamos «imitación sensoriomotriz», es decir, la repetición simple sin intervención de la representación mental de esquemas motores o vocales (estadio de coordinación).

La imitación de modelos nuevos se realiza en el período que va desde los 10 hasta los 13 meses aproximadamente. Podemos citar, por ejemplo, los gestos de desplazamiento de los brazos, de la mano, los gestos de movimiento global de los dedos, el golpear con la mano sobre un objeto o sobre una parte del cuerpo.

Hacia los 15-16 meses, el niño pequeño llega a una nueva etapa de su evolución, en el sentido de que es capaz de realizar una imitación sistemática de los modelos nuevos, comprendidos aquellos que corresponden a los movimientos invisibles sobre su propio cuerpo.

El niño repetirá, aun sin tener el modelo ante sus ojos, todas las situaciones precedentes, es decir, aquellas relativas a la prensión, las coordinaciones óculo-manuales (coger, balancear, tirar) o que se relacionan con el conocimiento del cuerpo y su topografía.

A este nivel, la imitación diferida será un medio suplementario de perfeccionar la construcción del esquema corporal (adquisición de la distinción derecha-izquierda con relación a sí mismo). La imitación constituirá el mejor medio que tiene el niño pequeño para explorar su propio cuerpo y así adquirir el conocimiento necesario (estadio de la curiosidad).

Hacia los 18 meses se produce la imitación, en tanto que tiene por resultado la imagen. A través de esta imitación se formará la personalidad más o menos sólida; todo dependerá de la riqueza de su medio ambiente y de los modelos para imitar. Si estos modelos son maduros emocionalmente, lógicos en su pensamiento, coherentes en sus actos y además creativos, será más fácil para el niño convertirse en un adolescente y adulto con una personalidad sólida y equilibrada.

EDAD	ESTADIOS	CONSISTE EN:	SE DEBE HACER:
6/12 MESES	ESTADIO COORDINACIÓN	El niño manifiesta la intencionalidad en coger aquel objeto que le *agrada* y fija su vista en ello. También elige el sonido que más le agrada.	Se recomienda fomentar esta actitud facilitando los objetos necesarios para ello.
12/18 MESES	ESTADIO CURIOSIDAD	No está pendiente del estímulo del medio ambiente, sino que será él quien *busque* y *experimente* por iniciativa propia.	La paciencia y la tolerancia del adulto son necesarias para respetar la iniciativa del niño.
18/24 MESES	ESTADIO IMITACIÓN	El niño tiene la representación mental sin la presencia real del objeto. Este proceso es necesario para que el niño pueda encontrar soluciones a pequeños problemas y llevarlo a cabo en la práctica.	En esta etapa es conveniente dejar que se equivoque y que el adulto no resuelva o se anticipe a solucionar sus pequeños problemas, ya que el niño irá adquiriendo su propia personalidad.

«La consciencia no es una cosa fija, sino un proceso.»

William James,
padre de la psicología norteamericana.

Hacia los dos años podemos situar la aparición de la imitación diferida; ésta hace intervenir la memoria en ausencia de modelos y se produce la explosión del lenguaje.

La estimulación del lenguaje deberá hacerse respetando las etapas del desarrollo del niño. Ésta comienza, desde que el niño es muy pequeñito (véase *Todo un mundo de sensaciones*, Ed. Pirámide), repitiendo los propios fonemas; más tarde presentaremos al niño nuevos fonemas o palabras simples de dos o tres sílabas para, poco a poco, ir aumentando la dificultad de las palabras nombrando los objetos que son cotidianos para el niño.

Es también en esta época que se efectúa la imitación de ciertos fonemas y su primera diferenciación. Es necesario repetir correctamente al niño cada vez que vocaliza, a efectos de que disocie progresivamente los diferentes modelos fónicos. Si el niño quiere agua y dice «ah», el adulto le repite «agua» y se la dará.

Uno de los aspectos más importantes del final del período es la aparición de los inicios del lenguaje. Constituye un poderoso instrumento de evocación, de pensamiento y de simbolización; es fundamental para el desarrollo psicomotor del niño. Este mismo instrumento permitirá al niño, a la vez:

— Pensar en los objetos que manipula (podrá nombrar el que coge).
— Representar sus acciones y tener, de este modo, un mayor dominio sobre sus prácticas. Por medio de la representación, el niño puede anticipar y prever el gesto que va a ser ejecutado. Si el niño lanza un objeto, esto no corresponderá ya a los esquemas motores simples de «coger y lanzar», sino que estará sometido a un objetivo preciso: hacer caer algo, alcanzar algo.
— Representarse su propio cuerpo y, así, empezar a nombrar sus diferentes segmentos corporales.

Recuerda

Los genes son el código que sirve de patrón a una diversidad de formas bajo una serie de condiciones ambientales. Éstas se transmitirán a través de distintos contrastes en los juegos.

Transmitir un ritmo a través de distintos contrastes en los juegos

Los juegos para el niño pequeño deben basarse en:

— Ruido y silencio.
— Luz y oscuridad.
— Fuerte y débil. Intensidad.
— Deprisa y despacio. Duración.
— Mucho y poco. Número.

Para que la realización de estos juegos sea efectiva hemos de tener en cuenta:

— La edad del niño
— La forma de reproducir los ritmos.
— La carga emocional.

La evolución de la conciencia rítmica dependerá de factores madurativos neuromotores, factores funcionales sensoriomotores y del tiempo del paso del estadio sensorio-motor al estadio representativo de los ritmos.

ADQUISICIÓN DE LA NOCIÓN DE RITMO, TIEMPO Y NÚMERO

1. En el segundo semestre, a partir de los ocho o nueve meses, movimientos alternativos. Es el momento en que el niño se encuentra más receptivo a los ritmos binarios.

   Es preciso que, desde edades muy tempranas, el niño tenga una experiencia vivenciada y bien dominada del espacio y del tiempo (véase *Todo un mundo de sensaciones*, Ed. Pirámide). Según Piaget, de esta manera, entre los siete y los nueve años tendrá una correcta representación y colocación del cuerpo propio y con relación a los demás.

   Según Wallon, la comprensión de la noción de tiempo es más compleja que la del espacio y posterior a aquélla. La estructuración temporal no se adquiere antes de los seis años.
2. A los 18 meses, comprende «ahora»; a los dos años, comprende «pronto». Al principio, el niño vive en el presente por lo que se refiere a un tiempo personal, antes de descubrir el tiempo social de los demás.
3. A los tres años, el niño asimila la cifra dos y consigue comprender la noción de dos conjunto, a la vez. El niño aprende primero a recitar las cifras, y poco a poco comenzará a utilizarlas inteligentemente.
4. Hacia los cuatro años, aparece la conciencia numérica, consigue contar y saber el número de golpes que ha dado sobre un tambor. Es inútil intentar enseñar a los niños algo para lo que madurativamente, a nivel cerebral, no están preparados.

Lo que podemos conseguir es confundirles. Hay que dar a los niños aquello para lo que están preparados. No enseñarles matemáticas o a leer antes de esta edad.

La noción del movimiento

La enseñanza del ritmo comienza a través del movimiento.

La noción de movimiento está sincronizada con la manifestación del ritmo.

El movimiento es un medio de expresión del ritmo y el cuerpo es un medio de expresión del pensamiento.

Siendo el ritmo un fenómeno espontáneo en el niño, a partir de los nueve meses hay que favorecer su aptitud natural para crear ritmos, para adaptarse al ritmo y para que, poco a poco, sea capaz de adquirir conciencia de sí mismo a través del movimiento. La conciencia del ritmo se desarrolla gracias a las experiencias repetidas de los movimientos del cuerpo entero. A esta conciencia de lo que su cuerpo experimenta se le dice: **vivir su cuerpo.**

La motricidad ayuda a la integración del ritmo

Hay ritmos fisiológicos, ritmo cardíaco y respiratorio.

Con el comienzo de la marcha se asimila el ritmo. Con un niño que comienza a dar sus primeros pasos, por ejemplo: cuando jugamos con las dos picas (pág. 110, figura 2.2). Los pasos del niño constituyen el tiempo, y los golpes de las picas sobre el suelo constituyen el ritmo. El tiempo no es más que una trama sobre la que reposa el ritmo; con este ejercicio vamos trabajando el conocimiento de la noción del tiempo a través del ritmo.

El niño que haya adquirido una buena motricidad y enriquecido su experiencia con el movimiento corporal será capaz de pensar rítmicamente y tener un mayor equilibrio interior, ya que habrá:

1. Reforzado la concentración.
2. Preparado el cuerpo para los imprevistos.
3. Obtenido con un mínimo de esfuerzo un máximo de resultados.

Es indispensable, desde pequeñitos, crear automatismos, caminar, asir, realizar trazos, garabatos en plano horizontal y vertical y permitir, en este proceso, las reacciones espontáneas que ayuden al niño a dar una respuesta inmediata y adecuada en situaciones imprevistas, como tomar una iniciativa, evitar un obstáculo, defenderse.

Para crear estas bases de aprendizaje, hace falta que los juegos abarquen todas las áreas; por ello buscaremos juegos que favorezcan el desarrollo de:

1. Las actividades motrices gruesas.
2. Las actividades motrices finas (la prensión).
3. La imitación y de la creación imaginaria.
4. Las buenas relaciones afectivas y sociales.

El interés del juego va a ser examinado en el transcurso de las etapas más importantes del desarrollo del niño. Es necesario, antes que nada, resaltar que la naturaleza de los juegos varía considerablemente de una a otra etapa, así como el lugar que ocupa el adulto en cada circunstancia.

1. Juegos que favorecen las actividades motrices gruesas

Se puede construir un recorrido con la ayuda de un banco, plataforma y/o sillas que obliguen al niño a adoptar diferentes posiciones (estirado, en cuclillas, de pie). Estos juegos harán que el equilibrio dinámico se trabaje por las modificaciones posturales que suscita; además le animaremos a investigar y moverse por el espacio, por encima, por debajo, alrededor de.

El equilibrio estático puede ejercitarse sobre superficies que se han ido reduciendo progresivamente (plataformas). Pero estas situaciones deben presentar un objetivo para el niño: «tú escalarás la montaña». Es necesario evitar que, en caso de fracaso, la situación sea vivida de forma vergonzosa por el niño.

Los juegos con balones. Éstos, practicados en grupo, enseñan al niño a «lanzar con suavidad» en la dirección a la que queremos tirar el balón, así como a dar patadas. Generalmente, el niño libera su energía bruscamente y la pelota se le escapa sin que pueda controlar su trayectoria. Puede adquirir, así, las nociones de: «al lado», «cerca», «lejos», que son previas a la adquisición de «derecha-izquierda». En lo que se refiere a la lateralidad, las situaciones que la concretan son las nociones de: «izquierda y derecha» sobre sí mismo, que se adquieren hacia los seis años según Piaget y Hea. Son las nociones de «adentro», «afuera», «de un lado», «del otro», que deben ser trabajadas.

2. Juegos que favorecen las actividades motrices finas

Reservarle un espacio a la medida de sus desplazamientos donde pueda ejercitar los esquemas motores de la prensión y el lanzar.

En este período, el niño gasta sin darse cuenta su energía, que parece inagotable, y se detiene bruscamente. Cuando está tranquilo, hay que aprovechar para las manualidades, leer cuentos... y todos los juegos de concentración global. Es importante estimular al niño por medio de palabras amables y festejando mucho sus logros.

3. Juegos que favorecen la imitación y la creación imaginaria

Son todos los juegos de construcción, de enhebrado de perlas. Los juegos de construcción deben permitir una introducción a las nociones de combinación y de transformación del objeto... *La motricidad fina y el grafismo no pueden ser estimulados directamente.* El niño debe comenzar por manipular arena, tierra, pasta para modelar, tierra de colores y pinceles grandes.

4. Juegos que favorecen las relaciones afectivas y sociales

Juego e imitación constituyen dos aspectos complementarios que están en la base de los diferentes aprendizajes motores fundamentales:

El juego, como algo que procede de la realidad (el niño da la significación que desea a las escenas que representa), lo conducirá a constituir un cuerpo de significados.

El movimiento se transformará, de este modo, en un gesto cargado de una significación precisa, animada de una voluntad y orientada hacia un objetivo.

Complementaria de la actividad, la imitación, en tanto que es la adaptación de los esquemas anteriores constituidos por el niño al objeto que va a ser imitado, va a permitir la adquisición de un cierto número de significantes.

El juego es fuente de adquisiciones de numerosos significados que van a permitir al niño discriminar de manera más o menos precisa los gestos que realiza y, de este modo, dominarlos mejor y tomar mayor conciencia de ellos. Por su parte, la imitación va a proporcionar un conjunto de esquemas motores que estarán a disposición de las diferentes intenciones y de la representación mental del niño.

Estos dos aspectos están unidos de manera disociable y es muy difícil distinguirlos en la vida cotidiana.

El niño imita jugando o bien juega imitando. En todos los casos, estos dos procesos son determinantes en las adquisiciones motrices del niño pequeño, y no serán posibles si no asiste a un grupo de juego con otros niños de su edad y en compañía de sus padres, quienes reforzarán su autoestima con su amorosa valoración paternal, fundamental en los dos primeros años.

Los programas de juegos a través del movimiento corporal y los sentidos destinados a la primera infancia fomentan los contactos estimulantes entre padres e hijos y benefician conjuntamente a ambos ofreciéndoles grandes posibilidades de evolución y cambios mutuos. El constante intercambio existente en la relación padre-hijo, tanto en lo referente al juego como a la parte práctica de la vida (la rutina), da la posibilidad al niño de aprender a actuar a través de una conducta inteligente y a los padres les fomenta y estimula la capacidad de iniciar nuevos contactos, ser más tolerantes y prestarse ayuda mutua, también fuera del círculo establecido por las reuniones de su grupo.

1

Campeón de gateo. Juegos mes a mes. De 6 a 12 meses

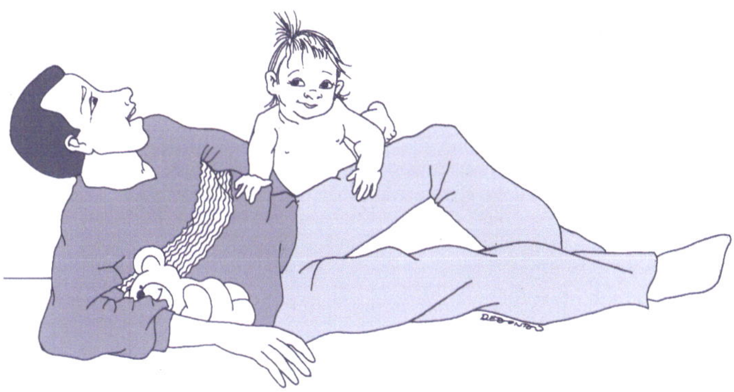

«Vamos a trepar por la montaña de papá, y luego nos escondemos para que nos busque mamá.»

Para el comienzo del segundo semestre, seguramente tendrás entre tus brazos un bebé feliz y alegre con todos sus potenciales globales en funcionamiento. Las primeras bases ya se encuentran asentadas. Cuando construimos una casa, es fundamental que los cimientos sean firmes y resistentes para que la vivienda sea sólida. En el desarrollo del niño pequeño ocurre lo mismo.

Nosotras te ofrecemos una perspectiva educativa de carácter preventivo que cubre los dos primeros años de vida. En el libro anterior, *Todo un mundo de sensaciones*, disponías de los juegos específicos de 0 a 6 meses.

También, para el sexto mes adquiere una notable inteligencia sensoriomotora, además de enfrentarse a un gran cambio, tanto en el aspecto físico como en el neurológico. La mielinización de las vías nerviosas está lo suficientemente avanzada como para permitir la función dirigida de los aparatos del sensorio. Por tal motivo, la coordinación y los agentes de la postura y del equilibrio logran un gran desarrollo. La memoria es notable, lo que le permitirá realizar operaciones cada vez más complejas. Disfrutará enormemente con ello. También manifiesta diferentes emociones. Si no le permites llevar a cabo su juego, él demostrará su desagrado. Una reorganización del funcionamiento del psiquismo por la maduración adquirida hace posible la aparición del temperamento.

Comienza la identificación: el niño puede interiorizar las actividades del otro y sentirlas como suyas manifestando alegría, desagrado, mal humor, miedo, cólera o frustración.

Los juegos recomendados para el segundo semestre son:

— Juego de «cucú-tras». Tapar y destapar objetos y personas.
— Juego del columpio. Acercar y alejar objetos y personas.
— Juego del gateo en el suelo con los padres, coger juguetes, reír y fomentar el buen humor.
— Juegos musicales. El período álgido de sensibilidad musical es alrededor de los ocho meses.
— Juegos de imitación y localización con cuentos coloridos y textos muy sencillos.

Al comenzar a gatear, anímale a que se desplace entre papá y mamá. Colócale en el suelo objetos que giren para que trate de alcanzarlos en sus gateos. Cada vez se los sitúas más lejos, fomentando así la tolerancia a la frustración.

La «tolerancia a la frustración» es un término introducido por Rosenzweig (1938) que designa la capacidad de mantenerse un período de tiempo sin intentar satisfacer la motivación en la forma originaria ni buscar una manera indirecta de atenuar la tensión.

Cuando el bebé tiene entre seis y doce meses, podemos aumentar su tolerancia a la frustración si no le alcanzamos los juguetes, sino que permitimos que sea él mismo el que experimente internamente el placer de haber obtenido el objeto deseado: el bebé siente que «valió la pena hacer el esfuerzo». De esta manera le ayudamos a despertar su autoestímulo y es posible que en el futuro sea una persona tolerante y paciente y sepa controlar sus impulsos, además de poseer una autoestima elevada.

Una vez que haya adquirido el gateo, permítele gatear todo el tiempo que quiera: será el mejor juego para su salud. Pronto llegará a convertirse en un verdadero campeón del gateo de velocidad. Convienen que dejes algunos juguetes interesantes tirados por el suelo, como una pelota, un sonajero... Al ir a cogerlos, manifiesta su autonomía e independencia, y esto influye en el desarrollo de su personalidad. Los padres debéis jugar con él en el suelo, festejando todos sus logros y pequeñas hazañas con buen humor y risas; así aprenderá a valorarse y a sentirse feliz con sus logros.

El gateo es una etapa muy importante. Los niños que no gatean se retrasan en su desarrollo global y especialmente en su desarrollo visual. Los ojos han de formar un equipo perfecto: juntos pueden conseguir la visión tridimensional. Si uno de los ojos no percibe con nitidez o no se encuentra perfectamente alineado con respecto al otro, es imposible que se llegue a obtener la visión en profundidad. En el momento del gateo los dos hemisferios cerebrales comienzan a intercomunicarse, y lo mismo sucede con las áreas especialmente dedicadas a la visión. Si no se consiguen interconexiones neuronales en este período tan crítico, los problemas se arrastran ya para toda la vida. Véase el capítulo: «El desarrollo de la visión».

El movimiento corporal equilibrado y armónico, un buen enfoque visual y el correcto funcionamiento de la coordinación visomotora ayudarán al bebé en la manipulación de los objetos al jugar.

Incluso le podemos enseñar variaciones en el juego si le hablamos, reímos y gesticulamos. Fomentamos así que el bebé imite la conducta del adulto siempre en un ambiente de amor y afecto. Así, las experiencias vividas en el juego se complementan con una carga afectiva que determinará la calidad de la experiencia en sí.

Háblale siempre de forma muy sencilla y clara. No le hables con doble sentido ni de broma. No te va a entender y perjudicarás su desarrollo intelectual y emocional.

El niño juega, experimenta, imita, se divierte... Recibe información que integra para más adelante poder expresarse.

Imita lo que ve y lo que oye. Así que sólo tú y la familia podéis enseñarle lo divertida que es la vida.

El bebé es capaz de reír a carcajadas. Se da cuenta de que con su risa provoca reacciones en su entorno. Aprovecha ese momento mágico y vive junto a él el pensamiento mágico. Podrás hacerlo a través del juego «La pelota voladora» (véase *Todo un mundo de sensaciones*, Ed. Pirámide). Cada vez que golpea la pelota con sus pies o manos, tú la haces volar. El bebé creerá que es el resultado de sus movimientos.

Festeja sus movimientos y dile que, efectivamente, es él quien ha conseguido lanzar la pelota y te sientes muy feliz con este logro.

Con este juego obtendrás un niño feliz, seguro de sí mismo y sociable. En el futuro sabrá cómo alcanzar la meta propuesta. Fomentarás su comportamiento positivo, que es la tónica de nuestro programa educativo para los dos primeros años.

La base científica de nuestro trabajo, como ya hemos mencionado, se asienta en los estudios sobre desarrollo infantil realizados por Piaget.

Piaget se refiere al período sensoriomotor del nacimiento al año y medio o dos años.

Por tal motivo, los juegos que hemos propuesto en este período fomentarán y desarrollarán la inteligencia sensoriomotora del niño, que en el futuro será la base del pensamiento preoperacional (de dos a siete años).

Éstos son, por tanto, los objetivos fundamentales que hay que tener en cuenta:

— La coordinación.
— La acomodación
— La asimilación.

El período sensoriomotor se divide en seis estadios:

1. Coordinación primaria, esquemas sensoriomotores innatos.
2. Formación de reacciones circulares secundarias. Intenciones.
3. Reacciones circulares terciarias. Descubrimiento de nuevas relaciones.
4. Interiorización de los esquemas sensoriomotores.
5. Conquista del objeto.
6. Posibilidad de manipulación mental de la realidad.

Hay tres características esenciales en la etapa de seis a doce meses:

— Reconocimento del adulto.
  Distingue a las personas conocidas de las extrañas y los sitios y objetos nuevos.
  Desconfía de quien no conoce.
— Interacción con el adulto.
  Toma como modelo las diferentes reacciones de los adultos frente a los extraños y a las situaciones nuevas.
— Oposición al adulto.
  Gestos. Aparta la boca o la cierra a la hora de comer.
  Acciones. Aparta al adulto o se aleja de él.
  Emociones. Grita, llora, gesticula o se pone de mal humor.

Es el momento de acudir a los grupos de juego Fod'or® ya que en ellos comienza a ser uno entre otros de un grupo con la seguridad que da el tener a su madre o padre cerca. Comienza la independencia, se descubre a sí mismo con respecto a los demás, aprenderá a moverse en una pequeña sociedad y dispondrá del apoyo, del ejemplo y de la seguridad de su madre o padre; de ahí la importancia del ambiente en el que el niño se mueva.

Para el final de la etapa:

— Adapta movimientos aprendidos a otras modalidades. Aprende a abrir mucho la boca y luego abrirá mucho los ojos...
— La relación causa-efecto será poco a poco intencionada (grito-me cogen en brazos).
— Surge un gran interés por el movimiento de los objetos en el espacio (lanza objetos desde la trona).
— Utilizará otros medios para conseguir la meta (coge la mano del padre para coger la pelota).
— Pierde interés oral para pasar a estudiar los objetos con la vista y el tacto.
— Imita todo lo que ve: gestos, posturas, reacciones.
— Comprende la relación entre las cosas (relación entre la pelota y el trapo que la esconde).
— Tiene un vocabulario de tres a cinco palabras entre las que suelen encontrarse «mamá» y «papá».
— Si a los ocho o nueve meses se comenzó a jugar a nombrar partes de la cara o del cuerpo, a los diez u once meses ya sabrá señalar estas partes.
— Hay que recordar que el lenguaje comprensivo del niño siempre es más completo que el lenguaje que es capaz de expresar.
— Su vista es perfecta, ve de lejos y cerca y distingue los matices del color.
— Querrá comer solo. Dale pequeños trozos para fomentar la masticación (necesaria para el habla). Deja que manipule la comida, su textura; así encontrará placer al comer. En el futuro no tendrá problemas con la comida y fomentará su independencia.

En esta etapa es fundamental comenzar a fomentar, lúdicamente, la independencia del niño en su actividad diaria «jugando su juego»:

Una tarde Gabriela, la mamá de Paloma, comentó que su hija había comenzado a hacer espontáneamente un juego que, por lo que ella podía observar, a la pequeña le divertía mucho.

Lo que Paloma hacía era ir gateando, sentarse detrás de una cortina y jugar el «cucu-trás», sin decir esas palabras, pero sí «ta-ta» cada vez que asomaba su carita sonriente detrás de la tela y convocando a jugar con gritos y carcajadas a quienes pasaban cerca de ella. Nadie dudaba en seguir su juego, generándose un clima familiar muy distendido.

Quizás al leer esta pequeña anécdota identifiques algún otro juego que tu hijo también hace espontáneamente. Por esto te sugerimos que estés atenta y le observes para poder «jugar su juego» y brindarle el estímulo necesario para favorecer su desarrollo.

A continuación te ofrecemos los juegos para esta etapa.

1.1. Tu bebé de seis meses

1.1.1. El flotador

Qué necesitamos

Un flotador para niños pequeños de los que se usan en la piscina, para poder sujetarle bien y que el niño se encuentre seguro. También puedes usar una toalla fuerte para sujetarle de la misma forma como si tuviera el flotador.

Cómo hacerlo

Meter el flotador por las piernas y no por la cabeza, ya que esto no le gustará nada. Una vez colocado el flotador, intentaremos ponerle a gatas y elevar su tripita. Es conveniente que el adulto esté de pie y detrás del niño para poder sujetar con sus pies las rodillas de éste, que se encuentran bajo su tripita, y guiarle en su marcha dándole seguridad, evitando que se abran los aductores. Coloca un juguete sonoro y colorido frente a él para motivarle.

Objetivos

Enseñar lúdicamente el gateo.

Recomendable especialmente para niños que:

No han estado en el suelo desde pequeñitos y no han tenido la posibilidad de experimentar los giros y movimientos amplios por falta de sitio.

Son gorditos.

Son pachorrones, tranquilos.

Tienen el tono muscular bajo.

No han reptado y se hacen los remolones a la hora de gatear.

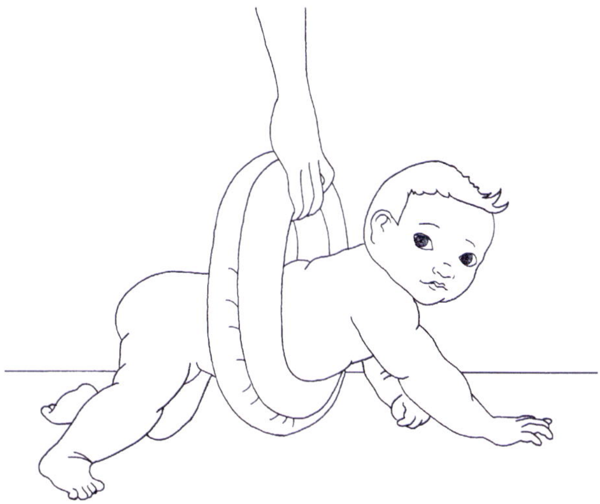

Figura 1.1.

1.1.2. UNA HAMACA ESPECIAL PARA MÍ

Qué necesitamos

Una sábana resistente doblada por la mitad, pues tiene que aguantar el peso del niño.

Son indispensables papá, mamá o cualquier otro adulto que nos ayude.

Cómo hacerlo

¡Bienvenidos a jugar en la playa! Sí, aunque no lo creas, una sábana puede transformarse en una hamaca como las que hay en el Caribe, incluso más completa, ya que ésta es también un sube y baja.

Figura 1.2.

Coloca la sábana en el suelo y acomoda al niño sentado o acostado en el centro mirándote. Sujeta la sábana, como indica el dibujo, por uno de los extremos; necesitarás ayuda de otra persona para que sujete el otro lado. Lentamente, levantáis la sábana y comenzáis a hacer suaves balanceos siguiendo el ritmo del principio de la canción. Cuando la canción empieza a nombrar los números, comenzáis a subir y bajar suavemente y, para el final, volvéis a dejar al niño despacito sobre el suelo.

La canción es la siguiente:

«Balanceo, balanceo
y no veo al gato Timoteo.
Balanceo, balanceo.
¿Dónde está, dónde te veo?
A la una sale la luna,
a las dos sale el sol,
a las tres te encontré
y a las cuatro ¡ay!, que viene el gato».

(Véase *Todo un mundo de sonrisas.*)

Objetivos

Experimentar la libre sensación de movimientos como el balanceo y subir y bajar.
Adquirir seguridad ante nuevas experiencias.
Dominar la capacidad de perder y recuperar el equilibrio.
Fomentar la sociabilidad, el buen humor y las risas.
Fomentar el lenguaje a través del ritmo, la armonía y la melodía.
Fomentar la memoria.

1.1.3. JUGANDO CON HARINA DE MAÍZ

Qué necesitamos

Una bandeja y una caja de harina de maíz.

Cómo hacerlo

Colocar en el suelo una bandeja con bastante harina de maíz. El niño, boca abajo, con medio cuerpo dentro de la bandeja. Permitir que experimente con el tacto de la harina, ya que no hay ningún peligro si lo lleva a la boca. Lo mejor es realizar este juego sólo con

Figura 1.3.

el pañal, de tal forma que, después de un rato jugando, le pases tus manos por sus piernas, pies y por su cuerpo impregnados en harina. Será bueno para su piel, desde el punto de vista dermatológico, a la vez que le transmites las sensaciones placenteras de las caricias. Después de jugar, no hace falta que le limpies rápidamente. Puedes dejarle con la harina en su cuerpo hasta la hora del baño.

Al entrar en contacto con nuevas texturas y descubrir diferentes sensaciones, conseguimos de una manera divertida desarrollar la inteligencia del pequeño (Piaget, 1896-1980, *La inteligencia sensoriomotora*). (Véase *Todo un mundo de sonrisas*.)

Objetivos

Fomentar el movimiento de sus manos y dedos.
Desarrollar la inteligencia.
Descubrir diferentes texturas.

1.1.4. UN ESPEJITO PARA MÍ

Qué necesitamos

Un espejo liviano y pequeño. Los venden irrompibles especiales para bebés.

Cómo hacerlo

Ahora tu pequeño maneja sus dos manitas con mayor habilidad. Todos aquellos juegos en los que intervengan sus dos manos le gustarán y además le ayudarán en el desarrollo de su inteligencia. Ofrécele un espejito pequeño y poco pesado que pueda coger con ambas manos. Es un juego que despertará su curiosidad y sus ganas de aprender. Una vez que lo tenga en sus manos, lo mirará y observará hasta que encuentre su carita reflejada en él. Entonces posiblemente agitará su cuerpecito y abrirá los ojos ante la sorpresa de verse reflejado en el espejo. Cuando veas que ya ha descubierto su imagen, puedes suavemente mover el espejo de un lado a otro para que lo siga con su mirada mientras sonríe y produce ruiditos moviendo sus manitas y piernas (véase *Todo un mundo de sonrisas*).

Objetivos

Despertar la curiosidad del bebé.
Fomentar las ganas de aprender.
Fomentar la utilización de las dos manos.
Entrenar el seguimiento visual.

1.2. Tu bebé de siete meses

1.2.1. El parque de atracciones

Qué necesitamos

Unos padres sanos, fuertes y dispuestos a divertirse haciendo abdominales.

Figura 1.4.

Cómo hacerlo

Acuéstate en el suelo y coloca al bebé según el dibujo. Despacito, acerca su carita hacia la tuya y luego balanceando tus piernas lo vas alejando, canturreando:

> «La carita de mi niño es la más bonita,
> ahora viene, viene, viene, ja, ja, ja (grandes risas)
> y ahora se va, se va, se va. Ja, ja, ja (grandes risas)».

(Véase *Todo un mundo de sonrisas*.)

Objetivo

Jugar para superar la «separación de mamá» sin pánico.
Adaptar diferentes gestos y movimientos a un ritmo y una canción.
Entrenar el enfoque visual.

Recuerda

Todos los juegos de aparecer y desaparecer son importantes en el desarrollo de la personalidad del niño en las próximas etapas.

1.2.2. UNA PELOTA DIFERENTE

Qué necesitamos

Una pelota con una red. La pelota ha de ser lo suficientemente pequeña para que el niño pueda cogerla entre sus piernas (unos 25 o 30 cm de diámetro).

Cómo hacerlo

Este juego es recomendable para los bebés que tienen sus aductores muy abiertos. A la hora de gatear, es importante que el bebé sea capaz de abrir y cerrar sus piernas. Ahora es el momento de fortalecer sus aductores y abductores de forma lúdica para que más adelante esté preparado para el gateo. Con el bebé boca arriba frente a ti, ofrécele la pelota. Es posible que la quiera coger con las manitas. Entonces sitúa tu mano bajo su culete de forma que le sea más fácil subir las piernas y entonces colócale la pelota entre éstas para que la intente agarrar. El juego consiste en que agarre y suelte la pelota con sus rodillas. Si realizas este juego a diario, verás poco a poco los progresos de tu pequeño. Festeja sus logros, por muy pequeños que sean, ya que para él son muy importantes. Recuerda que festejar a los niños refuerza su autoestima y les hace sentirse valorados y queridos (véase *Todo un mundo de sonrisas*.)

Objetivos

Fortalecer los aductores y abductores.
Fomentar su autoestima.
Divertirse y pasarlo bien juntos.

1.2.3. Campeón de gateo

Qué necesitamos

Un juguete llamativo en color y en sonido.
Un bebé dispuesto a jugar con la ropa adecuada.

Cómo hacerlo

Colocas al niño boca abajo en el suelo, con su juguete favorito a una distancia de 25 cm aproximadamente. Colocamos nuestras manos en la planta de los pies del bebé para facilitarle que, empujando con sus piernas, intente atrapar el juguete. Observarás que, en principio, estirará el brazo del mismo lado de la pierna con la que empuja. Es lo que se denomina rastreo o gateo homolateral; luego hará lo mismo con el otro lado de su cuerpo. Cuando has logrado que realice estos juegos, retiras el apoyo de tus manos dejando que el niño se arrastre solo. Podemos observar que hay niños que hacen el tipo «ranita», es decir, echan ambos brazos a la vez hacia delante para luego avanzar con sus dos piernas también a la vez.

Figura 1.5.

El arrastre homolateral evolucionará hacia un arrastre en patrón cruzado, es decir, avanzará con el brazo derecho y la pierna izquierda y viceversa para desplazarse de la misma forma que el arrastre; el niño comenzará a gatear en homolateral (figura 1.5), que luego evolucionará en patrón cruzado (figura 1.6).

Generalmente los niños comienzan a gatear sobre los ocho meses, siempre y cuando hayan estado desde los cuatro meses en el suelo teniendo la oportunidad de girar, dar la vuelta, rodar... acercándose y alejándose de objetos y personas, ya que el gateo requiere un cierto grado de madurez motora y social. No obstante, la mayoría gatean a los diez meses.

No todos los niños pasan por la etapa de arrastre, sino que se ponen a gatear directamente, como también hay niños que sólo se arrastran y luego se ponen de pie. En este caso, es conveniente que gateen en el segundo año una vez que hayan aprendido a andar. En otros casos comienzan a arrastrarse hacia atrás.

Tanto en el juego de arrastre como en el gateo, lograr el patrón cruzado es fundamental para obtener la intercomunicación hemisferial imprescindible para un correcto desarrollo en el aprendizaje.

Para animarle, le puedes cantar la siguiente canción:

Figura 1.6.

«Este gatito jugueteará,
mueve su cuerpecito
y llega hasta (nombra el juguete que le has puesto)».

Objetivos

Desarrollar la visión estereoscópica o en tres dimensiones.

Fortalecer los músculos de la espalda para proteger las vértebras.

Fomentar la independencia del niño al acercarse y alejarse de personas y objetos con la coherente maduración de su personalidad.

Disfrutar con alegría y buen humor de la riqueza de movimiento.

Descubrir nuevos horizontes.

1.2.4. El rollo balancín

Qué necesitamos

Un rollo de los que se hinchan.

Si no tienes, puedes fabricarte uno de gomaespuma encargándolo en una colchonería.

El rollo ha de tener 25 cm de diámetro y 60 cm de largo.

Cómo hacerlo

Sienta al niño sobre el rollo a caballito sujetándole por la cintura. Mueve el rollo bajo su cuerpo al compás de una canción suave. Muévele a un lado y al otro fijándote en que sus pies estén en contacto con el suelo, cambiando su peso corporal de un lado al otro a través de su centro de gravedad. Esto le ayudará a obtener un buen equilibrio al comenzar la marcha (véase *Todo un mundo de sensaciones*, Ed. Pirámide).

Puedes cantar la siguiente canción:

> «En este caballito, voy a cabalgar,
> ico, ico, ico, vamos a pasear.
> Este caballito quiere regresar,
> ico, ico, ico, va a descansar».

Objetivos

Desarrollar el sentido del equilibrio.
Trabajar el sistema vestibular.
Fomentar un correcto apoyo plantar.
Cambiar el peso corporal del lado izquierdo al derecho, y viceversa, del cuerpo.
Interiorizar el movimiento al pasar a través de su centro de gravedad.

1.3. Tu bebé de ocho meses

1.3.1. Las pulseras de mamá. Me pongo de pie

Qué necesitamos

Unas anillas o pulseras de las de mamá (véase *Todo un mundo de sensaciones*, Ed. Pirámide).

Cómo hacerlo

Con el bebé tumbado boca arriba, ofrécele las anillas; en caso de que no las coja, ofrécele tus dedos.

Figura 1.7.

Tiras de sus manitas para que se incorpore hasta la posición de sentado, de forma que sea él el que realice el esfuerzo. Para asegurarte de que el que trabaja es el bebé, éste tiene que doblar sus bracitos y hacer esfuerzo cuando tú tiras. Posiblemente el niño se querrá poner en pie; déjale que se incorpore, pero sólo unos segundos, y después le vuelves a sentar. La secuencia debe ser: tumbado/sentado/de pie, de pie/sentado/tumbado. Realizar el ejercicio tres veces seguidas y descansar; otras tres veces y descansar, y repetir otra vez.

Recuerda

Sólo incorporarás al bebé cuando éste demuestre interés en ponerse de pie. Hay que seguir el ritmo del niño y nunca forzarlo.
Si tu bebé al ponerse de pie se pone de puntillas, es que no está preparado todavía. Espera a que por sí solo apoye la planta del pie.

Objetivos

Fortalecer los músculos abdominales.
Fortalecer los músculos de los brazos.
Fortalecer los músculos de las piernas.

1.3.2. LA CARRETILLA

Qué necesitamos

Una mamá y un bebé muy dispuestos a jugar y trabajar fuerte, ya que este juego está especialmente recomendado para los bebés a los que les falta fuerza en los brazos.

Cómo hacerlo

Eleva ligeramente al niño con una mano, sujetando su cuerpo en la parte de las caderas y luego bajando hasta llegar a los tobillos (figura 1.8) y que permanezca apoyado sobre sus manitas y con los brazos estirados. Suelta ligeramente, permitiendo al niño cargar como mínimo la mitad de su peso sobre sus bracitos. Las manos apoyadas en el suelo sin levantarse.

Cuando sus brazos hayan obtenido la fuerza suficiente, coloca sus rodillas debajo de su tripita para permitir el balanceo, paso previo al gateo. Si observas que sus piernas se abren, es señal de que los aductores (músculos que recorren la parte interna de los muslos y sujetan las piernas cuando el niño está en posición a gatas) no están en condiciones para ello y debes continuar jugando al juego «La pelota voladora» (véase *Todo un mundo de sensaciones*, Ed. Pirámide), que le fortalecerá estos músculos.

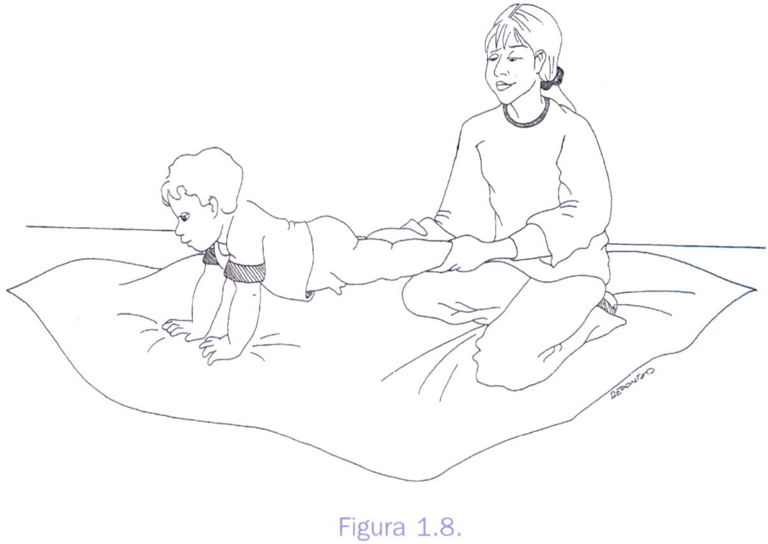

Figura 1.8.

Objetivos

Fortalecer sus brazos lúdicamente.
Animar al bebé a ser activo y descubrir el mundo.
Preparar para el gateo.

1.3.3. BUSCANDO JUGUETES APRENDO A ANTICIPAR

Qué necesitamos

Un pañuelo.
Un oso o su juguete favorito.

Cómo hacerlo

Sentado en el suelo, uno frente al otro, tapa su juguete con el pañuelo, de tal manera que el niño pueda ver dónde lo has escondido. Le preguntas: «¿Dónde está el osito?», y el niño tirará del pañuelo destapándolo. Le felicitas con risas y alegría por haberlo encontrado. Vuelves a tapar y comienzas de nuevo. Cuando domina este juego de tapar y destapar mientras él lo ve, entonces lo escondes bajo el pañuelo sin que él lo vea y le haces la misma pregunta. Si lo destapa, os alegráis; en caso contrario, no hagas ningún comentario y vuelves al paso anterior. Puedes jugar con cualquier otro objeto o juguete; lo que importa es jugar «al juego de esconder-encontrar» lo más a menudo que puedas.

Figura 1.9.

Objetivos

Reforzar la curiosidad del pequeño.
Desarrollar la inteligencia del niño.

1.3.4. LA ESENCIA DEL LENGUAJE

Qué necesitamos

Unos cascabeles.
Dos platillos.

Cómo hacerlo

Siéntate frente al niño y coge los cascabeles. Comenzando desde abajo, los haces sonar subiendo poco a poco para que el niño los siga con sus ojos a la vez que emites un sonido continuado con el fonema «a». Cuando llegas arriba, paras y con el dedo en tus labios siseas, esperas unos segundos y vuelves a bajar. Esto lo puedes hacer tres veces.

Figura 1.10.

Observa...

El niño intentará imitar tus sonidos y gestos. Festéjale sus intentos con tu sonrisa y repitiendo sus sonidos.

Ahora guardas los cascabeles y coges los platillos. Chocándolos suavemente dos veces, dices: «ma-ma», y paras unos segundos; entonces dices: «pa-pa», y vuelves a hacer una pausa; «ta-ta», y paras; por último has de decir: «da-da», a la vez que golpeas con suavidad dos veces los platillos.

Mirando al niño, golpeas dos veces los platillos anunciando: «Ahora lo haremos en silencio, tú lo dirás internamente». Paras y lo haces otra vez y vuelves a parar para repetirlo.

Realizas lo mismo chocando tres veces los platillos y diciendo: «ma-ma-ma», después «pa-pa-pa», «ta-ta-ta» y «da-da-da».

Observa...

Cómo el niño hace intentos para imitar los movimientos de tu boca. Cualquier sonido emitido por el niño, aunque no se parezca a los que tú hiciste, lo repites estableciendo una verdadera tertulia.

Objetivos

Fomentar el lenguaje.
Interiorizar un ritmo en la base del lenguaje.
Fomentar los movimientos oculares de arriba /abajo.
Desarrollar los sentidos de la visión y audición conjuntamente.

Recuerda

En el futuro necesitará que su visión y audición formen un buen equipo.

1.4. Tu bebé de nueve meses

1.4.1. ATRAVESANDO UNA GRAN MONTAÑA

Qué necesitamos

Unos padres dispuestos y alegres.

Cómo hacerlo

Siéntate en el suelo con las piernas estiradas y ligeramente abiertas. Coloca al niño tumbado sobre una de tus piernas y llámale con un juguete para que atraviese tus muslos o pantorrillas donde más fácil le resulte trepar. Luego hazlo hacia el otro lado. Mientras tanto, puedes cantarle una canción, a la vez que os escondéis uno por detrás del otro, como:

«Vamos a trepar
por la montaña de papá,
y luego nos escondemos
para que nos busque mamá».

Si os turnáis al realizar este juego, resultará más divertido para el niño y se beneficia muchísimo al poder esconderse una vez en los brazos de papá y otra en los de mamá. Juega al «cucú-tras», mien-

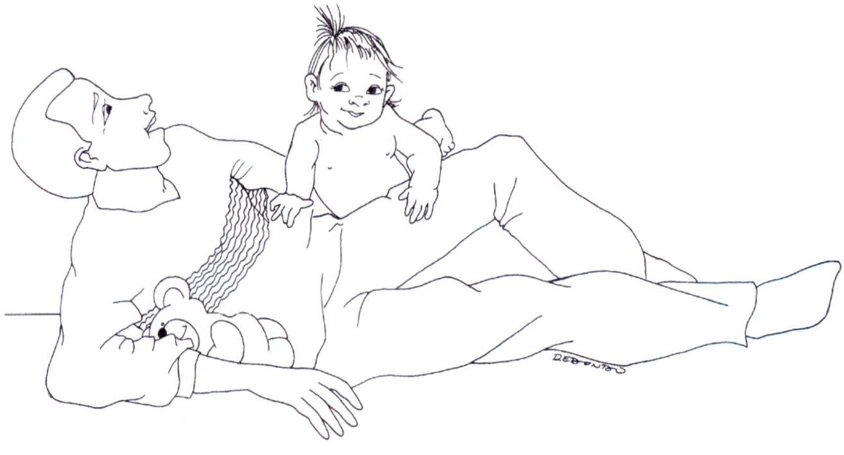

Figura 1.11.

tras apareces y desapareces en la espalda del otro; este juego es específico de esta etapa.

Objetivos

Motivar al niño para el gateo de una manera divertida y en contacto con el cuerpo de sus padres.

Ayudarle a superar la etapa de la «separación de mamá», al ver desaparecer y aparecer la cara de mamá.

Dar seguridad al bebé.

1.4.2. Bota, bota y rebota como si fueras una pelota

Qué necesitamos

Un rollo de los que se hinchan.

Si no tienes, puedes fabricarte uno de gomaespuma encargándolo en una colchonería.

El rollo ha de tener 25 cm de diámetro y 60 cm de largo. Puedes utilizar el mismo que empleaste en el juego «El rollo balancín».

Cómo hacerlo

Sienta al niño sobre el rollo a caballito y sujétale por la cintura con las manos abiertas y muy firmes. Fíjate bien en si la planta de sus pies toca totalmente sobre el suelo. Entonces puedes coger al niño por las axilas y botar al ritmo de la canción:

«Bota, bota y rebota
como si fueras una pelota.
Salta, salta y rebota
como si fueras una pelota».

Cuando acaba la canción, dices: «Ahora vamos a botar dos veces»; entonces botas dos veces seguidas y paras, vuelves a botar dos veces y haces otra parada, así cuatro veces. Después lo realizas igual pero dando tres botes seguidos. Luego le dejas sentadito y sin sujetarle, pero siempre a su lado para evitar caídas. Es posible que el niño haga intentos, doblando y estirando las piernas como si quisiera botar.

Figura 1.12.

Objetivos

Interiorizar el ritmo a través del cuerpo.
Desarrollar el sentido del equilibrio.
Trabajar el sistema vestibular.
Fomentar un correcto apoyo plantar.

1.4.3. SENTADITO. ¿QUÉ SUENA A MI LADO?

Qué necesitamos

Un juguete sonoro que haremos sonar por encima de su cabeza, luego a la altura de ésta, después a la altura de sus hombros y por último cerca de su culete.

Cómo hacerlo

Comprueba que tu hijo ya se sienta correctamente con la espalda recta. Colócate detrás del niño con el objeto; en el momento en que tú lo hagas sonar, el niño girará su cabeza o el tronco según donde suene el juguete. Ahora repite el ejercicio por el otro lado.

Figura 1.13.

Observa el lenguaje gestual del niño en la figura 1.13, en la que demuestra interés por atrapar el objeto. En la figura 1.14 se puede observar cómo la expresión del niño demuestra una plena concentración al atrapar el objeto. De esta forma, le ofrecemos la posibilidad de descubrir lo que es capaz de hacer.

Objetivos

Conseguir la rotación del tronco necesaria para el gateo.
Fomentar la localización y orientación auditiva.
Lograr la coordinación visomotora (ojo-mano y ojo-pie) tan necesaria para las manualidades.
Aumentar su tolerancia a la frustración ante las dificultades.

Figura 1.14.

1.4.4. CHOCANDO Y APILANDO ESTOY PENSANDO

Qué necesitamos

Cubos de 5 o 10 cm de lado.

Cómo hacerlo

Cuando el niño está dispuesto, siéntate en el suelo frente a él y ofrécele los cubos observando qué hace con ellos.

Proporciónale diferentes cubos para que pueda experimentar. Éstos han de ser de plástico o madera para que suenen de diferente forma al chocar.

Colocar objetos del mismo tamaño unos sobre otros. Para el año, el niño será capaz de colocar dos cubos uno sobre el otro. Es conveniente que en un principio los cubos tengan unas dimensiones de entre 5 y 10 cm de lado. La dificultad aumentará cuanto más pequeños sean los cubos. Verás que, si habéis practicado con los pasos anteriores, para los dos años será todo un experto en hacer torres.

Apilar diferentes objetos, además de mejorar la coordinación visomotora, aumenta las conexiones sinápticas entre neuronas.

Figura 1.15.

Objetivos

Perfeccionar la motricidad fina.
Experimentar con el peso de los juguetes.
Fomentar su inteligencia para lograr apilar en posición vertical.
Apilar diferentes objetos.

1.5. Tu bebé de diez meses

1.5.1. GIRO, GIRO COMO UNA CROQUETA. BALANCEÁNDOME DESCUBRO MI FUERZA

Qué necesitamos

Su juguete preferido. Se lo enseñarás por el lado hacia el que quieras que gire.

Cómo hacerlo

Con el niño sentado en el suelo correctamente con su espalda recta. Girando hacia la izquierda, colocas el juguete en ese lado, te sitúas por detrás del bebé, coges su pierna izquierda y le colocas el pie hacia su muslo derecho (figura 1.16) montando la pierna derecha doblada sobre la pierna izquierda. Ayúdale con tu mano sobre el tronco del niño, haciendo un movimiento de rotación para que se ponga a gatas (figura 1.17); después vuelve a girarle, aprovechando la pierna que tenga doblada para que pase a la posición de sentado de nuevo como en la figura 1.16.

Realizaremos este juego hacia el otro lado, llevando el pie derecho hacia el muslo izquierdo. No olvides colocar también su juguete preferido en el otro lado.

Repetir este juego hasta que el bebé por sí solo se quede en posición de gateo, balanceando su cuerpo de adelante hacia atrás (figura 1.18).

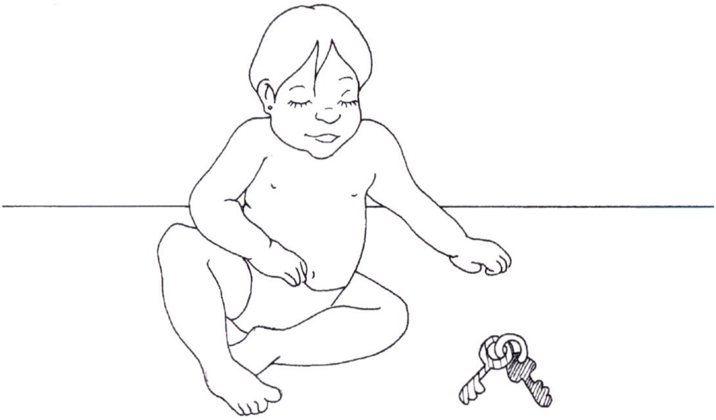

Figura 1.16.

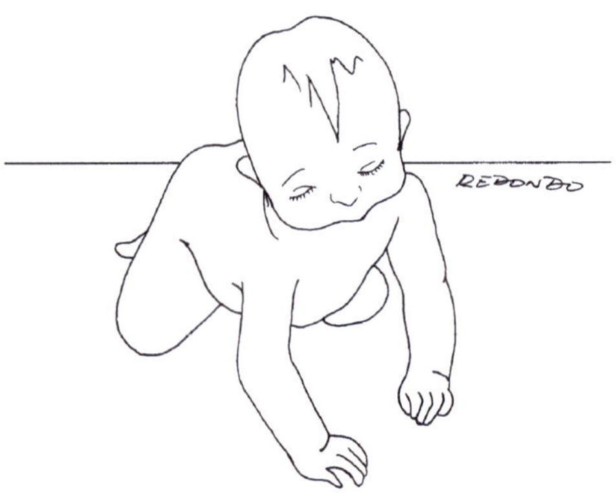

Figura 1.17.

Figura 1.18.

Observa

Si el bebé no se coloca en posición de gateo ya que sus rodillas se separan y se queda como una ranita, es señal de que los músculos de sus muslos no están lo suficientemente fuertes. Coloca por ratitos de tres a cinco minutos (conforme vaya aguantando podrás ir aumentando el tiempo) al bebé de rodillas. Siéntate en el suelo con una pierna extendida hacia delante y coloca al niño con su tripita sobre tu muslo mirando hacia fuera. Con una de tus manos sujeta las piernas del bebé contra tu cuerpo para que no se le abran.

Objetivos

Girar de la posición de sentado a la de rodillas y viceversa.
Ayudar a desarrollar la capacidad de balancearse sobre sus rodillas, etapa previa al gateo (figura 1.18).

1.5.2. TREPANDO POR LA MONTAÑA

Qué necesitamos

El colchón de una cama o de su cuna o algunos cojines; de cualquier manera, no han de sobrepasar una altura de 25 cm. Una tabla de madera de aglomerado para hacer una rampa.

Figura 1.19.

Cómo hacerlo

Anima al niño para que se acerque y apoye sus brazos sobre el obstáculo. Puedes colocarle algún juguete encima; tienes que dejarle tiempo para que se familiarice con el nuevo objeto. Coloca un juguete sobre el colchón para que intente subir, apoyando la rodilla; de esta manera, traspasará el peso de su cuerpo a través de su centro de gravedad hacia sus brazos y esto le posibilitará subir la otra pierna. Con el juguete le llevarás al otro lado del colchón gateando y le enseñarás a detenerse al llegar al extremo, dar la vuelta y bajar de espaldas. Todos los niños en un principio bajan con la cabeza por delante. Cuando ya domina este juego, puedes colocar una tabla de madera de aglomerado de 60 cm de ancho y situarla con una inclinación de 30°, tal como observas en el dibujo (figura 1.19). Tienes que rodearla con cojines para que, en caso de caerse, no se haga daño, ya que debes permitir la exploración y el conocimiento espacial; en cualquier caso, siempre has de estar cerca.

Objetivos

Fomentar el gateo en plano inclinado.
Enseñar al niño a bajar de espaldas cuando va a gatas.
Experimentar con los cambios de posición del cuerpo con respecto al espacio.

1.5.3. EL PATITO, MI MEJOR AMIGO

Qué necesitamos

Una banqueta firme y segura colocada sobre una alfombra o moqueta para que no escurra.

Un patito o cualquier juguete muy liviano y de fácil sujeción.

Cómo hacerlo

Cuando el niño demuestre interés por ponerse de pie, le colocas una banqueta como la del dibujo. Os ponéis al lado de ella, y pueden suceder diferentes cosas:

El niño se impulsará con las piernas para pasar de la posición sentada a la posición de pie.

Primero intentará ponerse de rodillas y luego extenderá una pierna y, por último, las dos y se levantará.

Se apoyará en una rodilla, como se ve en la figura 1.20. En este caso, apoyará la mano sobre la banqueta cogiendo impulso para incorporarse. Coloca un juguete sobre la banqueta que le animará a ponerse de pie para cogerlo.

Cuando el niño ha aprendido a ponerse de pie y sostenerse sin peligro con una sola mano, aprenderá a inclinarse hacia delante, co-

Figura 1.20.

locándose de cuclillas, y a levantarse de nuevo. Si tiene un patito liviano y de fácil sujeción, lo hará sosteniéndolo en la mano al mismo tiempo que está realizando este proceso.

Objetivos

Enriquecer los movimientos para colocarse de pie, de forma natural.

Aprender a andar gradualmente con la siguiente secuencia:

Permanecer sobre los pies completamente apoyados en el suelo, no de puntillas.

Cargar todo su peso sobre los pies.

Dar pasos laterales alrededor de la banqueta.

Mantener el equilibrio.

Traspasar el peso del cuerpo de un pie al otro.

Recuerda

Si tu hijo, al situarlo en posición vertical, se pone de puntillas y no apoya la planta del pie, no está preparado para andar.
No usar nunca andadores ni tacatá, ya que perjudicará el desarrollo natural del niño.

1.5.4. ¡AY, QUÉ DIVERTIDO ES VER Y ESCUCHAR CÓMO CAEN MIS JUGUETES! EL CAMINO HACIA LA CONDUCTA INTELIGENTE

Qué necesitamos

Un cubilete con una pelotita.

Cómo hacerlo

Antes de que el niño aprenda a soltar voluntariamente, realiza movimientos de traspaso de un cuenco al otro con la mano y sujetando la pelota. Hay que respetarlo y no forzar para que suelte el objeto, ya que no tiene la suficiente madurez para ello. Seguiremos jugando con él, demostrando cómo se hace, utilizando objetos coloridos y sonoros dejándolos caer dentro del barreño o el cubilete, entre risas y

Figura 1.21.

juergas y, si es posible, con más gente de la familia u otros bebés. En el soltar voluntario influye la madurez neurológica, el desarrollo de su personalidad y la riqueza de su vida social. La mejor manera de comprobar si ha logrado esta madurez es pedir que nos entregue y vuelva a coger un juguete a través de los barrotes de su cuna. Cuando domina este juego, iremos aumentando la dificultad:

1. Utiliza dos pelotas o cubos. Uno rojo y el otro amarillo.
2. El cuenco no debe ser del mismo color que las pelotas, para que el niño sepa distinguir la trayectoria de la pelota al caer, así como la distancia que recorre y la profundidad del cubilete.
3. Esconde una pelota o cubo debajo del cuenco y a la vista del niño. Espera que lo encuentre. Luego ve deslizando entre los dos cuencos el cubo y que el niño observe siguiendo la trayectoria. Observa si levanta el cuenco donde se encuentra el cubo. Repetir varias veces.
4. Ahora ya puedes utilizar cuencos del mismo color que las pelotas o cubos. Al colocar el rojo en el cuenco rojo, dices: «¿Ves?, es el mismo color», haciendo lo mismo con el amarillo.
5. Nombra el color rojo en el cuenco rojo y el amarillo en el propio.
6. Incorpora luego el azul y en último lugar el verde. En torno a los dos años conocerá los cuatro colores básicos.

7. Por último, puedes referirte a lo redonda que es la pelota y lo cuadrado que es el cubo.

Objetivos

Medir visualmente la distancia que recorre el objeto en su trayectoria.
Descubrir la relación causa-efecto.
Distinguir auditivamente los diferentes sonidos.
Fomentar su madurez en el «soltar voluntario».
Desarrollar su inteligencia al descubrir un objeto escondido.
Fomentar la concentración.
Desarrollo del lenguaje.
Enseñar a jugar coherentemente y con sentido común.

Recuerda

Tu hijo deja caer los objetos una y otra vez para descubrir el espacio y no para fastidiarte.

1.6. Tu bebé de once meses

1.6.1. QUE NUNCA ME FALTE MI BALÓN

Qué necesitamos

Un balón grande pero ligero y colorido, de los que usamos en la playa.

Cómo hacerlo

Colocamos al niño boca abajo encima del balón y, con un suave balanceo, intentamos que realice una voltereta. Coge al niño con firmeza por sus caderas y voltéalo para terminar con todo su cuerpo boca arriba en el suelo. Has de estar atenta a su cabecita, que ha de estar rozando el suelo pero no debe aguantar nada de peso. Puedes ayudarle sujetándosela y protegiendo el cuello. Cuando se encuentra en el suelo boca arriba le puedes cantar y hacer mimos.

Figura 1.22.

También podéis rodar juntos por el suelo, logrando así que varíe la postura de boca arriba a boca abajo, y luego volver a incorporaros de pie realizando otros juegos de balones en el caso de que el niño haya adquirido la marcha.

Objetivos

Disfrutar juntos, mimar, tocar, abrazar al niño tan necesario todavía en esta etapa.

Desarrollar el equilibrio del cuerpo.

Aumentar la riqueza de movimientos a través de las volteretas.

Mejorar el funcionamiento del sistema vestibular y visual.

Recuerda

Es un buen juego para mimar y achuchar a tu hijo. No es conveniente tenerle en brazos, meterle en la cama contigo y achucharle sin ton ni son durante todo el día. Haciéndolo a través de juegos, él lo entenderá y sabrá disfrutar de tu amor, pero también sabrá adquirir su independencia.

1.6.2. UNA INTENSA VIDA SOCIAL. APRENDIENDO A COMPARTIR

Qué necesitamos

Una pelota.
Papá, mamá u otros familiares.

Cómo hacerlo

Sentados en el suelo uno frente al otro, con las piernas abiertas, haz rodar la pelota hacia él diciéndole: «A ver, ahora dámela a mí (mostrándote tú mismo con el dedo)». Ten paciencia, tardará un poco en comprender el juego. En cada niño el tiempo es diferente. Puedes hacer rodar o lanzar la pelota, como también abrazarla con tus brazos, pasarla de una mano a la otra y extender tus brazos hacia él para que pueda atraparla casi directamente de tu mano. Luego volvéis al principio del juego. Cuando ya lo tiene dominado, incorporas una tercera persona y rodáis la pelota entre los tres, diciendo: «Para mí, para ti, para mamá...», siempre señalando con el dedo. No te olvides de mantener las risas y aplausos en cada momento.

Puedes variar el juego escondiendo la pelota detrás de ti y dejar que el niño vaya a buscarla. Luego se esconde detrás de la otra persona y así sucesivamente.

Objetivos

Coordinación visomotora.
Conocimiento espacial.

Figura 1.23.

Descubrir objetos escondidos.
Fomentar la comunicación.
Desarrollo del lenguaje.
Aprender el concepto de dar y recibir.
Disfrutar de la vida social.

1.6.3. La curiosidad puede conmigo. Descubriendo la tercera dimensión

Qué necesitamos

Una caja de cartón a la que le hemos realizado cuatro agujeritos colocados en dos líneas.

Cómo hacerlo

Ofrécele al niño la caja para que pueda explorar con sus deditos los agujeros. Puedes meter garbanzos, cerezas, uvas, para que descubra el espacio.

Objetivo

Descubrir la tercera dimensión.

Figura 1.24.

1.6.4. MÚSICA PARA ESCUCHAR

Qué necesitamos

Música clásica de diferentes autores como Bach, Beethoven, Mendelsson, Vivaldi... Existen en el mercado CD recopilatorios de música clásica especialmente dirigidos a los niños.

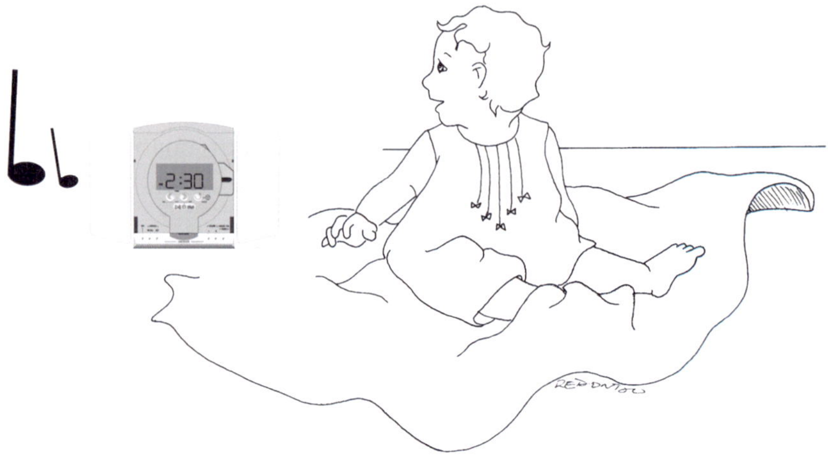

Figura 1.25.

Cómo hacerlo

Escuchar música clásica es beneficioso para los niños en cualquier momento para mantener su concentración.

Las últimas investigaciones están demostrando que realizar escuchas en determinados momento es beneficioso para afinar el oído infantil.

Es importante la elección de la música. Hay que elegir piezas con frecuencias altas en que los violines tienen un papel principal y piezas con frecuencias medias y bajas en las que se pueden escuchar chelos, pianos, órganos...

Es sabido que la música ayuda a mantener la concentración a los niños mientras éstos realizan manualidades o actividades que requieran toda su atención.

En este ejercicio queremos que nuestro hijo agudice su oído y lo «afine», por lo que necesitamos que esté solo escuchando música.

Para ello, aprovecharemos aquellos momentos en los que no esté operativo, pero que tampoco esté dormido. Son buenos los trayectos cortos en el coche, o bien poco antes de dormir, en los que el niño todavía no está dormido.

Objetivos

Aumentar la capacidad de escucha.

Afinar el oído infantil para percibir adecuadamente las diferentes frecuencias auditivas.

1.6.5. Los sonidos del silencio

Qué necesitamos

Cascabeles.
Una maraca.
Una trompeta de sonido suave.

Cómo hacerlo

Sienta al niño en el suelo o en la trona sin que vea lo que tienes escondido. Te colocas tras él, sacas un instrumento y lo haces sonar por un lado del niño; éste volverá la cabeza hacia ese lado. Luego lo haces

Figura 1.26.

sonar por el otro lado. Así sucesivamente con todos los instrumentos. Para finalizar, le entregarás la maraca para que él también pueda jugar.

Observa que...

El niño vuelva la cabeza buscando el objeto que ha sonado por el lado por el que se lo has presentado. Si tienes ayuda de otra persona y ésta se encuentra en otro lugar de la sala y hace sonar un instrumento, el bebé buscará con la mirada el lugar de donde proviene el sonido.

Ofrécele sonidos por los dos oídos indistintamente para que trabaje ambos hemisferios cerebrales.

Ahora siéntate frente al niño y haz sonar los cascabeles mientras levantas la mano; cuando llegues arriba, coloca tu dedo sobre tus labios y di: «Shhhh....». Espera un poco y vuelve a bajar los cascabeles para volver a sisear.

Objetivos

Fomentar el sentido del ritmo.
Estimular el sentido de la audición.
Integrar el ritmo a través del sonido seguido del silencio.
Cultivar el silencio.
Localizar la fuente del sonido.

1.7. Tu bebé de doce meses

1.7.1. Arre, arre, caballito

Qué necesitamos

Una mamá o un papá fuertes y dispuestos.

Cómo hacerlo

Siéntate en una silla y cruza tus piernas. Coloca al bebé sobre tu pie y sujétale con las dos manos. Sube y baja la pierna despacito dejando que sus pies rocen ligeramente el suelo en cada movimiento de subida y bajada. Cántale una canción en la que incluyas su nombre y mírale a los ojos para que establezcáis un bonito diálogo corporal entre vosotros (figura 1.27).

Con esta canción puedes cabalgar:

«Arre, arre, caballito,
arre, arre, ligerito,
arre, arre, caballito,
arre, arre, despacito».

Figura 1.27.

Objetivos

Trabajar el sistema vestibular.
Fomentar el ritmo y el equilibrio.
Establecer una comunicación gestual y verbal con el niño.
Disfrutar juntos.

1.7.2. ESPEJITO, ESPEJITO, ¿QUIÉN ES EL NIÑO MÁS BONITO?

Qué necesitamos

Un espejo en la pared, el del baño o los de dentro del armario.

Cómo hacerlo

Coges al bebé entre tus brazos mirando al espejo a unos 20 o 25 cm de distancia para que pueda observar su imagen. Luego, os alejáis y acercáis despacito. Repite el juego unas tres veces. Cuando parlotee, contéstale y foméntale sus balbuceos. Vas retirándote hacia un lado, saliendo del campo de visión del espejo, y vuelves diciendo «cucú-tras» (véase *Todo un mundo de sensaciones*).

Ver aparecer y desaparecer la cara de mamá y la suya juntas y con grandes risas le ayudará a superar la etapa de la separación de mamá (véase *Todo un mundo de sonrisas*).

Objetivos

Entrenar el enfoque visual.
Ayudar a superar la etapa de la separación de mamá.

1.7.3. EL PEQUEÑO CARPINTERO

Qué necesitamos

Una tabla pequeña tipo carpintero con diferentes agujeros y con distintas formas y las piezas correspondientes.
Un martillo.

Cómo hacerlo

Te sientas en el suelo frente al niño y comienzas a jugar.
Al ver tu alegría y entusiasmo, él pronto te imitará. Deja que explore las formas o que meta sus deditos en los agujeros, que golpee con el martillo en el suelo, en su pierna, en el juguete. Haga lo que haga, tú te ries con él motivándole para que siga jugando. A los pequeños les encantan los martillos y golpear en diferentes sitios. No

te obsesiones con que tiene que colocar las figuras correctamente como tú lo haces; en realidad, éste es el último objetivo para conseguir, ya que esto será el resultado de su experiencia vivida en el proceso. Festeja todo lo que él haga, especialmente cuando levante la vista y se quede mirándote. El contacto ocular con mamá o papá es muy importante, junto con la expresión de alegría de tu cara y tus aplausos y elogios. *Por favor, nunca descalifiques al niño con comentarios negativos.* Anímale diciendo: «tú puedes, lo haces fenomenal, cómo me gusta lo que haces, etc.». Poco a poco, aprenderá a golpear las piezas con el martillo y a colocarlas imitándote e, inclusive, alguna vez recurrirá a golpearlo con su mano. Déjale que lo haga; a esto lo llamamos «recurso». Esto demuestra el desarrollo de su inteligencia y, mediante el proceso que vive, buscará su propio autoestímulo hasta encontrar diferentes recursos en distintas situaciones, tan necesario para la edad adulta.

Mientras golpea con el martillo puedes cantar:

Con mi martillo, martillo, martillo,
con mi martillo, martillo, yo,
toc, toc, toc...

Figura 1.28.

Recuerda

Es importante el proceso que vive el niño mientras hace sus experimentos.
El aprendizaje no es como el café instantáneo, necesita tiempo, necesita de tu amor, de tu aprobación y de tu guía demostrando con paciencia una y otra vez cómo se hace.

Objetivos

Discriminar sonidos al golpear en diferentes sitios.
Conocimientos de formas, tamaños.
Coordinación visomotora.
Adquisición del control de la fuerza aplicada en el movimiento (mensaje neuromuscular).
Fomentar la adquisición de la cognición, de una forma placentera, en medio de su vida social al compartir con toda la familia, hermanos, amigos.
Permitir encontrar recursos, observando situaciones, reforzado por una amorosa valoración por parte del adulto, fomentando así su autovaloración.

1.7.4. GUSANITOS SALTARINES

Qué necesitamos

Un juguete que consiste en un bloque de madera con cuatro agujeritos en los que entran unos cilindros también de madera. En el caso de no disponer de él, puedes fabricarlo con una cajita de cualquier crema de tubo que sea lo suficiente mente larga y alta para que quepan unos palitos de aproximadamente 8 o 10 cm de largo. Puedes encontrarlos en cualquier tienda de bricolaje, pero recuerda lijarlos bien y luego pintarlos con pintura especial para juguetes de niños que no sea tóxica.

Cómo hacerlo

Ofrécele al niño el bloque para que saque los palitos de forma que pueda investigar el nuevo juguete. Cuando lo ha explorado, coges los palitos y los colocas de izquierda a derecha para que él te imite; recuerda colocarte detrás de él para jugar a este juego. Luego dejas que el niño te imite (figura 1.29).

En principio, él colocará a su manera y tú debes festejar lo bien que lo hace y lo mucho que te diviertes con él. Cuando te toca a ti el turno, seguirás colocando correctamente sin hacer ningún comentario. Él un día te imitará. Será aproximadamente sobre los dos años. *Nunca hagas referencia a lo bien que lo haces tú* con comentarios del tipo: «Así sí, así no. Mira cómo lo hace mamá». Con esos comentarios lo único que consigues es descalificar lo que hace el niño.

Recuerda

Pequeños trucos para evitar ser directivo; nunca se debe usar: «esto ponlo aquí, éste debe ir allí, muy mal, ¿no ves que esto no es lo mismo?, esto tiene que ser así».

Objetivos

Coordinación visomotora.
Descubrir el seguimiento lineal de izquierda a derecha.
Descubrir la profundidad.

Figura 1.29.

CONSEJOS PRÁCTICOS EN EL PERÍODO DE 1 A 12 MESES
Crear un ritual diario antes de dormir.
Dejarle mucho tiempo en el suelo.
No utilizar tacatá ni andadores.
Utilizar el parque durante poco rato y sólo en caso de necesidad.
Favorecer el gateo antes que obligarle a sentarse.
Poner música todas las veces que sea posible.
Festejar todos sus logros.
Hablarle mucho y reír juntos.
Establecer un horario para las comidas, el baño, dormir, pasear... Crear un ritual que anticipe la acción.
Darle la oportunidad de gatear el mayor tiempo posible, permitirle pasar debajo de las mesas, sillas...
Organizar el tiempo para acudir a grupos de bebés.
Aplaudir y aprobar sus logros.
Cuando el niño comience a gatear, quitarle los zapatos que utiliza en la calle para andar por casa.

Hoja guía

1.1. Tu bebé de seis meses

1.1.1. El flotador

1.1.2. Una hamaca especial para mí

1.1.3. Jugando con harina de maiz

Un espejito para mí

1.1.4. Un espejito para mí

1.2. Tu bebé de siete meses

1.2.1. El parque de atracciones

Una pelota diferente

1.2.2. Una pelota diferente

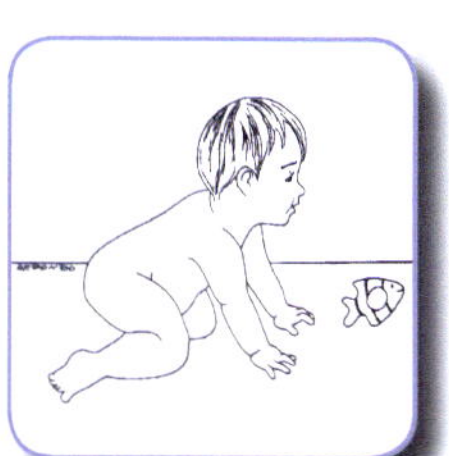

1.2.3. Campeón de gateo

1.2.4. El rollo balancín

1.3. Tu bebé de ocho meses

1.3.1. Las pulseras de mamá. Me pongo de pie

1.3.2. La carretilla

1.3.3. Buscando juguetes aprendo a anticipar

1.3.4. La esencia del lenguaje

1.4. Tu bebé de nueve meses

1.4.1. Atravesando una gran montaña

1.4.2. Bota, bota y rebota como si fueras una pelota

1.4.3. Sentadito. ¿Qué suena a mi lado?

1.4.4. Chocando y apilando estoy pensando

1.5. Tu bebé de diez meses

1.5.1. Giro, giro como una croqueta. Balanceándome descubro mi fuerza

1.5.2. Trepando por la montaña

1.5.3. El patito, mi mejor amigo

1.5.4. ¡Ay, qué divertido es ver y escuchar cómo caen mis juguetes! El camino hacia la conducta inteligente

1.6. Tu bebé de once meses

1.6.1. Que nunca me falte mi balón

1.6.2. Una intensa vida social. Aprendiendo a compartir

1.6.3. La curiosidad puede conmigo. Descubriendo la tercera dimensión

1.6.4. Música para escuchar

1.6.5. Los sonidos del silencio

1.7. Tu bebé de doce meses

1.7.1. Arre, arre, caballito

Espejito, espejito, ¿quién es el niño más bonito?

1.7.2. Espejito, espejito, ¿quién es el niño más bonito?

1.7.3. El pequeño carpintero

1.7.4. Gusanitos saltarines

2

El comienzo de la independencia. Juegos mes a mes. De 12 a 18 meses

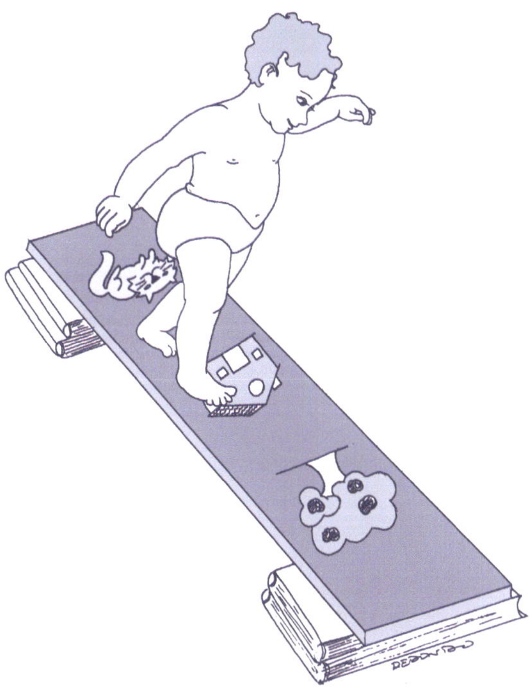

«Trepando, subiendo, saltando... obtengo mi independencia y adquiero seguridad.»

El niño de esta edad descubre el espacio. En él se mueve y desplaza objetos. También imita las actividades de los demás y comprende buena parte de lo que se le comunica. Se debe permitir e incitarle a terminar lo que ha iniciado y dejarle cometer errores. Si pretendemos dirigirle siempre, sólo lograremos que se sienta inseguro y falto de confianza en sí mismo. A esta edad, el niño suele oponerse a todo. No debemos enfadarnos por ello. Esta actitud es necesaria para el desarrollo de su personalidad. Dentro de unos meses ya se le habrá pasado.

En esta etapa es importante que la madre, padre o persona de referencia sepan:

Percibir las demandas que provienen del niño.
Interpretarlas.
Dar respuesta rápida y adecuada a esas demandas.

Se aleja progresivamente de su madre, aunque vuelve a ella para sentirse seguro. En esto se refleja la toma de conciencia de su espacio visual para dominarlo a través del movimiento. Señala con el dedo, pero mira a su madre. Esto significa que pide aprobación y confianza, no significa que indique el camino para alejarse.

Comienza a probar en sí mismo y con los demás las diferentes reacciones ante una situación y el dominio que tiene sobre ella. Con este proceso de autoafirmación aparece el **no:** es la palabra que más ha escuchado, y por eso lo repite y utiliza como un objeto más de poder sobre los demás. Descubre, por otro lado, que suceden cosas a su alrededor que él no domina.

Para el final de la etapa:

— Busca la novedad por sí misma.
— Comienza el dominio de la verticalidad. Hace torres con tres o cuatro cubos.
— Señala aquellos objetos que llamamos por su nombre correspondiente. Su lenguaje comprensivo y gestual es mucho más rico que el hablado, lo que le llevará hacia el aprendizaje por la necesidad de una comunicación cada vez más compleja.
— Aparece el principio de una actividad sensoriomotriz que conducirá al niño hacia la inteligencia práctica. Es decir, manipula objetos, explora el espacio y lo amplía con la marcha.
— Se produce una evolución de la actividad tónico-postural. El niño imita gestos y movimientos que ve a su alrededor para luego imitarlos en otro momento y con modificaciones propias. Este paso es el antecesor de la llegada de la representación, que dará lugar al lenguaje y al pensamiento.

Es primavera y la tarde es hermosa. Un día ideal para dar un gran paseo. Mayte, la madre de Pablo, decide llevarle para enseñarle el comienzo de una nueva y deliciosa estación. Al llegar al parque, Pablo sale disparado de alegría, pero de repente frena en seco, indeciso en seguir el camino. Con su dedito está indicando hacia la carretera mirando con preocupación la cara de mamá, pero por suerte encuentra una cara con expresión tranquila y oye una voz que dice: «Hijo, no pasa nada, yo estoy aquí, sigue jugando».

De esta manera le ha devuelto la confianza y seguridad que Pablo necesitaba, ya que ha visto una mariposa volando y no sabía muy bien si esto era bueno o malo, pero la aprobación de mamá le aseguró que no existía ningún peligro.

2.1. Tu bebé de trece meses

2.1.1. ¡SOY YO!

Qué necesitamos

Un espejo de mano como el de la figura 2.1; cuando haya adquirido la marcha, colocar un espejo irrompible en su habitación.

Figura 2.1.

Cómo hacerlo

Cuando el niño es capaz de estar de pie por sí solo y dar sus pasitos, apoyándose en la pared, iremos motivándolo con el espejo para que vea su carita. Puedes ponerte a su lado y papá ayudar con el espejo.

Cuando el niño ya anda, juega frente al espejo diciéndole: «Éste eres tú», y luego señalas en el espejo: «Ésta es tu imagen». Hacer lo mismo contigo y con tu imagen.

Objetivos

Caminar lateralmente en ambas direcciones.

Ver aparecer y desaparecer tanto su carita como también la tuya.

Reconocerse como él mismo en el espejo.

A esta edad reconoce su imagen e identifica conscientemente su cuerpo como el suyo. Esta etapa se llama el «estadio de espejo». A los dos años logrará la relación de su propio cuerpo con la imagen que ve en el espejo tocándola y entonces adquiere un sentimiento de identidad propia y diferencia lo que es «yo» y «no yo».

2.1.2. PLAS, PLAS, PLAS, CAMINANDO AVANZARÁS

Qué necesitamos

Dos picas largas de las de psicomotricidad. En caso de que no dispongas de picas, puedes adaptar dos palos de escoba.

Cómo hacerlo

Una vez que tu hijo comienza a dar sus primeros pasitos con ayuda, puedes utilizar dos bastones. El niño agarra los bastones y tú, colocada por detrás, evitando que se caiga, agarras firmemente los bastones por encima de sus manos. Comienzas a golpear suave y lentamente las picas en el suelo con un ritmo alterno, según los pasitos del niño, cantando (figura 2.2):

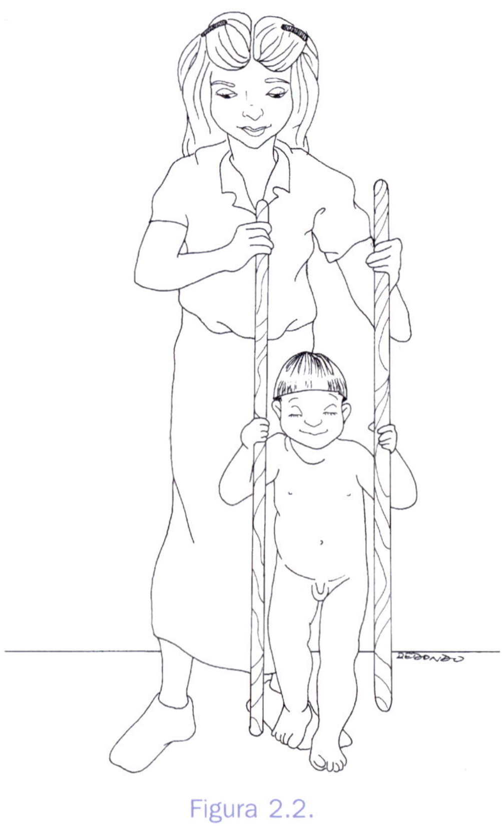

Figura 2.2.

«Pasito a paso voy andando.
Por aquí y por allá me encontrarás.
Pasito a paso voy andando.
Por aquí y por allá voy a descansar».

Objetivos

Dar seguridad al niño a través de la presencia de mamá en el comienzo de la marcha.

Marcar un ritmo para el buen establecimiento de la marcha, ya que el niño dará sus pasitos al son de la canción.

Recuerda

Evita las caídas, ya que asustan a los niños y les hacen retroceder en su desarrollo.

2.1.3. Recorriendo nuevos horizontes

Qué necesitamos

Un carrito como el de la figura 2.3 o un correpasillos.

La altura del agarrador del carrito ha de ser la correcta para que el niño pueda mantener erguido su cuerpo y no encorvar la espalda al apoyar sus manos. En caso de tener un correpasillos, el asiento ha de ser estrecho para no perjudicar el desarrollo de su cadera y con la altura suficiente para que tenga la oportunidad de apoyar la planta de sus dos pies correctamente a ambos lados. Además has de fijarte en que el carrito no se inclina y vuelca cuando el niño se apoya sobre el agarrador.

Cómo hacerlo

Este juego lo incorporarás cuando el niño ya haya adquirido la marcha, pero nunca al dar los primeros pasitos.

Recuerda

Este juguete no es para estimular la adquisición de la marcha, sino para desarrollar el conocimiento espacial.

Hay varias formas de utilizar este juguete:

El carrito

El niño recorre la sala con el carrito en todas las direcciones. Cuando llegue hasta la pared, le enseñas a girar con el carro hacia un lado y luego hacia el otro.

El niño puede sentarse dentro del carro y tú puedes empujarlo en todas las direcciones, con risas y contando lo que podéis observar por el camino. Esto se puede realizar tanto al aire libre como en la sala o pasillo. En casa enriquecerás con objetos interesantes el camino que vais a recorrer.

Cuando sale del carrito, le colocas un balón en el mismo sitio donde estaba sentado diciéndole: «Mira, aquí donde tú estabas sentado cabe este balón». Observa su reacción. Es posible que quite el balón y lo vuelva a colocar, o que se vaya a sentar de nuevo. Vuel-

Figura 2.3.

ves a hacer referencia al espacio que estaba ocupado por el balón donde él también cabe.

El niño llenará el carrito con sus juguetes e irá trasladándolos de un sitio para otro vaciando y llenándolo continuamente.

El correpasillos

En caso de que te decidas por un correpasillos, es conveniente que tenga un espacio lateral o central al levantar la tapa donde está el asiento para meter cosas. Podéis realizar el juego de la misma forma que el anterior. La diferencia sería que en lugar de utilizar un balón para el conocimiento del espacio, tendrás que buscar varias pelotas, cubos o algunos juguetes que quepan en el espacio. Los juguetes deben tener el mismo tamaño y forma y no más de cuatro unidades.

Objetivos

Conocimiento espacial.
Descubrir los giros con el carro.
Descubrir el espacio. Lo que cabe y lo que no cabe en un sitio determinado.
Percepción de su propio cuerpo.
Trasladar, llenar y vaciar.

Observa que...

En la etapa de 12 a 24 meses es muy normal la aparición de una conducta egoísta. Es el momento de enseñarle el concepto de «dar y recibir». El carrito, correpasillos, un trenecito o pelotas te ayudarán y serán tus mejores aliados. Se puede jugar con amiguitos, hermanos... uno de los niños se sienta y el otro empuja. Mientras, cantáis:

«Vamos, vamos de paseo,
busco, busco el osito,
bailo, bailo con mi niño.
Qué mayor, es un campeón».

Mientras cantas, haces la mímica, te ríes, le motivas y luego los niños se cambian y el que empujaba se sube en el correpasillos y el otro empuja.

Los juguetes con los que jugáis cuando son varios niños han de ser iguales para evitar peleas; incluso cuando éstos son idénticos, puede existir el conflicto entre ellos. Cuando uno le quita el juguete al otro, intervienes diciendo: «Muy bien, éste es para (nombre del niño) y éste para ti». Esta situación puede repetirse varias veces. El niño poco a poco se dará cuenta de que todos los juguetes son iguales y no tiene sentido quedarse con el juguete del otro, incluso comenzará a ofrecer sus juguetes a los demás.

Este juego de dar, recibir y compartir da resultado siempre y cuando:

No hagas ningún comentario sobre la obligación de compartir.

Permite y reconoce que él tiene su juguete preferido y no quiere compartirlo. Has de respetar esta decisión.

Has de ser consciente de que los modelos que el niño ve en casa serán los que imite. Toma nota de si en casa sois generosos, compartís con facilidad vuestras pertenencias o todo lo contrario. También puedes aprovechar en la hora de la comida, cuando le das aquello que más le gusta, para pedirle que le dé un trocito a alguien. La otra persona ha de aceptar la oferta y comerla ante él, no limitarse a devolverla y comentar: «Muchas gracias, cariño, pero no me apetece; cómetelo todo tú solito». El niño no debe acostumbrarse a dar las cosas y que los demás se las vayan a devolver. De vez en cuando, tiene que renunciar por completo a una cosa en favor del otro.

2.1.4. ME CONCENTRO JUGANDO

Qué necesitamos

El puzle de los globos que te ofrecemos junto al libro.

Un encajable con las figuras geométricas básicas: el círculo, el cuadrado, el triángulo y el rectángulo.

Cómo hacerlo

Te sientas frente al niño y sujetando el puzle en el aire le muestras cómo empujando con su dedito los globos caen. Cuando hayáis

Figura 2.4.

jugado a esto, coloca el puzle en el suelo y sujétalo para que no pueda levantarlo; saca el globo rojo (el más grande) y colócalo en su sitio para volverlo a sacar y dárselo a tu pequeño. Déjale su tiempo y probablemente lo colocará. Si no es así, todavía no está preparado para este puzle. Déjalo para más adelante. Si lo coloca, entonces sacas el azul. Después el amarillo. Si todos los coloca bien, entonces sacas el rojo y el amarillo. Y así sucesivamente, complicándoselo poco a poco.

Cuando domine este puzle, saca el que tiene las figuras geométricas. Te sientas por detrás del niño y le colocas el puzle de forma que el círculo quede a su izquierda. Le dejas que observe y toque el juguete para después comenzar a jugar. Quitas la pieza redonda y la vuelves a poner para que él te mire, diciendo: «Mira qué divertido», entonces empujas la pieza con tu dedo diciendo: «Pum, ya entró». Vuelves a quitarla y se la ofreces para que la coloque, diciéndole: «Ahora te toca a ti». Luego pasas a la cuadrada, después a la rectangular y por último a la triangular.

Al colocar la pieza, festeja su logro con alegría; en caso contrario, no hagas ningún comentario y vuelve a demostrar cómo se hace el juego.

Objetivos

Descubrir las formas geométricas básicas.
Coordinación visomotora.
Fomentar la concentración lúdicamente.

Recuerde
Los juegos de concentración tienen que ser divertidos para el niño.

2.1.5. LECTURA EN POSICIÓN HORIZONTAL

Qué necesitamos

Dibuja un cuento sobre láminas de cartulina. En principio, con un solo dibujo grande y coloreado por página. Al final del segundo año, el libro podrá tener ocho o diez páginas. Comenzamos con cartulinas de 20 × 20 cm de lado para aumentar hasta 40 × 30. Los temas pertenecerán a la vida cotidiana del niño o bien temas sobre

Figura 2.5.

naturaleza, animales... En caso de no saber dibujar, se puede hacer un *collage* con recortes de revistas.

Los cuentos que hacemos en casa tienen un gran valor afectivo. Podéis sujetar las cartulinas con cintas y guardarlas de recuerdo.

Cómo hacerlo

Siéntate junto al niño en posición cómoda y relajada, puede ser en el suelo o en la mesa, pero mantén el libro en posición horizontal y deja que él experimente en abrir, cerrar, darle vueltas y volver las hojas. Según en la página que estéis, le vas contando todo lo que se ve en la misma, con palabras muy claras y sencillas, refiriéndote al color y a la actividad, pero envuelto en una pequeña y sencilla historia. Cuando haya perdido interés por este libro, entonces pasas a otro. Durante un tiempo, puedes guardar el libro y pasadas una o dos semanas vuelves a utilizarlo; posiblemente te sorprenderá que el niño se acuerde de varios dibujos.

Acompañar con comentarios divertidos los juegos con el niño fomenta sus ganas de seguir jugando, por lo que puedes comentar: «Qué divertido, cómo me gusta jugar a esto, me divierte mucho, mira, qué color más bonito tiene, es amarillo, me gustaría comérmelo», y haces como si te lo comieras... De esta manera, despiertas el humor en el niño, las risas, la alegría, evitando la sensación de que le estamos dirigiendo su enseñanza.

Objetivos

Compartir la vida social con el niño. En caso de tener hermanos o familia, se les puede incluir haciendo una tertulia social y risas, fomentando así lazos afectivos.

Fomentar el lenguaje.

Favorecer la capacidad de imitación y simbolización.

Desarrollar la memoria.

Conocer colores y formas.

Trabajar la acomodación visual para labores de cerca.

2.2. Tu bebé de catorce meses

2.2.1. LAS PIEDRAS. CAMINITO, CAMINITO, ME LLEVAS AL RÍO

Qué necesitamos

Unas cuantas piedras grandes y planas de río. Una lámina de madera de 80 × 50 cm y pegamento. Pegaremos las piedras para formar un caminito por el que el niño podrá andar de un lado para otro descalzo.

Cómo hacerlo

Dale un tiempo al niño para que explore. Déjale que mire las piedras, que las toque, y puedes comenzar a contarle una historia como por ejemplo: «Éstas son las piedrecitas del fondo del río, por donde pasa el agua y...» o bien cantando la canción del caminito:

«Por este caminito alegre
y saltarín, ahí viene (el nombre del niño),
tachín, tachín, tachín.
Llegando hasta el río,
tachín, tachín, tachín».

Figura 2.6.

Te quitas los zapatos y después invitas al niño a hacer lo mismo y, dándole la mano, comienzas a recorrer el camino junto a él. Mientras camináis, vas describiendo lo que vais pisando.

Para tener unos pies sanos, es conveniente que la parte del talón y del metatarso sea firme y vigorosa, así como mantener los dedos flexibles. Con estos juegos se beneficia tanto la salud de los pies como la integración de los ejes corporales.

Objetivos

Aprender a mantener el equilibrio.

Fortalecimiento de la musculatura de tobillos, piernas y dedos de los pies.

Prevenir malas posturas corporales.

Fomentar un adecuado apoyo plantar.

2.2.2. Las bolitas. Caminito, caminito, me llevas a la montaña

Qué necesitamos

Una esterilla de bolas de madera de las que se ponen en los asientos de los coches.

Cómo hacerlo

Según los materiales que utilizamos, los objetivos sufren una ligera variación. Así, con la esterilla de las bolitas, el niño tiene la oportunidad de meter sus deditos entre el espacio que dejan las bolitas y ejercitar la flexión de los mismos. Por otro lado, al pisar la esterilla, puedes observar en la figura 2.10 cómo el niño separa los dedos de los pies y abre sus manitas ante la novedad y la nueva experiencia.

> «Por este caminito alegre
> y saltarín, ahí viene (el nombre del niño),
> tachín, tachín, tachín.
> Llegando a la montaña
> tachín, tachín, tachín.»

Figura 2.7.

Objetivos

Obtener estabilidad. Observa en el dibujo la seguridad que ha adquirido el niño en su marcha y los ejes corporales que ha integrado estando su cuerpo perfectamente recto. Esto podemos conseguirlo en todos los niños si jugamos la secuencia «El enano y el gigante» (ejercicio 3.5.1).

Conseguir un correcto apoyo del pie colocándolo del talón al metatarso y ejercitar la flexibilidad de los dedos de los pies. Véase «Por unos pies sanos».

Fortalecer la musculatura de tobillos, piernas y dedos de los pies.

Recuerda

Debes poner un solo tipo de alfombrilla. Un día pones las piedras y otro las bolitas.

2.2.3. Buscando, buscando, me entra la risa

Qué necesitamos

Botellas transparentes de boca ancha de las de cinco litros con asa, de un litro, 500 cc y 250 cc.

Bolitas o pelotas que entren con facilidad por la boca de la botella.

Cómo hacerlo

Cuando el niño comienza a andar y pasea de un sitio a otro, puedes ofrecerle la botella de cinco litros con una bolitas dentro con la cual se paseará haciendo ruido. Además de divertirle mucho, esta actividad beneficia a los niños para la adquisición del equilibrio necesario para una buena marcha, transportando objetos grandes pero livianos.

Cuando el niño domina lo de soltar voluntariamente, incorporamos el siguiente juego. No conviene hacerlo con anterioridad, ya que puedes frustrarle en su intento y esto provocará un retraso en su desarrollo de aprendizaje.

Demostrar al niño cómo se colocan bolitas pequeñas dentro de una botella transparente. Luego, dejamos que lo haga él y que descubra cómo se sacan. Suele ser por casualidad, girando la botella hasta que sale la bola. Cuando domine bien este juego, puedes incorporar otras botellas con la boca más pequeña y transparentes.

Con las botellas pueden jugar entre hermanos y amiguitos.

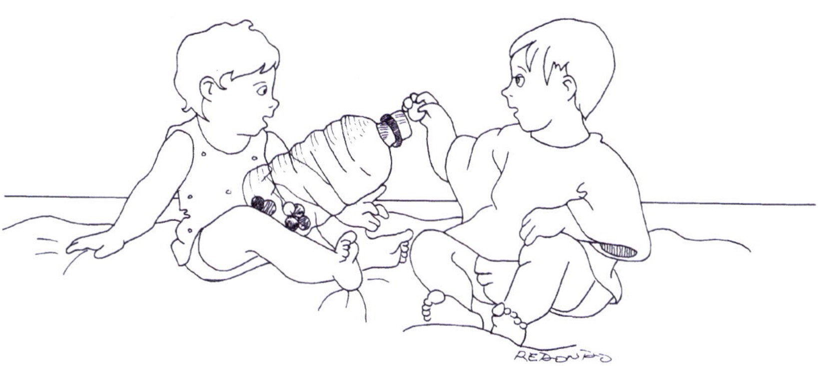

Figura 2.8.

También puedes colocar las botellas de mayor a menor. Recuerda que sólo has de utilizar tres tamaños.

Recuerda

Si quieres un niño inteligente y coherente en su actividad, es fundamental utilizar juegos que él sea capaz de realizar.

Objetivos

Fomentar el equilibrio en la marcha

Coordinación visomotriz para meter la bola y seguir su trayectoria.

Soltar objetos voluntariamente.

Escuchar el ruido que la bola hace al caer.

Toma de contacto visual-global de la seriación lineal al colocar las botellas en fila según su tamaño.

No usar más que tres botellas de diferentes tamaños a la vez.

Fomentar su vida social y compartir un juego con facilidad.

Aprender el concepto de dar y recibir al jugar entre varios niños.

Recuerda

Es conveniente tener varios juguetes u objetos iguales cuando hay varios niños jugando y éstos son de edades muy similares. Así, si uno de ellos le quita el juguete al otro, siempre dispondremos de un objeto igual para poder ofrecérselo.

2.2.4. DIBUJO EN POSICIÓN HORIZONTAL

Qué necesitamos

Un canasto con los elementos de arte para dibujar: cartulinas grandes y preferentemente blancas, lápices de todos los colores y no tóxicos. Un espacio determinado de la casa que sea siempre el mismo y que sea fácil de limpiar, para llevar a cabo la actividad.

Figura 2.9.

Cómo hacerlo

Se puede pintar sentado en el suelo, aunque también hay niños que se ponen acostados boca abajo; pero es conveniente que utilicen una mesita baja y una sillita con respaldo y que puedan apoyar los pies en el suelo. Te sientas al lado de él, cada uno con una cartulina y los lápices. Es aconsejable que la cartulina sea grande, ya que los niños a esa edad no controlan el movimiento de sus brazos y hacen movimientos amplios sin respetar los límites de la hoja. Estos primeros dibujos se llaman «garabatos»; luego harán círculos y trazos definidos, llegando a ponerle a un círculo dos trazos como piernas que representará el comienzo de la figura humana.

Permítele disfrutar libremente, *probando* ambas manos él solito para ver lo que puede hacer, ya que esto le da confianza en sí mismo; además, algunos niños son capaces de estar concentrados en esta tarea bastante tiempo, demostrando una gran creatividad al usar y mezclar los colores. Hacer una exposicion de sus mejores dibujos por la casa es una estupenda idea, ya que ellos reconocen cuál es su dibujo. Puedes insistir, a menudo, en lo mucho que te gusta y lo bien que le ha salido. Cuando quieras, podéis cambiarlo o agregar otros nuevos, pero siempre en presencia del niño y como una actividad conjunta.

Objetivos

Coordinación visomotora.
Acomodación de la visión en tareas de cerca.
Ejercitar la motricidad del brazo, muñeca, manos y dedos.
Descubrir los diferentes colores y formas.
Desarrollar la creatividad.
Fomentar la atención sostenida (véase *Todo un mundo de sorpresas*).
Divertirse.

Atención

Es importante dejar que el niño utilice la mano que él quiera. Algunos utilizan una sola mano; en cambio otros están probando una y otra hasta decidirse definitivamente. Hasta aproximadamente los seis años no se define la lateralidad. La forma y habilidad para utilizar el lápiz dependerán de su experiencia anterior, según la cantidad y tipos de objetos que haya manipulado (véase *Todo un mundo de sensaciones*, Ed. Pirámide).

2.3. Tu bebé de quince meses

2.3.1. LA ESTERILLA. CAMINITO, CAMINITO, ME LLEVAS A LA CABAÑA

Qué necesitamos

Una esterilla.

Cómo hacerlo

Pon la esterilla para que tu hijo la toque; puedes pasarle la mano tú primero para que él coja confianza. Puedes comentar que es áspera y que parece la corteza de los árboles. Si le ofreces tocarla con confianza, él accederá y poco a poco incluso pasará por encima descalzo para sentir bajo sus pies algo diferente a lo que está acostumbrado a sentir.

Figura 2.10.

«Por este caminito alegre
y saltarín, ahí viene (el nombre del niño),
tachín, tachín, tachín.
Llegando a la cabaña,
tachín, tachín, tachín».

Objetivos

Fomentar la sensibilidad en la planta de los pies.

Descubrir diferentes materiales bajo sus pies.

Enriquecer el bagaje de sus sensaciones con los cambios de los diferentes materiales.

(Observa en el dibujo que, al cambiar el material, el niño vuelve a abrir sus piernecitas en busca del equilibrio y abrirá sus manitas sorprendido por la nueva sensación.)

2.3.2. LA ALFOMBRA PELUDA. CAMINITO, CAMINITO, ME LLEVAS AL PRADO

Qué necesitamos

Una alfombra peluda.

Una alfombra de hierba artificial.

Figura 2.11.

Cómo hacerlo

En verano podemos aprovechar para que los niños anden descalzos por la hierba, arena, agua y piedras. En invierno puedes sustituir la hierba por una alfombra peluda y mullida o hierba artificial.

«Por este caminito alegre
y saltarín, ahí viene (el nombre del niño),
tachín, tachín, tachín.
Llegando hasta el prado,
tachín, tachín, tachín.»

Objetivo

Favorecer una óptima integración de los ejes corporales con un correcto apoyo plantar.

Observa cómo...

En la figura 2.10 el cuerpo del niño está colocado en línea recta. Comparándolo con la figura 2.11, observamos que el niño va integrando sus ejes corporales, correctamente ayudado por un perfecto apoyo plantar.

Cuando el niño es mayor y ya anda solo, puedes incorporar diferentes caminitos dentro del recorrido, como un trozo de corcho, una alfombrilla de plástico de los baños, un trozo de plástico de embalar de los que tienen burbujas. Puedes utilizar cualquier material, siempre asegurándote de que no sea tóxico, que esté limpio y que pueda manipularlo sin peligro. Recuerda que casi todos estos materiales los deberás guardar una vez que habéis terminado de jugar con ellos.

Siempre comenzarás la secuencia con el recorrido de las piedras (la figura 2.6). Puedes observar en el dibujo que el niño tiene tendencia a abrir sus piernas, buscando el equilibrio con su cuerpo al comenzar la marcha. Por tal motivo las piedras grandes y planas le ayudan a adquirir la seguridad a través del balanceo de su cuerpo. Déjale todo el tiempo necesario para dar sus pasitos, no le apures, ya que necesita un tiempo para la acomodación de la planta del pie.

Si tienes niños que de pequeños no han tenido la oportunidad de realizar los ejercicios anteriores y observas que sus pies no se apoyan correctamente y su cuerpo no está en línea recta, como le sucede a la niña de la figura 2.11, es necesario echar mano de los juegos correctores, como los del epígrafe 3.5.1.

Recuerda

Debes poner un solo tipo de alfombrilla. Un día pones la esterilla y otro la alfombra peluda.

2.3.3. Andando, andando, con el equilibrio voy jugando

Qué necesitamos

Varios balones de playa hinchables, grandes y livianos.
Un aro o un neumático.

Figura 2.12.

Cómo hacerlo

Comienza a jugar con los balones lanzándolos por el aire, rodando por el suelo o colocándolos dentro de un círculo (puede ser un neumático de un coche). Para que el niño pueda imitarte, ha de ser un gran círculo. Luego, con el balón tocas su cabecita diciendo: «En la cabecita de (el nombre del niño)», y así con la tripa, la espalda, el culo… Si tienes patio o jardín, puedes tener varios neumáticos y pintarlos de colores: rojo, amarillo, azul y verde.

Al alzar y transportar objetos grandes y livianos, su centro de gravedad se desplaza y se eleva ladeando el cuerpo. Ésta es una experiencia que le servirá para perfeccionar la habilidad de mantener el equilibrio.

Objetivos

Aprender a lanzar.
Experimentar con los cambios de posición del cuerpo.
Progresar en el conocimiento del esquema corporal.
Disfrutar y reír jugando junto a mamá o papá.

2.3.4. EL ORGULLO DE MAMÁ. SOY CREATIVO E INGENIOSO

Qué necesitamos

Unos bloques con agujeros. Los bloques pueden ser cajas de cosméticos o colonias. En los agujeros tendrás que colocar unos palos de 15 cm de largo y sobre ellos ensartar unas anillas de plástico de las que se utilizan para colgar las cortinas. También puedes utilizar juguetes de madera como las de la figura 2.13.

Cómo hacerlo

Cuando el niño domina el juego «Gusanitos saltarines», puedes incorporar nuevos bloques. Primero, ofrécele el juguete montado, es decir, el palo colocado en el agujero y con la anilla metida de forma que él tenga que sacarla. Enséñale cómo deslizar las anillas por la varilla. Poco a poco, el niño sacará y meterá los palitos por los agujeros y las anillas por los palitos.

Objetivos

Descubrir el espacio.
Entrenar la coordinación visomotora.
Incentivar la creatividad y el ingenio.

Figura 2.13.

2.3.5. Mi primer instrumento: el xilófono

Qué necesitamos

Dos xilófonos pequeños y livianos o algún instrumento similar. Algunos tienen luces incorporadas.

Cómo hacerlo

Sentados en el suelo uno frente al otro, comenzáis a tocar las teclas y cantar. El niño te imitará con gran rapidez, ya que les encanta tocar algún objeto que emita sonido. Recuerda hacer comentarios como: «Haremos una orquesta», «qué bien tocas», «esto me gusta mucho», «¿lo repetimos?»; además puedes cantar:

«(Decir el nombre del niño) tiene una orquesta,
¡vamos todos a cantar!
(Decir el nombre del niño) tiene una orquesta,
¡vamos todos a tocar!
(Decir el nombre del niño) tiene una orquesta,
que suena ya».

Figura 2.14.

En el caso de tener algún instrumento electrónico sonoro o con luces, escóndelo debajo de un pañuelo semitransparente para que el niño pueda localizarlo. Este juego le resultará muy divertido al pequeño.

Objetivos

Descubrir la relación causa-efecto.
Fomentar la creatividad.
Fomentar la autovaloración mediante el reconocimiento positivo por parte del adulto.
Localizar sonidos.
Desarrollar la inteligencia auditiva.

2.4. Tu bebé de dieciséis meses

2.4.1. Que te pillo, que te pillo

Qué necesitamos

Una noria sonora para ti y otra para el niño de las que venden en los bazares.

Cómo hacerlo

En el caso de disponer de jardín, terraza o patio, es ideal jugar al aire libre; si no, organiza un espacio entre la habitación y el pasillo; tú coges una noria y persigues al niño diciendo «que te pillo, que te pillo…». Él intentará pillarte, como también acelerar sus pasos. En caso de que, por casualidad, su noria se acerque a tus pies, da unos saltitos y riéndote exclama con alegría: «¡Que me pillas...!» y vuelves a intentar cogerle tú. Procura hacer el juego divertido, riéndote y persiguiendo a otros adultos o niños que estén en casa. El niño, al principio, irá empujando la noria por el suelo, girando en diferentes direcciones, luego por las paredes, escalones, cojines, pendientes, en fin, lo que encuentre en su camino. Déjale que haga su explora-

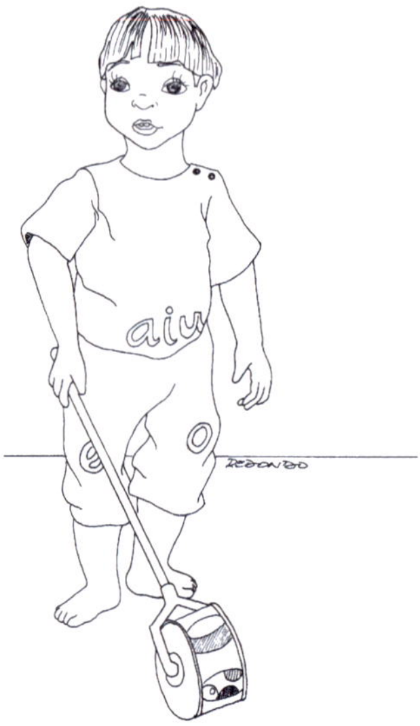

Figura 2.15.

ción y, cuando se canse, guardáis las norias en un armario o caja. Es conveniente guardar los dos juguetes juntos y siempre en el mismo sitio para que sepa dónde se encuentran.

Mientras jugáis, podéis cantar lo siguiente:

«Corre, corre,
que te pillo,
Corre, corre, corre ya.
Corre, corre, que te pillo,
vamos juntos a jugar».

Y al guardar las norias, cantáis la canción:

«A guardar, a guardar,
que ahora vamos a jugar
a otra cosita más».

Entonces le ofreces otra actividad como alternativa.

Objetivos

Incitar al movimiento corporal hacia diferentes direcciones tanto lineales como con giros.

Promover el conocimiento espacial.

Aprender a situar su cuerpo en el espacio con un objeto en la mano.

Fomentar la coordinación visomotora.

2.4.2. SALVANDO OBSTÁCULOS EN EL CAMINO

Qué necesitamos

Ladrillos y picas de psicomotricidad.

En el caso de no disponer de ellos, cajas de cartón que puedes forrar con papel charol de los cuatro colores básicos: rojo, amarillo, azul y verde. Les haces un agujero en el centro de la tapa e introduces unos cilindros de madera del mismo color y de 30 cm de largo, que puedes conseguir en una tienda de bricolaje, de manera que queden una caja en un lado y otra caja en el otro del mismo color y un palo uniéndolas (véase la figura 2.16).

Cómo hacerlo

Una vez adquirida la marcha autónoma, tu hijo necesita aprender a salvar pequeños obstáculos en su camino. Para ello, se colo-

Figura 2.16.

can los ladrillos con las picas del mismo color entre ellos. Se utilizan dos colores en un principio: rojo y amarillo. Después se introducirán primero el azul y más tarde el verde. Nunca coloques el verde al lado del azul. Cuando ya hemos incorporado los cuatro colores, la colocación correcta es azul, amarillo, rojo y verde.

Enseña al niño a pasar entre ellos, levantando los pies e intercambiando las piernas como se hace al andar. Mientras el pequeño va avanzando, nombra los colores de los bloques para que los vaya identificando. Cuando domina el ejercicio, puedes incorporar mayor dificultad, colocando la caja de en medio en posición vertical y, de esta manera, el palo quedará más alto que los otros y tendrá que levantar más sus pies.

Objetivos

Aprender a salvar obstáculos durante la marcha.

Trabajar el equilibrio.

Andar en patrón cruzado. Observa que no use siempre la misma pierna; enséñale colocando suavemente la pierna contraria para que levante los pies intercambiándolos.

Aprender a identificar los colores.

2.4.3. LA CURIOSIDAD ME DEVORA. ME INTERESA EL CONCEPTO DEL TAMAÑO

Qué necesitamos

Barreños pequeños de diferentes diámetros que entran unos dentro de otros. Puedes comprarlos en droguerías, de los de uso doméstico, o bien cubiletes redondos de distintos tamaños que entren unos dentro de otros y se apilen fácilmente unos sobre otros, como se observa en la figura 2.17.

Cómo hacerlo

Cuando el niño esté dispuesto, siéntate en el suelo frente a él y ofrécele los cubiletes redondos observando qué hace con ellos.

Figura 2.17.

A continuación, te ofrecemos la secuencia de aprendizaje sobre la manipulación de los cubiletes:

1. El niño choca un cubilete contra el otro.
   Intentará meter uno en el otro. En este caso, le puedes ofrecer el más grande y dentro meter uno más pequeño, pero nunca el inmediatamente inferior para que le resulte más fácil sacarlo.
2. Cuando los saque con facilidad, aumenta la dificultad ofreciendo los otros cubiletes de forma cuadrada.
3. Cuando logre sacarlos y meterlos, es el momento en el que aprenderá a apilar unos sobre otros. Colocar objetos pequeños sobre otros de mayor tamaño; cuanto menor sea la diferencia entre los tamaños, mayor será la dificultad del juego.
4. Apilar cubiletes tanto redondos como cuadrados. Los cuadrados tienen mayor dificultad que los redondos. Apilar objetos es beneficioso para una adecuada coordinación visomotora, así como para estimular las conexiones sinápticas entre neuronas.

En caso de que encuentres dificultades para comenzar la secuencia con cubiletes, puedes comenzar a jugar con barreños pequeños con diferentes diámetros para facilitar al niño su manipulación.

Objetivos

Calcular el tamaño de unos objetos en relación con otros.
Introducir el concepto grande/pequeño.
Encajar diferentes tamaños.
Insertar diferentes objetos unos en otros.
Apilar diferentes objetos.

Recuerda

Existe una diferencia entre encajar y apilar piezas:

— Al encajar, introduce los conceptos de forma, peso y profundidad de los objetos.
— Al apilar, estimula la aparición de nuevas conexiones sinápticas.

2.4.4. Los tambores

Qué necesitamos

Unas cajas de 20 × 20 cm para utilizar como tambores.

Cómo hacerlo

Sentados en el suelo, el niño con un adulto o con papá y mamá, los hermanos, abuelos, familia, amigos, etc. Cada uno tiene su tambor y comienzan a golpear y a cantar una canción como:

«Antón, Antón,
Antón pilurelo,
hola (decir el nombre del niño
al que vayamos a saludar),
¿cómo te va?».

Figura 2.18.

Cada vez que se nombra al niño, mirarle a los ojos saludándole con la mano. Esperar a que él pueda responder con la mirada, con sus manitas o con algún movimiento de su cuerpo. Luego comenzáis a tocar fuerte diciendo: «Ahora tocamos fuerte, más fuerte, y ahora tocamos suave, suave... (casi como acariciando la caja)... Y cada vez tocamos más fuerte» (volver a los golpes fuertes). Guardáis la caja detrás del cuerpo diciendo: «Y ahora guardamos la caja por detrás».

Ahora ponéis los brazos y las manos estirados y cantáis moviendo las manos y los dedos según marca la canción:

«Tenemos manitas,
tenemos deditos,
que trepan y trepan,
que bajan y bajan,
y revuelven en la caja
buscando muchas cositas...».

Es bueno tener preparada ya su caja de música y siempre en el mismo sitio, que él pueda distinguir al preguntarle: «¿Dónde está la caja?». Déjale tiempo para que él te pueda demostrar con su dedito dónde se encuentra. Entonces pasas al siguiente ejercicio.

Objetivos

Estimular la audición.
Adquirir el concepto fuerte/suave.
Adquirir el concepto detrás.
Adquirir el control motriz voluntario de sus manos.
Entrenar la segmentación de los dedos de las manos.

2.4.5. DIBUJO EN POSICIÓN VERTICAL

Qué necesitamos

Una pizarra grande y estable donde se pueda pintar con rotuladores que se borran.
Se puede forrar una pared con lámina especial para pintar con rotuladores que se borran.
Un trapito para borrar.

Cómo hacerlo

Colócate de pie junto al niño y frente la pizarra. Ofrécele unos rotuladores de diferentes colores y demuéstrale cómo pinta. Tienes

Figura 2.19.

que estar muy atenta para que no lo ponga en la boca; por tal motivo esta actividad siempre tiene que realizarla contigo. En la otra mano, le das un trapito para que pueda borrar las líneas. Le divierte mucho ver cómo desaparece el dibujo.

Objetivos

Utilizar los brazos y manos en posición vertical.
Utilizar la visión en posición vertical.
Coordinar ambas manos para pintar y borrar.

2.5. Tu bebé de diecisiete meses

2.5.1. Pío, pío, sígueme

Qué necesitamos

Cualquier juguete con cuerda: perros, patos, figuras de animales. Es conveniente colocar al final de la cuerda una anilla para que pueda cogerlo con facilidad. También puedes echar mano de una caja de zapatos sin la tapa y colocarle una cuerda. Puedes colorear la caja o pegarle pegatinas de colores, cambiando las figuras para que no se aburra. Si quieres, puede colocar un osito, una muñeca o una pelota en la caja y transportarlo de un sitio al otro.

Cómo hacerlo

Cada uno tiene su caja. Así le das la oportunidad de que pueda imitar tus movimientos, ya que, en el principio, es posible que vaya caminando marcha atrás mirando cómo se desplaza el juguete. Deja que realice esta exploración. En la medida en que adquiere madurez, dejará de mirar hacia atrás, ya que no necesitará comprobar que el objeto le sigue pues sabrá que está ahí. Los padres podéis ir por delante de él, animándole con un juguete sonoro o bien cantándole la siguiente canción, que se puede adaptar muy fácilmente de acuerdo con el animal u objeto que el niño arrastre.

Figura 2.20.

«Por un camino con un perro me encontré,
guau, guau.
En un camino con un perro me encontré,
guau, guau.
En un camino, en un camino,
en un camino con un perro me encontré,
guau, guau».

Recuerda

Procura no dirigir el juego del pequeño. Todo lo que él invente siempre será más enriquecedor que todas tus mejores ideas.

Objetivos

Coordinar armónicamente los movimientos en el espacio.
Incentivar el conocimiento y descubrimiento espacial.
Caminar hacia delante tirando de un objeto y ver cómo le sigue.
Caminar hacia delante confiando en que el juguete le sigue.

2.5.2. El puente. Por debajo y por encima llegaré hasta la cima

Qué necesitamos

Una madera de 40 cm de ancho por 1 m de largo.

Unos banquitos o libros fuertes para apoyar la madera haciendo un puente de unos 25 o 30 cm de alto.

Pintar sobre la madera o sobre una cartulina que luego pegaremos en el puente un gato, una casa y un árbol con manzanas (véase la figura 2.21).

Cómo hacerlo

El niño, en un principio, pasará el puente a gatas. Es importante que estés cerca para evitar que se caiga, pero procura no ofrecerle más ayuda de la que realmente requiera. Poco a poco, irá incorporándose para pasar el puente de pie.

Cuando pasa por el puente, le indicas el gato y lo tocas diciendo cómo hace el gato: «miau, miau»; pasa entonces a la casa y, con el puño cerrado, da tres golpes diciendo: «¿Quién es?...». Por último, llegas al árbol y haces como si os comierais una manzana diciendo: «Mmm, qué rica está». Finalmente, te colocas en el extremo del puente donde se encuentra el árbol, miras al niño a los ojos y sonriendo le

Figura 2.21.

dices: «Ahora vas a dar un salto de campeón, una, dos y tres», y cogiéndole por las axilas le elevas en alto riendo. Cuando le bajes al suelo, le felicitas y le coges por las muñecas, elevas sus brazos y le dices: «¡Bravo, campeón!, eres el niño que mejor salta del mundo». Intenta que coloque sus pies uno delante del otro, mirando con sus ojitos dónde pone el pie. Podéis jugar a pasar por debajo del puente; para esto motívale con su juguete preferido y que vea tu cara en el otro lado.

Objetivos

Coordinar los movimientos de ojos y pies.

Fomentar el conocimiento espacial y el cálculo de distancias: ancho, largo y alto.

Estimular la intercomunicación hemisferial en caso de andar en patrón cruzado.

Fortalecer los músculos dorsales.

Fomentar la agilidad de los movimientos corporales.

Adquirir seguridad en trepar, subir y saltar.

Fomentar la adquisición de la autoestima al festejar su logro alegremente.

Recuerda

Animar y alentar al pequeño le hará sentirse un niño más eficiente y feliz al obtener tu aprobación.

2.5.3. En el barreño... ya no cabe más

Qué necesitamos

Cajas o barreños.
Pelotas.

Cómo hacerlo

Colocar dos cajas frente al niño, una vacía y otra llena de pelotas, para que las traspase de una a otra. Las pelotas deben ser de colores diferentes a los de las cajas, para que pueda distinguir la profundidad de las mismas. Cuando domine este juego, puedes incorporar-

Figura 2.22.

le una tercera caja. En cambio, si el niño no presta atención y empieza a tirar los objetos, recogeremos las cajas y, con las pelotas, jugaremos a las «distancias»; esto es: todas las pelotas estarán en el barreño frente a nosotros y al niño y comenzaremos a lanzarlas o rodarlas (hacia delante, hacia un lado de la sala o hacia el otro lado), dejando que el niño haga lo mismo y vaya, a gatas o andando, en busca de las pelotas, trayéndolas de vuelta y colocándolas, con nuestra ayuda, en el barreño. Volver a comenzar el juego.

Muchos niños, antes de traspasar objetos, sienten la necesidad de estudiar las distancias en el espacio. Es muy importante respetar la «decisión creativa» del niño en los juegos y no forzarle, obligándole a que haga el juego a «nuestra manera».

Objetivos

Fomentar su capacidad de concentración.

Establecer conceptos matemáticos básicos con la observación de los objetos en el espacio, tanto en movimiento como en la quietud, descubriendo la capacidad de las cajas.

Recuerde

Para hacer este juego, el niño tuvo que lograr la habilidad de «soltar los objetos voluntariamente».

Figura 2.23.

2.5.4. LA CURIOSIDAD ME DEVORA. ME INTERESAN LAS FORMAS IRREGULARES

Qué necesitamos

Un encajable con figuras irregulares, como un oso, el sol, árboles, flores, niños...

En principio, que no sean más de tres o cuatro figuras. Cuando ya domine este juego, podéis pasar a un puzle que contenga un solo bloque temático, es decir, las figuras forman una familia: un padre, una madre, un hermano y una hermana, o bien una granja: una vaca, un perro, una gallina y una oveja. Es preferible que sea un tema que el niño conozca, de modo que podáis inventar historias con las figuras. Al comenzar, escoge figuras redondeadas.

Cómo hacerlo

Cuando el niño domine los encajables de figuras básicas, entonces pasas a éstos. Has de proceder de la misma forma que con el otro, comenzando por la figura que se encuentra a su izquierda.

Objetivos

Descubrir los contornos de las figuras en relación con el hueco que ocupan.

Entrenar la coordinación visomotora.

Fomentar la concentración lúdicamente.

2.5.5. LA HUCHA

Qué necesitamos

Una caja de cartón en la que hayas practicado dos aberturas para que quepan los botones.

Botones grandes de los que se utilizan para disfraces.

Cómo hacerlo

Siéntate en el suelo con tu pequeño y colócate frente a él. Enséñale la caja y coloca los botones fuera de su vista. Bajo su atenta mirada, introduce un botón en la ranura y luego ofrécele uno a él para que lo meta. Es posible que al principio le resulte difícil colocar el botón de forma que entre, pero con práctica mejorará. Si hay un hermanito o un amigo, podéis jugar con una sola hucha y botones para los dos. Organiza el juego para que cada vez le toque a uno meter un botón; entonces, a la vez que jugáis, les enseñarás a guardar turnos.

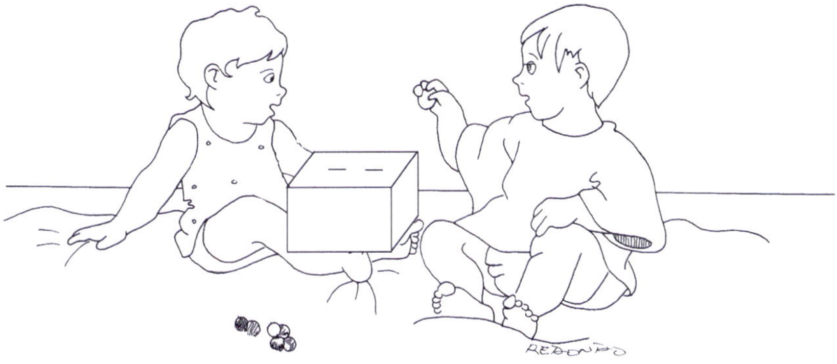

Figura 2.24.

Objetivos

Mejorar la motricidad fina.
Entrenar la coordinación ojo-mano.
Aumentar la tolerancia a la frustración.
Aprender a compartir un juego con otro niño.

2.6. Tu bebé de dieciocho meses

2.6.1. ATRAVESANDO UNA CAJA. YA ESTÁ, CUANDO DOMINO ALGO ME LO COMPLICAN, PERO NO PODRÁN CONMIGO

Qué necesitamos

Una caja de la compra abierta por ambos lados para poder atravesar como si fuera un túnel.

También se puede comprar un túnel de tela de los que venden en las jugueterías.

Cómo hacerlo

Se trata de que el niño vaya descubriendo con su cuerpo dónde y cómo puede pasar por un sitio desconocido y de tamaño reducido.

Anímale a que atraviese la caja poniéndote en el otro lado. Puedes hacer pasar al osito o lanzar una pelota suavemente para que salga por el otro lado.

Recuerda

Esta actividad fomenta su motricidad y su seguridad siempre y cuando la cara de mamá esté del otro lado de la caja.

Objetivos

Dar seguridad.
Incitar al conocimiento del espacio con relación a su volumen corporal.
Ayudar a superar la etapa de separación de mamá.

Figura 2.25.

2.6.2. Cajas, cajas y más cajas. ¡Qué placer!, descubro el concepto del espacio

Qué necesitamos

Unas cajas de aproximadamente 40 cm de largo × 20 cm de ancho × 35 cm de alto, como las del supermercado. Las pestañas de la caja por uno de los lados se pueden meter hacia dentro; no las quites, ya que luego, para otros juegos, podrán resultar útiles; además le dan consistencia a la caja.

Cómo hacerlo

Antes de comenzar con este juego, tienes que tener en cuenta que este material es absolutamente nuevo para él y que, seguramente, necesitará un tiempo para conocerlo y tomar confianza para luego «jugar y divertirse». Dale tiempo para que lo explore, es decir, para que lo mire, lo toque... Es posible que una de las primeras cosas que el niño haga es empujar la caja (véase la figura 2.26); aprovecha entonces para recorrer junto a él toda la habitación e incentívale para que haga el sonido de un tren, a la vez que puedes ir cantándole una canción que inventes en el momento. Puedes cantar también la que nosotros te sugerimos:

«Corre el trenecito, corre por el prado,
llega y se para frente a la estación.
Alí, aló, que suba un pasajero,
alí, aló, el tren ya llegó.

(Al decir «alí, aló», saludas con una mano y luego con la otra.)

Al acompañar los juegos con canciones, poesías, versos o historias breves, los niños se divierten y se sienten más estimulados en sus juegos y en su lenguaje, además de fomentar su imaginación y creatividad.

Una vez que el niño tiene confianza con la caja, le invitas a dar otro paseo metido dentro de ella (figura 2.27). Puedes coger su oso preferido e invitarle a que le dé un paseo montado dentro. Intenta que él solito encuentre la forma de entrar, cuidando de que la caja no vuelque para que no se lastime. Dale la seguridad que necesita para que se maneje con su cuerpo de manera autónoma, de acuerdo con sus posibilidades y limitaciones para que las descubra gradualmente en cada actividad. Cuando el niño está dentro de la caja, te colocas frente a él y, suavemente, mueves la caja. Puedes cantar la canción del tren,

Figura 2.26.

ya que él la conoce; luego, puedes girar la caja hacia un lado y hacia el otro, permitiéndole que él perciba estos cambios de dirección. Cuando el niño manifieste sus ganas de finalizar con el juego, ayúdale a salir inclinándole un poquito la caja para que pueda salir él solo. Aproximadamente a los dos años podrá entrar y salir por sí mismo.

A los niños también les resulta muy divertido pasear sentados sobre la caja; puedes darle la vuelta e invitar al niño a que se suba. Ahora la caja puede transformarse en un caballito y vosotros sois los indios. Déjate llevar por tu imaginación; de esta manera, los juegos serán cada vez más ricos y sobre todo divertidos, estimulantes y favorecedores para el aprendizaje del niño.

Estando sentado el niño sobre la caja, podéis jugar a los indios: pon la mano en la boca e invita al niño a que imite estos movimientos; además, puedes colocarte la mano en la frente y mirar a lo lejos. Mientras hace esto, puedes cantar la siguiente canción:

> «Este indiecito que anda por acá
> tiene ganas de cantar (imitar el ruido que
> hacen los indios con la mano en la boca),
> este indiecito que anda por acá,
> va a cabalgar, tracatrac, tracatrac, tracatrac,
> baja del caballo para descansar...

Cuando el niño quiera terminar el juego, deja que baje de la caja brindándole la ayuda que necesita para que paulatinamente pueda hacerlo solo. Festeja sus logros, ya que esto lo estimula y anima.

Figura 2.27.

¡No olvides guardar junto con el niño la caja una vez hayáis terminado de jugar siempre en el mismo lugar! Así fomentas el orden y la disciplina lúdicamente. Al guardar la caja, podéis aprovechar para ir marcha atrás.

Además, al recorrer toda la habitación, también puedes ir haciendo círculos para un lado y para el otro.

Objetivos

Este ejercicio tiene varios objetivos generales y otros específicos, por lo que vienen detallados según la acción que el niño realiza en cada momento.

Objetivos generales

Adquirir el equilibrio corporal necesario para evitar las caídas y en caso de que caigan saber caerse para hacerse el menor daño posible.

Interiorizar conceptos como arriba/abajo, dentro/fuera.

— Empujar y arrastrar la caja por una sala.

El niño realiza todo un estudio espacial del lugar en donde se encuentra y aprende a medir visual y corporalmente las distancias para no chocarse con otros objetos y para calcular el tamaño de la caja en relación con el sitio por el que quiere pasar.

Figura 2.28.

— Meterse en la caja. Salir de la caja.

En este momento el niño experimenta el sitio donde cabe su cuerpo. Experimenta, por otro lado, con el espacio de la caja metiendo y sacando objetos.

— Subir en la caja.

Saber perder el equilibrio para recuperarlo y mantenerlo en movimiento.

Descubrir el tamaño de la caja y de la sala estando él sobre ella.

Descubrir la satisfacción de estar en «las alturas». A los niños pequeños les encanta subir encima de las cosas, ya que es la única forma de «estar encima de...», observando objetos y personas desde otra perspectiva. Ser «más grandes o altos» que los adultos.

2.6.3. ¿Qué ocurre con las pelotas? Máster en matemáticas y cálculo

Qué necesitamos

Un tubo de cartón donde se guardan los documentos de 50 cm de largo. Otro tubo de 70 cm y un tercero de 80 cm.

Un sillón bajo o unos cojines donde pueda sentarse el niño con el tubo apoyado (véase la figura 2.29). Varias pelotas que quepan por el tubo.

Cómo hacerlo

Demuestra cómo caen las pelotas por el tubo dejando luego que el niño lo repita. Cuando ha colocado varias pelotas, suavemente, inclinamos el tubo para ver cómo caen, diciendo: «¿Dónde están?». No tengas prisa, es posible que el niño, en principio, no se dé cuenta de la operación, pero justamente se trata de esto, de que vaya descubriéndolo él solito. Cuando domine el juego, puedes incorporar el segundo tubo trabajando con ambos y luego el tercero. Al jugar con dos o tres tubos, lo harás con el niño incorporado de pie para que pueda distinguir los diferentes largos de los tubos y le sea más fácil la colocación de las pelotas y levantar, inclinar o mover el tubo.

Figura 2.29.

Objetivos

Descubrir el espacio.
Observar la relación causa-efecto que se produce al levantar o inclinar el tubo.

2.6.4. La caja de música

Qué necesitamos

Una caja bonita, divertida, donde poco a poco hemos incorporado los juguetes sonoros desde pequeñitos (véase *Todo un mundo de sensaciones*, Ed. Pirámide): cascabeles, trompetas, cajita de música, platillos, sonajeros, maracas, xilófono, etc.

Cómo hacerlo

Este juego lo realizamos después de los tambores, pero también puedes hacerlo indistintamente, sentados en el suelo con la caja y si hay más gente mucho mejor, especialmente niños (figura 2.30).

Figura 2.30.

Es bueno tener preparada ya su caja de música y siempre en el mismo sitio, que él pueda distinguir bien al decirle: «¿Dónde está la caja?», dejándole tiempo para que él te la pueda mostrar con su dedito.

Comenzáis a dirigiros hacia donde tenéis la caja con instrumentos musicales a la que llamamos «la caja de música». La canción para ir a buscar la caja es:

«La caja, la caja,
que viene ya,
la caja, la caja,
¡aquí está ya!».

Cuando el juego termina, podéis hacer del momento de recoger algo divertido cantando:

«A guardar, a guardar,
que ahora vamos a jugar
a otra cosita más».

Deja que el niño coja los objetos, experimentando sin indicar cómo debe usarlos. Después tú puedes demostrarle cómo, y así el niño tiene la posibilidad de imitarte, pero nunca le digas: «¿Ves?, esto se hace así, mamá lo hace muy bien. No lo hagas así, es que no te enteras, no lo sabes hacer». Se trata de compartir un momento social agradable entre todos. Se puede poner música y cantar, mover el cuerpo al ritmo. Con la palma de la mano podemos seguir el ritmo en el cuerpo del niño, sus muslos, espalda, siempre y cuando a él no le moleste. Una vez terminado el juego, iréis recogiendo juntos y guardaréis la caja para la próxima ocasión. No dejes la caja con los instrumentos como un juego más. El niño adquiere la noción de que la «clase de música» es un acontecimiento especial, social, compartido, y cada vez que vea aparecer la caja se pondrá alegre. En caso de jugar con los tambores anteriormente, él ya sabrá anticipar que luego viene la caja de música, sabiendo indicar con su dedito dónde están los instrumentos.

Dada la importancia de la estimulación auditiva, con este juego el niño tiene la oportunidad de escoger él solo su instrumento y hacerlo sonar.

Objetivos

Descubrir la «relación causa-efecto».

Disfrutar jugando con el ritmo-armonía-melodía, tan necesarios para el lenguaje y las matemáticas.

Hacer sonar los diferentes instrumentos.

Conocer verbalmente el nombre de cada instrumento.

Enriquecer su vida social con las tertulias del grupo.

CONSEJOS PRÁCTICOS EN EL PERÍODO DE 12 A 18 MESES
Crear un ritual diario antes de dormir.
Poner música todas las veces que sea posible.
Jugar preferentemente al «cucú-tras».
Dejar pocos juguetes y variarlos mucho.
Esconder los juguetes que no se usan.
Leerle cuentos realizando gestos y sonidos.
Festejar todos sus logros.
Hablarle mucho y reír juntos.
No gritarle si hace algo con lo que no estamos de acuerdo. Explicarle el porqué y poner cara y voz de desaprobación.
Establecer un horario para las comidas, el baño, dormir, pasear... Crear un ritual que anticipe la acción.
En casa, usar zapatos abotinados de cordones; en la arena de la playa, la hierba del jardín o lugares con piedras redondeadas, dejarle descalzo.
Establecer una rutina de juegos diaria y jugar sobre todo a esconder y buscar juguetes.
Organizar el tiempo para acudir a grupos de bebés.
Nombrar los objetos sin utilizar diminutivos ni apodos. Vocalizar correctamente. Recoger los juguetes juntos cantando. La letra de la canción ha de referirse a la acción de «guardar».
Aplaudir y aprobar sus logros.
Ponerse de acuerdo toda la familia sobre las situaciones prohibidas. Intentaremos escoger sólo las más importantes.

Hoja guía

2.1. Tu bebé de trece meses

2.1.1. ¡Soy yo!

2.1.2. Plas, plas, plas, caminando avanzarás

2.1.3. Recorriendo nuevos horizontes

2.1.4. Me concentro jugando

2.1.5. Lectura en posición horizontal

2.2. Tu bebé de catorce meses

2.2.1. Las piedras. Caminito, caminito, me llevas al río

2.2.2. Las bolitas. Caminito, caminito, me llevas a la montaña

2.2.3. Buscando, buscando, me entra la risa

2.2.4. Dibujo en posición horizontal

2.3. Tu bebé de quince meses

2.3.1. La esterilla. Caminito, caminito, me llevas a la cabaña

2.3.2. La alfombra peluda. Caminito, caminito, me llevas al prado

2.3.3. Andando, andando, con el equilibrio voy jugando

2.3.4. El orgullo de mamá. Soy creativo e ingenioso

2.3.5. Mi primer instrumento: el xilófono

2.4. Tu bebé de dieciseis meses

2.4.1. Que te pillo, que te pillo

2.4.2. Salvando obstáculos en el camino

2.4.3. La curiosidad me devora. Me interesa el concepto del tamaño

2.4.4. Los tambores

2.4.5. Dibujo en posición vertical

2.5. Tu bebé de diecisiete meses

2.5.1. Pío, pío, sígueme

2.5.2. El puente. Por debajo y por encima llegaré hasta la cima

2.5.3. En el barreño... ya no cabe más

2.5.4. La curiosidad me devora. Me interesan las formas irregulares

2.5.5. La hucha

2.6. Tu bebé de dieciocho meses

2.6.1. Atravesando una caja. Ya está, cuando domino algo me lo complican, pero no podrán conmigo

2.6.2. Cajas, cajas y más cajas. ¡Qué placer!, descubro el concepto del espacio

2.6.3. ¿Qué ocurre con las pelotas? Máster en matemáticas y cálculo

2.6.4. La caja de música

3

Integrando el mundo. Juegos mes a mes. De 18 a 24 meses

«Por favor, déjame crecer para relacionarme con los demás, dándome tu apoyo.»

El niño de esta edad comienza poco a poco a colaborar con los demás. El contenido de sus juegos incluye aspectos afectivos, rituales, competitivos o de imitación. Los juegos de aptitudes adquieren un valor notable. Es probable que no quiera compartir sus juguetes con otros niños; debemos respetar esta actitud si deseamos que luego se comporte como un niño generoso.

Sobre los dos años aprende a diferenciar la realidad y las leyes de su mundo interno. El juego le ayuda a desahogar sus sentimientos contradictorios.

Tu hijo en esta etapa ya es casi un niño, y ha dejado de ser tu bebé para comenzar a ser «él mismo»; tu mejor actitud es dejarle crecer dándole tu apoyo cuando lo requiera.

Las características esenciales de esta etapa son:

— Aparición del **simbolismo,** que dará paso a la inteligencia preoperatoria al final de la etapa.
— **Imitación.** Imita cada vez con más exactitud; además lo hace de un modelo no presente.
— **Relación de causa-efecto.** Descubre qué causa produce un efecto; así sabrá, después de varias pruebas, que si aprieta el interruptor se encenderá la luz.
— Mejora su comprensión espacial, se sabe mover y situar en el espacio con mayor exactitud y maestría.
— Capacidad de formar **juicios negativos;** así comprenderá que una silla no es una mesa.

— Comienza el dominio de la horizontalidad, hace trenes de tres cubos.

Para el final de la etapa:

— Se reconoce como él mismo en el espejo.
— Tiene conciencia de la propia capacidad. Le gustan los rituales y repetir situaciones con las que se siente seguro por saber con antelación lo que va a ocurrir.
— Sabe distinguir lo que es el pis de lo que es la caca. Entonces será el momento de comenzar con el control de esfínteres.
— Hay un notable desarrollo en el lenguaje, uniendo el sustantivo al verbo.
— Comienza a preguntar y busca respuesta a todo. Es importante que le contestemos lo más sinceramente que podamos.
— Encuentra combinaciones de elementos para resolver pequeños problemas, fundamental para que en el futuro se dé cuenta de que cada problema lleva en sí la solución.
— Termina el estadio de la inteligencia sensoriomotora y comienza el de la inteligencia representativa.
— Es importante el juego junto a otros niños. En esta edad se establecen las bases del juego participativo desarrollando el juego *junto* a otros niños, no con los otros. Lo normal es que cuando comienzan estos juegos en común se produzcan peleas y rabietas, sobre todo cuando sometemos a los niños a una situación nueva en la que se encuentra rodeado de niños que no conoce y no encuentra la seguridad que le dan sus padres. En los grupos de juegos Fod'or® se evitan estas peleas, ya que estos juegos comienzan desde muy pequeños y en el futuro no tienen problemas para entablar relaciones sociales con otros niños.

Una tarde, al abrir la puerta, vi que los ojos de Lusi, la mamá de Julieta, brillaban de alegría. Al verme exclamó: «¡Hoy Julieta ha dicho su primera frase de dos palabras!».

Esa misma tarde Lusi, Julieta y Claudio (el papá de la pequeña) habían salido a caminar por las calles de Buenos Aires. En medio de la acera había un perro comiendo. Julieta giró su cuerpo tan rápido que parecía que se iba a tirar del cochecito. Lusi y Claudio se quedaron mirándola sin saber qué ocurría y Julieta exclamó: «¡Ba bau, am!». Sus padres miraron al perro y enseguida comprendieron lo que Julieta quería comunicarles.

En la fase en la que se encontraba Julieta, éste era su vocabulario básico uniendo un sustantivo a un verbo. Seguramente para los adultos ver un perro comiendo es lo más común del mundo, y quizá no reparemos en lo que significa para el niño.

En el momento en el que seáis capaces de percibir con vuestros cinco sentidos esos pequeños descubrimientos que hace vuestro hijo, entonces quizá estaréis preparados para comprender el título de este libro, ya que tanto vuestro hijo como vosotros mismos tenéis *Todo un mundo por descubrir.*

3.1. Tu bebé de diecinueve meses

3.1.1. Pase misí, pase misá, por la puerta de Alcalá...

Qué necesitamos

Dos ladrillos y tres picas largas de psicomotricidad y los enganches para las mismas (figura 3.1).

En el caso que no dispongamos de este material, podemos aprovechar las mesas o muebles que tenemos en casa y que le queden al niño a la altura de su carita, de tal forma que, para pasar por debajo de ellas, tenga que agachar la cabeza para no golpearse. También puedes colocar un palo de escoba sobre dos sillas o dos muebles de la misma altura.

Cómo hacerlo

El niño disfruta pasando por debajo de mesas o muebles de diferentes alturas tan sólo agachando la cabeza. En principio se pondrá a gatas; no le fuerces, pero enséñale nuevamente cómo hacerlo diciendo «agacha la cabecita», tocándosela suavemente; ya verás qué pronto lo aprende y se divierte pasando una y otra vez. Puedes cantar:

«Pase misí, pase misá,
por la puerta de Alcalá,
los de adelante corren mucho,
los de atrás se quedarán».

Figura 3.1.

En este juego se puede colocar la barra más o menos alta para que el pequeño pase tanto de pie como a gatas pero agachando la cabeza.

Objetivos

Adquirir el concepto «agacharse».
Enriquecer sus movimientos corporales.

3.1.2. LOS AROS. ARRIBA, ABAJO, CAMINA EL ESCARABAJO

Qué necesitamos

Para realizar este juego utilizaremos un aro de un diámetro aproximadamente de 40 cm. Si es de los que suenan mejor. Puedes adquirirlos en bazares, jugueterías o tiendas de deportes.

Cómo hacerlo

Invitas al niño a coger el aro y le propones llevarlo hacia arriba (figura 3.3) y hacia abajo (figura 3.2). Este movimiento de subir y

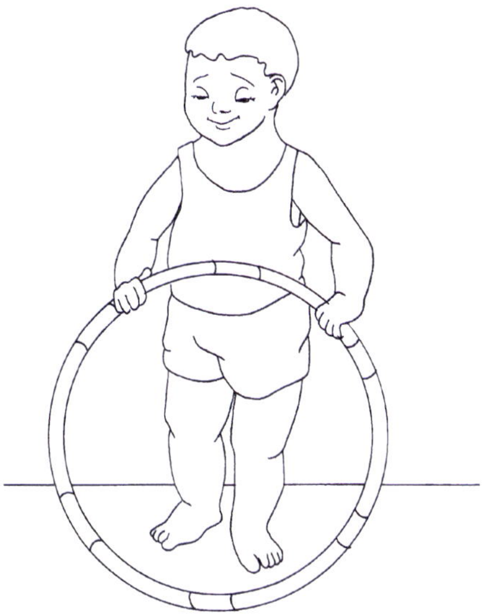

Figura 3.2.

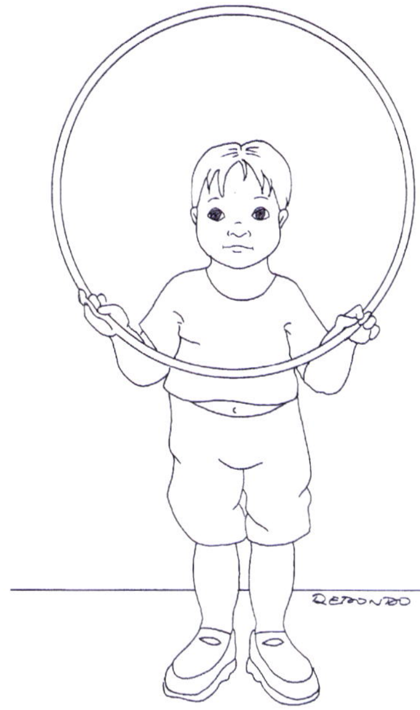

Figura 3.3.

bajar lo puedes acompañar siguiendo el aro con la mirada, con movimiento de la cabeza y cantando la siguiente canción:

> «Arriba y abajo,
> camina el escarabajo.
> Abajo y arriba,
> pasó caminando una hormiga».

Cuando el niño ya tiene capacidad de imitación, podéis tener un aro cada uno para que él realice el mismo movimiento que tú haces:

1. Subes el aro diciendo «arriba» (figura 3.3).
2. Bajas el aro diciendo «abajo» (figura 3.2).
3. Repites cada una de las acciones. Recuerda seguir con la mirada el movimiento del aro.
4. Ahora puedes jugar a que el niño quede dentro del aro (figura 3.4). Pasa el aro desde la cabeza hasta los pies. En un primer momento, el niño dejará caer el aro al suelo. Luego ya podrá sujetarlo y mantenerse dentro de él. Invita al niño a

dar pequeños giros hacia un lado y hacia el otro. En un primer momento, deberás ayudarle a que los realice. Más adelante, él imitará tu movimiento y luego lo hará por su propia voluntad. Puedes acompañar estos giros con la siguiente canción:

> «Yo soy como una rueda
> que gira por la vereda,
> doy vueltas y vueltas,
> rueda que te rueda».
>
> *Soy como una rueda* (Carlos Gianni).

Al hacer los giros, es conveniente que el niño siga con los ojos hacia el lado que gira.

Cuando el niño quiera salir del aro, le dices: «Y ahora... ¡afuera!». Puedes jugar a colocarle el aro y a quitárselo, diciendo: «Adentro y afuera... adentro y afuera...». Con tus gestos, mirada y sonrisa podrá transformarse en algo muy divertido para ambos.

5. Luego cambias, el aro en posición vertical, a la altura del suelo y le invitas a pasar por él como si fuera un gatito o perrito, imitando el maullido o ladrido. Este juego será muy

Figura 3.4.

divertido si tú lo realizas también para que él te imite. Además, andar a gatas es muy bueno para la espalda, incluso de los adultos.

Objetivos

Adquirir los conceptos de arriba/abajo, dentro/fuera.
Entrenar los seguimientos visuales en vertical.
Girar el cuerpo hacia la derecha y la izquierda.

3.1.3. BANDEJA DE HIELO. DESCUBRIENDO EL SEGUIMIENTO LINEAL

Qué necesitamos

Una bandeja de bolitas rellenas de agua para hacer hielo. La bandeja consta de tres filas de cuatro bolitas cada una. La puedes comprar en cualquier bazar. Otra opción es usar los envases de los huevos con pelotas de pimpón.

Cómo hacerlo

Deja al niño que observe las bolas y la bandeja, ofrécele un cuenco en el que pueda depositar las bolas, una vez que las ha quitado

Figura 3.5.

de la bandeja. Una vez que el niño ha sacado las bolitas, intenta que las coloque en los huecos de la bandeja. En principio, dejamos que lo haga sin regla y, poco a poco, le animamos a rellenar la bandeja de izquierda a derecha. Más tarde, le puedes enseñar a colocar las filas por colores, comenzando de izquierda a derecha. Este juego siempre se realiza en compañía de un adulto; suelen lograrlo alrededor de los 24 meses.

Objetivos

Experimentar con conceptos matemáticos básicos.
Entrenar la segmentación de los dedos.
Ensayar la motricidad fina.
Entrenar la coordinación visomotora.
Descubrir el seguimiento lineal de izquierda a derecha.

3.1.4. Colorín, colorado, jugando con bolas de harina vamos. Pintura de dedos

Que necesitamos

Medio vaso de harina de maíz.
Dos vasos de agua hirviendo.
Un vaso de agua fría.
Colorante vegetal.
Un sobre de gelatina sin condimentar.

Echa la harina de maíz con ¾ del vaso de agua fría en una salsera y mézclalo bien. Vierte ¼ del vaso de agua fría en un plato aparte y moja la gelatina. Añade el agua hirviendo a la mezcla de harina de maíz, removiendo a medida que viertes.

Cocina a fuego medio y remueve constantemente hasta que hierva. Cuando la mezcla esté espesa y esponjosa, sácala del fuego y échala en la gelatina disuelta. Cuando la mezcla se haya enfriado, sepárala en recipientes para hacer colores diferentes. Luego añade unas gotas de colorante en cada recipiente y mézclalo.

Véanse otras recetas en el capítulo: «Recetas mágicas para jugar».

También puedes comprar pintura de dedos no tóxicas y plastilina.

Figura 3.6.

Cómo hacerlo

Coloca el plástico o hule en el suelo y siéntate sobre él con el niño. Primero podéis fabricar la pintura. Déjale que experimente y pruebe con el agua. En caso de harina, puedes demostrarle cómo se le echa el chorrito de agua y se hace una pasta. No pasa nada si se lo lleva a la boca, ya que no es peligrosa. Utiliza los vasos para pasar el material de un sitio al otro y luego pásalo con la cuchara. Después derrámalo sobre el plástico y dejáis huellas con las manos, dedos, pies; luego coges unas cartulinas e imprimís vuestras manos y pies sobre ellas juntos o por separado. Agregando los colores, estimula la utilización de la pintura, desplazando los dedos en todas las direcciones, haciendo presión con la palma de la mano.

El niño, entre los 18 y los 24 meses, comienza a entrar en la etapa de control de esfínteres; por tal motivo, es aconsejable proporcionarle materiales para jugar y amasar, como barro o arena, o hacerlo en casa con harina y agua.

Se recomienda realizar este juego en presencia de un adulto.

Objetivos

Fomentar el desarrollo de la creatividad y el conocimiento de las diferentes sensaciones a través del tacto.

Perder el miedo a tocar distintos materiales.
Descargar las tensiones contenidas y relajar.

3.1.5. Lectura en posición vertical

Qué necesitamos

Un gran libro que podemos fabricar en casa con cartulinas o cartones. Puedes dibujarlo o bien pegar fotografías.

Como idea te recomendamos que fabriques los cuentos con tres o cuatro páginas. En uno de ellos recortas animales de la granja y los pegas junto a árboles y plantas.

En otro cuento puedes utilizar cada página para organizar una habitación de la casa, el baño, la cocina.

Cómo hacerlo

Como puedes ver en la figura 3.7, es conveniente que el niño observe los cuentos en plano vertical, ya que en la escuela verá la pizarra en esta posición y necesitará acostumbrar sus ojos a ello. Es divertido un cuento bien grande con muchas figuras, ya que las puede identificar, reconocer y nombrar. En un principio, puede ser que quiera colocar el cuento en el suelo y sentarse encima; permíteselo, y, después de un ratito, sigue el juego colocando el libro en vertical con sus páginas bien abiertas. El niño puede esconderse detrás del libro y también podemos ocultar algún objeto. Todo este juego se acompaña con grandes risas y juergas, buscando al niño; hasta puedes incluirle en la historia que estabas contando en el cuento.

Objetivos

Compartir la vida social con el niño. En caso de tener hermanos o familia, se les puede incluir haciendo una tertulia social y risas.
Fomentar el lenguaje.
Favorecer la capacidad de imitación y simbolización.
Desarrollar la memoria.
Conocer colores y formas.
Coordinación visomotora en plano vertical.

Figura 3.7.

Fortalecer los nervios ópticos.
Trabajar la acomodación visual para labores de cerca.
Divertirse.

3.2. Tu bebé de veinte meses

3.2.1. DISFRUTO CON MI INDEPENDENCIA

Qué necesitamos

Varios balones de playa hinchables, grandes y livianos.

Cómo hacerlo

Con una música rítmica, tiráis los balones por el suelo y comienzas a dar patadas entre risas y juergas. Si el niño no te imita, puedes ponerte detrás de él, cogerle de las manos y colocaros muy cerca de un balón, de forma que, al dar un paso, el niño golpee con el pie la pelota. Entonces tú puedes decir: «Muy bien, campeón, así se dan patadas al balón». Al principio, sólo empujará el balón con el pie, pero, poco a poco, irá levantándolo para dar patadas; por eso es tan importante que sea grande y liviano (figura 3.8).

En el caso de que no logre dar patadas, puedes sostener un balón atado a un cordel y acercárselo ligeramente a sus pies y, en cuanto notes que el niño toca suavemente el balón, tú has de festejarlo y hacerlo volar; al descubrir el movimiento, pronto empezará a patear voluntariamente.

Los niños que desde pequeñitos han jugado con balones no suelen tener dificultades en este juego (véase *Todo un mundo de sensaciones*, Ed. Pirámide).

Para complicarlo un poquito, podéis jugar al baloncesto, cogiendo el balón con las manos y encestándolo en un aro, o bien al fútbol, de modo que dando patadas lo coléis en una caja a modo de portería.

Objetivos

Encontrar el equilibrio al dar un paso grande.
Levantar el pie.
Dar patadas.
Experimentar la interrupción del ritmo de la marcha y dar pasos irregulares.

Figura 3.8.

Figura 3.9.

3.2.2. TENGO UN COCHE, VAYA PASADA

Qué necesitamos

Un par de cojines o una caja para trepar y sentarse encima.
Un aro o anilla que haga de volante.

Cómo hacerlo

Deja que el niño suba sobre los cojines o la caja. Le ofreces la anilla y tú coges otra. Al empezar a cantar, imitas los movimientos de conducir y las curvas girando con el cuerpo de un lado al otro.

Canción: *En el coche de papá*, de los payasos Gaby, Fofó y Miliki.

> «El viajar es un placer
> que nos puede suceder,
> en el auto de papá
> nos iremos a pasear.
> Vamos de paseo
> en un auto feo,
> pero no me importa
> porque llevo tortas.
> Atención, una curva para acá, otra para allá...»

(Véase *Todo un mundo de sonrisas*.)

Objetivos

Deslizar las manos por el aro como si fuera el volante del coche (lo conseguirán para el segundo año).

Adaptar el movimiento corporal a una determinada canción o situación.

Entrenar el control del cuerpo en equilibrio.

3.2.3. EL PEQUEÑO ARQUITECTO

Qué necesitamos

Unos ladrillos o piezas de construcción que tengan un agujero. Unos palos para colocar en los agujeros (figura 3.10).

Cómo hacerlo

Con el niño sentado en el suelo, comienzas a apilar las piezas observando la reacción del niño. En caso de que comience colocando los palos en el agujero, síguele el juego. Ve haciendo diferentes formas, pero siempre dejando la iniciativa al niño y diciéndole: «¡Oh! Qué buena idea, yo voy a hacer lo mismo que tú, te ha que-

Figura 3.10.

dado tan bonito, me encanta». Estas piezas dan mucho juego, ya que se puede complicar la actividad y, conforme el niño vaya creciendo, su creatividad irá siendo más rica.

Objetivos

Apilar piezas.
Colocar linealmente las piezas haciendo trenes.
Fomentar la creatividad.
Fomentar la concentración.
Descubrir la tercera dimensión.
Jugar con formas redondas y alargadas, necesario para el reconocimiento de las letras.

Recuerda

Déjale hacer las cosas por sí mismo a la vez que lo festejas; así tendrá autoestima, confianza y éxito en la vida.

3.2.4. EL «SUPERTABLERO» ES EL MÁS COMPLETO. UN DÍA TENDRÉ QUE RECONOCER LAS LETRAS

Qué necesitamos

Hay puzles, especialmente diseñados en las tiendas de juguetes educativos, para realizar este juego.
En el caso de que no lo encuentres, fabrícalo:

Necesitas una barra de cortina de madera de 3 cm de diámetro. Córtala en los siguientes trozos:

Tres piezas de 12 cm de largo.
Dos piezas de 8 cm de largo.
Cuatro piezas de 4 cm de largo.
Observa el porqué de las medidas tan exactas:
Dos piezas pequeñas equivalen a una mediana.
Una mediana y una pequeña equivalen a una grande.
Tres pequeñas equivalen a una pieza grande.

Figura 3.11.

Un tablero que tenga, de izquierda a derecha:

Cuatro agujeros redondos de 3 cm de diámetro donde quepan las piezas de pie.

Dos agujeros rectangulares de 8 × 6 cm.

Un agujero rectangular de 12 × 9 cm.

Todo esto puedes encontrarlo en tiendas de bricolaje, donde te lo pueden cortar.

Cómo hacerlo

Sentados en el suelo, uno frente al otro, coloca el tablero de manera que los cuatro agujeros para encajar las piezas pequeñas queden a su izquierda. Deja al niño probar para así tú poder observar qué es lo que hace.

El tablero sirve para trabajar diferentes conceptos.

En el primer espacio, el niño tendrá que colocar los cuatro cilindros pequeños en vertical.

En el segundo colocará los cilindros medianos de 8 cm tumbados.

En el tercer espacio, puede colocar tumbado un cilindro mediano de 8 cm y dos pequeños de 4 cm también tumbados. Además, puede colocar dos medianos como en el espacio anterior.

Por último, en el cuarto espacio se pueden colocar los tres cilindros grandes de 12 cm tumbados o bien colocar uno grande de 12 cm, uno mediano de 8 cm junto a otro pequeño de 4 cm y, por último, tres pequeños de 4 cm en el último hueco.

En el primer espacio cabe cualquiera de los cilindros en posición vertical, ya que todos tienen el mismo diámetro, y así puede observar las diferentes longitudes.

El niño dominará este juego en torno a los 24 meses.

Objetivos

Cálculo visual del espacio.

Descubrir diferentes longitudes.

Colocar piezas, tanto en vertical como en horizontal.

Colocar de izquierda a derecha, ya que las figuras redondas que son de más fácil colocación las situamos a su izquierda.

Familiarizarse visual y cognitivamente con el reconocimiento de las letras:

Reconocer figuras redondas.

Reconocer figuras alargadas.

Recuerde

El niño todavía no conocerá los conceptos, pero se familiarizará con ellos a la vez que obtiene una coordinación visual previa. Ésta le ayudará en el aprendizaje más adelante.

3.3. Tu bebé de veintiún meses

3.3.1. Los bolos, soy un experto calculando

Qué necesitamos

Cualquier juego de bolos de plástico o gomaespuma y de varios colores de los que venden en los comercios; pero, en vez de utilizar la pelota que traen, es conveniente usar una mucho más grande para asegurarnos de que al principio el niño casi siempre acierte.

Figura 3.12.

En el caso de no disponer del juego, se puede fabricar con botellas de plástico vacías de refrescos o leche, no más de unas cinco o seis unidades, y una gran pelota.

Cómo hacerlo

Coloca los bolos en círculo y bien pegaditos uno al lado del otro y cerca del niño. Con la pelota, muéstrale cómo tirarla, lanzándola o rodando por el suelo. Comienza con el niño sentado en el suelo. Ofrécele la pelota para que él te imite. Cuando ya domina el juego, puedes hacerlo de pie y lanzar la pelota. Recuerda que cuando el niño derribe los bolos, aunque sólo sea uno, hay que aplaudir y felicitarle con alegría y decirle qué campeón y qué estupendo es.

En caso de jugar con otros hermanos o amigos, hay que tener en cuenta la edad de los niños, ya que en este tipo de juegos los niños de tres a cuatro años querrán colocar los bolos lejos, pues su criterio es: «Cuanto más lejos los ponga, más tiempo podré disfrutar», ya que lo que le interesa es disfrutar y no ganar. En cambio, si tiene cinco o seis años, los colocará cerca, pues su criterio es: «Gana el primero que coge o derriba los bolos». El concepto de ganar para el niño pequeño significa haber realizado bien el contenido de la tarea.

Objetivos

Entrenar la coordinación visomotora.
Familiarizarse con los colores.
Facilitar el desarrollo del lenguaje.
Entrenar la tolerancia a la frustración.
Fomentar la autovaloración al conseguir el objetivo.
Experimentar con el cambio de lugar de los objetos en el espacio.

3.3.2. EL BAILE DEL CALIPSO. CONOCIENDO MI ESQUEMA CORPORAL

Qué necesitamos

Aro de 10 a 15 cm de diámetro. Es importante que no se le cuele por la cabeza. Se pueden utilizar las anillas del ejercicio «Las pulseras de mamá» del libro *Todo un mundo de sensaciones*, Ed. Pirámide.

Puedes tener también aros de los cuatro colores básicos: rojo, amarillo, azul y verde.

Cómo hacerlo

Al son de una canción, bailas frente al niño mostrándole el aro. Cuando la canción dice: «Yo me congelo en el lugar», justo en este

Figura 3.13.

momento le colocas el aro en la parte del cuerpo que la canción invita a mover. Es posible que las primeras veces que realices este juego el niño no mueva su cuerpo y se quede mirándote. Recuerda que para todo necesita un tiempo. A medida que lo vayáis repitiendo y lo comprenda, comenzará a dar una respuesta de alegría y agrado frente a este juego, que es muy divertido.

Es importante que cada vez que congeles el movimiento le coloques una anilla; después se la quitas y seguís bailando hasta el próximo congelamiento. La canción dice así:

«Vamos a mover,
vamos a mover la cabeza,
y si el calipso no suena más,
yo me congelo en el lugar».

Comienzas por la cabeza, luego manos, brazos, pies. Al decir «Ahora vamos a mover la cabeza», puedes preguntarle: «¿Dónde tiene la cabeza (nombre del niño)?», dándole el tiempo necesario para que pueda tocársela. Tú puedes tocar tu cabeza y luego preguntar también: «¿Y dónde está la cabeza de mamá?». Y así sucesivamente con las diferentes partes del cuerpo. Es importante que festejes sus descubrimientos, porque esto le invita a seguir bailando. También podéis usar los nombres de los colores de las anillas.

Objetivos

Entrenar la integración del esquema corporal.
Familiarizarse con los colores.
Incorporar el ritmo a través de los movimientos del cuerpo y canciones rítmicas.
Fomentar el autoestímulo.
Adquirir conocimiento con placer.

Recuerda

Es fundamental que todos los procesos de aprendizaje sean amenos y alegres, ya que de esta forma el niño adquiere el hábito de que aprender es divertido y puede pasarlo muy bien.

3.3.3. EL ESCONDITE DE LOS PALOS. CABE O NO CABE

Qué necesitamos

Rollos que vienen dentro del papel de cocina, papel higiénico, papel de aluminio, papel de regalo, biscotes con forma de palo.

Cómo hacerlo

Coge un palo y un tubo y muestra al niño cómo cabe uno dentro del otro. Ofrécele un tubo y un palo que quepa en el tubo con facilidad. Observa qué hace. Si lo realiza, le festejas. Si ves que no lo consigue, se lo vuelves a mostrar. En el caso de que no lo haga, no insistas más; en otro momento se lo puedes ofrecer.

Puedes introducir pequeños caramelos envueltos con papel dentro del tubo para que salgan por el otro lado. El niño te imitará y poco a poco irá descubriendo por dónde salen.

Objetivos

Entrenar la coordinación visomotora.
Ensayar la coordinación de ambas manos.
Descubrir el espacio para un fin determinado, como: cabe y no cabe.

Figura 3.14.

3.3.4. COSER. ¿QUIÉN DIJO QUE COSER ERA COSA DE LA ABUELA?

Qué necesitamos

Una plancha de plástico o de corcho blanco con agujeros y un cordón gordo.

Cómo hacerlo

Sentados ambos en el suelo, como en la figura 3.13, comenzáis a coser pasando el cordón por los agujeros de izquierda a derecha.

Objetivos

Entrenar la segmentación de los dedos.
Utilizar manos y muñecas.
Ensayar la motricidad fina.
Entrenar la coordinación visomotora.
Incentivar la creatividad y el ingenio.
Descubrir el seguimiento lineal de izquierda a derecha.

Figura 3.15.

3.3.5. LECTURA CON FRUTAS Y VERDURAS

Qué necesitamos

Un libro con una figura sencilla y colorida en cada página.

Más adelante puedes fabricar libros con fotografías de objetos que tengas en casa para después establecer la relación de igualdad. Éstos pueden ser frutas y verduras, utensilios de cocina...

Cómo hacerlo

Cuando va reconociendo figuras y objetos en los libros, puedes incorporar los objetos reales (figura 3.16). Al contar el cuento, intenta que el niño coja el plátano y le dices que es igual que el que hay en el libro, el color, el tamaño; lo puedes colocar encima y él te imitará.

Objetivos

Compartir la vida social con el niño. En caso de tener hermanos o familia, se los puede incluir haciendo una tertulia social y risas.

Fomentar el lenguaje.

Favorecer la capacidad de imitación y simbolización.

Figura 3.16.

Desarrollar la memoria.
Familiarizarse con el conocimiento de los colores y las formas.
Relacionar las fotografías o dibujos con objetos reales.
Fortalecer los nervios ópticos.
Trabajar la acomodación visual para labores de cerca.

3.4. Tu bebé de veintidós meses

3.4.1. El laberinto, la alegría me hace dar un brinco. Esquivando obstáculos

Qué necesitamos

Cinta adhesiva de embalar que no daña la madera.
Papel higiénico.
Muñecos, sacos de arena, pelotas... diferentes objetos.

Cómo hacerlo

A los niños les divierte salvar obstáculos y andar alrededor de las cosas recorriendo caminos con rectas y curvas y en diferentes direcciones.

Figura 3.17.

Construye una carretera con la cinta adhesiva o el papel higiénico. Señala el camino que hay que recorrer con diferentes objetos. Los niños a esta edad necesitan saber por dónde tienen que pasar (figura 3.17).

Puedes ir delante de él, jugando a «que te pillo» con la noria; así, en la persecución, el niño puede observar el recorrido. Dale tiempo para cambiar la dirección de sus movimientos y salvar los obstáculos.

Cuando ya conoce el camino, puedes pintar unas rayas de color del tamaño de sus pies sobre la cinta adhesiva motivándolo para que coloque un pie delante del otro. Cantando:

> «En el camino de las sorpresas,
> me encontré con un balón.
> Bom, bom, el balón.
> Seguí andando y me encontré con un payaso.
> Ji-ji-ja, ji-ji-ja, qué risa que me da».

Nombra los distintos elementos asociándolos con algún sonido, como hemos hecho en el ejemplo.

Objetivos

Ensayar el conocimiento espacial al cambiar la trayectoria de sus movimientos, tanto hacia la derecha como hacia la izquierda

Entrenar el equilibrio y la coordinación ojo-pie al colocar un pie delante del otro.

Adquirir la capacidad de resolución de pequeños problemas a través de su corporalidad salvando obstáculos.

Recuerda

Dale tiempo.
Él es torpe, lento, poco constante. Tú siempre te sientes con prisas. Aun así, dale tiempo para que vaya progresando. No hagas las cosas por él, deja que se equivoque. Anímale a terminar lo que ha iniciado, permite que lo intente una y otra vez, y, cuando lo consiga, festeja sus éxitos con alegría.

3.4.2. LOS SAQUITOS. TENGO UN CUERPO DE CAMPEÓN

Qué necesitamos

Sacos de arena de los que se utilizan en psicomotricidad. En el caso de no disponer de éstos, utilizar calcetines de diferentes colores rellenos con legumbres o arroz y cerrados con un nudo. Algunos más livianos que otros.

Cómo hacerlo

La utilización de los saquitos ofrece la posibilidad de realizar multitud de juegos:

1. Repartidos por el suelo, caminar sobre ellos, preferentemente con los pies descalzos.
2. Pasarse el saquito de una mano a otra y amasarlo. Poner sobre un pie, sobre la cabeza (figura 3.18). Intentar transportar el saquito sobre la cabeza o lograr que lo mantenga sobre ella estando quieto. Cántale:

   Si lo colocas sobre su cabeza:

   «Adivina, adivinanza:
   ¿Qué tengo sobre mi cabeza?
   Es un saquito de arroz,
   que no pesa, que no pesa.
   Ando por aquí, ando por allá,
   haciendo equilibrio y no se caerá».

   Si lo comienza a amasar:

   «Si tú tienes muchas ganas de amasar,
   si tú tienes muchas ganas de amasar,
   si tú tienes la ocasión, y no hay oposición,
   no te quedes con las ganas de amasar».

3. Intentar colocar el saquito en el empeine del pie del niño estando sentado en el suelo y dar una patada lanzándolo al aire.

«Si tú tienes muchas ganas de lanzar,
si tú tienes muchas ganas de lanzar,
si tú tienes la ocasión, y no hay oposición,
no te quedes con las ganas de lanzar».

4. Mientras descansáis, podéis clasificar los saquitos por colores.
5. Puedes intentar colocárselo sobre la espalda y que gatee con él.

«Si tú tienes muchas ganas de gatear,
si tú tienes muchas ganas de gatear,
si tú tienes la ocasión, y no hay oposición,
no te quedes con las ganas de gatear».

6. Lanzar los saquitos dentro de un barreño o un aro que estén muy cerca del niño.
7. Lanzar el saquito lejos con las dos manos.

«Si tú tienes muchas ganas de lanzar,
si tú tienes muchas ganas de lanzar,
si tú tienes la ocasión, y no hay oposición,
no te quedes con las ganas de lanzar».

Figura 3.18.

Objetivos

Fortalecer los músculos de pies, manos y espalda.

Fomentar el conocimiento del esquema corporal al nombrar las diferentes partes del cuerpo.

Percibir las sensaciones de blando/duro y ligero/pesado.

Discriminar los colores.

Clasificar por colores.

Mantener la espalda recta trabajando el equilibrio.

Favorecer una óptima integración de sus ejes corporales.

Ensayar el conocimiento espacial. Cerca/lejos.

Recuerda

Tener una óptima integración de sus ejes corporales será necesario para adquirir una correcta percepción, ya que unos ejes corporales mal integrados pueden ocasionar trastornos en la percepción.

(Véase *Todo un mundo de sensaciones*, Ed. Pirámide.)

3.4.3. EL CORRO DE LA PATATA

Qué necesitamos

Una cuerda elástica con cascabeles atados a diferentes distancias.

La compañía de otros niños y/o adultos, como los hermanos, papá, mamá, los abuelos...

Recuerda

El niño es muy pequeño para dar vueltas y jugar al corro de la patata como tal. Esta variedad sirve para los más pequeños.

Cómo hacerlo

Situados todos de pie alrededor del cordón, agarrarlo con las dos manos sacudiéndolo para que suenen los cascabeles y de pie (figura 3.19). Mientras, cantáis:

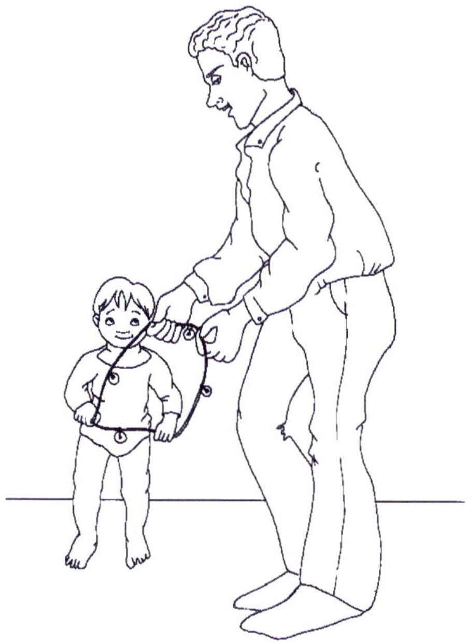

Figura 3.19.

«Al corro de la patata,
comeremos ensalada,
como comen los señores,
naranjitas y limones.
Achupé, achupé,
sentadito me quedé».

Mientras tanto, levantáis despacito un pie y el otro del suelo sin moveros del sitio. Cuando llega la parte de «achupé», os agacháis hasta quedar sentados para el final de la canción.

Aplaudís y reís de alegría y volvéis a repetirlo.

Recuerda

Al niño, a esta edad, le gusta repetir una y otra vez los juegos y las canciones. Esta repetición le proporciona seguridad y autoestima, ya que conoce lo que va a ocurrir.

Objetivos

Entrenar los movimientos motrices gruesos.
Levantar una pierna y después la otra paulatinamente.
Enriquecer el lenguaje del niño.
Mantener un ritmo y unas pautas.
Ofrecer la posibilidad de imitar a los demás.

3.4.4. LA SERPIENTE DE LA SELVA ENCANTADA

Qué necesitamos

Anillas gordas de madera y los alambres para limpiar pipas de fumar. Estos materiales se deben guardar si tú no estás junto a él.

Cómo hacerlo

Te sientas por detrás del niño cómodamente. Muéstrale sin comentarios cómo se mete la anilla por el alambre. Sujeta el alambre para que él pueda ensartar las anillas. Una vez que veas que las mete con facilidad, ofrécele el alambre en una mano y una anilla en la otra para que él pueda ensartarla.

Figura 3.20.

Cuando domine el juego con las anillas, entonces puedes comprar en una mercería o en una juguetería bolas con agujeros gordos.

Cuando el niño consiga meter ya sean las anillas o las bolas y veas que se ha cansado del juego, entonces coges el cordón por un extremo y lo agitas suavemente como si fuera una serpiente, y puedes inventar un cuento sobre la bonita serpiente que andaba por la selva (véase *Todo un mundo de sonrisas*).

Objetivos

Entrenar la segmentación de los dedos.

Entrenar la utilización de ambas manos.

Descubrir el agujero. Algunas veces, meten el dedo como punto de referencia antes de ensartar.

Ensayar la motricidad fina.

Entrenar la coordinación visomotora.

Incentivar la creatividad y el ingenio.

3.5. Tu bebé de veintitrés meses

3.5.1. EL ENANO Y EL GIGANTE. TRUCOS PARA CORREGIR EL MAL APOYO PLANTAR

Qué necesitamos

Extiende una sábana en el suelo y colocaos todos, tú incluida, sobre ella de pie, tal y como se ve en la figura 3.21.

Cómo hacerlo

El ejercicio consiste en coger y soltar la sábana con los dedos de los pies; luego, sentados en un banquito, se pueden usar pañuelos de papel y canicas para cogerlas y soltarlas en un barreño, así como colocar una pelota en la sábana y hacerse con ella.

Existe una canción sobre gigantes y enanos para que los niños se pongan de puntillas, cuando son gigantes, y andando con el borde externo e interno del pie, cuando son enanos. La canción es la siguiente:

Figura 3.21.

«El enano sube, sube,
con deseos de crecer.
El gigante baja, baja,
con deseos de desaparecer».

Objetivos

Adquirir estabilidad.
Integrar los ejes corporales a través del centro de gravedad.
Corregir los defectos de los pies de una manera divertida y amena y agilizar la flexibilidad de los dedos.

3.5.2. Un batería muy especial

Qué necesitamos

Envases de plástico que se utilizan para guardar comida en la nevera.
Botes de plástico y metal de los que se utilizan para guardar el café o los espaguetis.
Cajitas de cartón de diferentes formas.
Dos cucharas de madera con mango largo.

Figura 3.22.

Cómo hacerlo

Te sientas en el suelo frente al niño y colocas todas las cajas entre los dos. Con las cucharas de madera golpeas las cajas, botes y envases como si tocaras la batería. Hazlo despacio mostrándole cómo se producen sonidos diferentes. Ofrécele los cucharones para que te imite.

De cualquier forma, si el niño inventa otro juego, alégrate por tener un hijo tan creativo y felicítale por su gran idea.

Objetivos

Calcular distancias.
Sincronizar el movimiento de ambas manos.
Medir la fuerza con la que se golpea el objeto.
Discriminar auditivamente los diferentes sonidos.

3.5.3. EL DOMINIO DE COLOCAR LAS FIGURAS EN VERTICAL

Qué necesitamos

Puzle de formas geométricas encajables en un juguete tridimensional en el que predominen las figuras redondas, cuadradas y rectangulares, con formas de cruz o estrellas (véase la figura 3.23).

Figura 3.23.

Cómo hacerlo

Cuando los dos estéis dispuestos, os sentáis cómodamente en el suelo uno frente al otro. Puedes comenzar el juego encajando una de las figuras, comentándole al niño lo divertido que es y esperando que él te imite, y observar cómo juega con las piezas.

Festeja sus logros sin corregirle, y en caso de que veas que tiene dificultades, tú seguirás demostrando cómo funciona el juguete; sobre todo no te refieras a lo bien que lo haces tú y lo mal que a él le sale.

Ten paciencia: él descubrirá poco a poco las diferentes formas y los espacios donde tenga que encajar las piezas. Es probable que antes de encajar experimente con sus dedos los diferentes espacios. Comienza por la forma redonda, luego el cuadrado, la cruz, triángulo, estrella, etc. Al jugar, utiliza una sola figura sujetando el objeto y tapando con tu mano el resto de los agujeros; así le resultará más fácil.

También son muy recomendables los encajables que vienen acompañados de puertas que se abren girando la llave.

Objetivos

Descubrir las formas geométricas.
Colocar las piezas en vertical.
Entrenar la coordinación visomotora.
Fomentar la concentración lúdicamente.

Recuerda

El niño hasta los 24 meses o más no estará preparado para comprender los conceptos de forma, tamaño y longitud a la vez.

3.5.4. UN CUENTO PARA SOÑAR

Qué necesitamos

Un padre o una madre dispuestos a volar al mundo de la imaginación.

Cómo hacerlo

A los niños les gusta escuchar cuentos, sobre todo contados por sus padres.

Lo primero que has de hacer es buscar un cuento corto y leerlo tú antes para saber dónde has de dar una entonación especial.

Está comprobado que a los niños les interesa más ese ratito que tú les dedicas que el hecho de que el cuento sea más o menos largo.

Lo principal es que compartas una experiencia única con tu hijo.

El tono de voz es importante, y debe ser lento, parándote en cada frase interesante. Si la vida te imprime un ritmo rápido, puedes poner una música suave para que, dejándote llevar por ella, te ayude a bajarlo.

Cada vez puedes dedicarte a una imagen concreta, como una estrella, la luna, el sol, las hojas, un árbol... Y es importante que la fijes en una escena familiar que el niño conozca, como el jardín de casa, el campo, el parque...

Te ofrecemos dos ejemplos para que comiences a traspasar la puerta de la imaginación.

Poco a poco te sorprenderás de lo que eres capaz de inventar dejándote llevar al mundo de la fantasía. En nuestros grupos de juegos tenemos algunos padres que cuando comenzaron a acudir no se encontraban a gusto ni siquiera sentados en el suelo, y ahora, cuando acuden, después de trabajar en sus empresas con sus trajes y sus corbatas, entran en la sala de juego, se descalzan, se aflojan la corbata y se dejan llevar disfrutando con sus hijos del maravilloso mundo de los niños.

Nubes de algodón (M. Morán)

Hoy en el parque el aire acaricia tus mejillas suavemente, sopla una suave brisa y los pájaros comentan con su bonito lenguaje lo hermoso que está el día.

Un bonito pájaro de color azul baja para darte los buenos días e invitarte a pasear por el cielo, montado en una suave nube. Sube a la nube. ¿Será de algodón? O, tal vez, ¿de azúcar? La nube te lleva por el cielo volando junto a tu amigo pájaro.

Subes y subes hasta alcanzar a ver el parque desde arriba. En el parque están tus amigos (decir el nombre de algún amiguito suyo), está ese árbol grande que tantas veces hemos tocado y observado desde abajo. ¡Mira! Las flores agitadas por el viento parece que nos saludan.

Es curioso, si miras a tu alrededor, hay otras nubes con otros niños volando y observando el parque desde arriba. Todos están contentos, relajados, sonríen y se sienten en paz. Todas las nubes con sus niños forman una ciudad (o un pueblo, dependiendo de donde habite el niño normalmente) llena de nubes de color blanco, gris, incluso nubes naranjas coloreadas por la luz del sol, nubes grandes y pequeñas, nubes suaves y mullidas.

Poco a poco nos acercamos a la gran nube de las sorpresas, que está llena de cajas de cartón, norias, pelotas, toboganes, piezas de madera, puzles...

Ahora puedes continuar tú, jugando en el país de las nubes; espero que te lo pases fenomenal...

La luna en la cuna (A. Moleres)

La luna se ve blanda, como un copo de algodón: deja que su luz blanca acaricie tus mejillas, y si pasa cerca de tu nariz... déjala que te roce y te haga una suave cosquilla.

Deja tu cabecita sobre la almohada blanda como la luna...

Ven, lunita, a hacer un corro con las estrellas para que juntos dancemos en nuestros sueños con la canción más bella.

Cierra los ojitos y empecemos a soñar... (cántale alguna canción de cuna o tararéale alguna canción suave).

Objetivos

Invitar a la tranquilidad.
Relajar tensiones.
Liberar ansiedades.
Fomentar el estrechamiento de lazos afectivos.
Fomentar la imitación al utilizar como ejemplo las situaciones que habéis visto en el parque.

¿Qué modelo es el adecuado para ser imitado?

Fomentar la imitación es fundamental para el desarrollo de la inteligencia del niño.

El niño debe ver anteriormente aquella acción que queremos que imite. En el primer cuento hemos hablado de un pájaro. La frase dice exactamente así: «La nube te lleva por el cielo volando junto a tu amigo pájaro».

Al llegar a este punto, le mostrarás cómo vuelan los pájaros, batiendo tus brazos como si fueran alas. El niño te imitará con sus bracitos y se acordará de cómo ha visto volar los pájaros en el parque, sobre lo cual puedes hacer hincapié en el próximo paseo. Así sucesivamente, el olor de una flor... En caso de referirte a una acción que él nunca ha visto, imitará el movimiento en sí, pero no tendrá ningún valor educativo a pesar de que tú se la demuestres.

Recuerda.

El juego imitativo se desarrolla lentamente y depende totalmente de la riqueza ambiental del niño y de la motivación de la gente que le rodea. Él necesita un estímulo inicial y creativo; en caso contrario, podrá no aparecer este juego, tan importante para su desarrollo intelectual.

3.6. Tu bebé de veinticuatro meses

3.6.1. ¡LA PERDIZ SE ESCONDIÓ!

Qué necesitamos

Varios pañuelos o trapos. Algunos trasparentes y otros opacos.

Una sábana vieja o cortina con agujeros en diferentes sitios y alturas.

Cómo hacerlo

Como vimos en *Todo un mundo de sensaciones* (Ed. Pirámide), estos juegos puedes realizarlos desde pequeñito. Ya en el segundo semestre incorporamos pañuelos trasparentes y livianos para la realización de esta actividad.

Con el pañuelo extendido, lo mueves suavemente frente al niño dejando que te pueda ver y cantas la canción de la perdiz.

«Por el campo de maíz
salta, salta la perdiz.
Ahí que viene el cazador,
la perdiz se escondió».

Cuando la canción dice que la perdiz se escondió, te escondes junto al niño debajo del pañuelo y esperas que sea el pequeño quien lo retire; así lo repites varias veces.

En el caso de que haya más niños o hermanos, podéis jugar con la sábana agitándola entre varios, muy suavemente para que el niño pueda ver las olas que hace, y vuelves a repetir lo del ejercicio anterior. Os escondéis dos veces todos, los adultos y los niños; a la tercera vez sólo se tapa a los niños.

Ahora cuelga una sábana con agujeros del marco de la puerta y:

1. Juegas con el niño a tocar la sábana y esconder pequeñas partes del cuerpo.
2. Te colocas del otro lado de la tela jugando el «cucú-tras». Los períodos en que estás del otro lado deben ser breves y el

Figura 3.24.

niño tiene que escuchar tu voz; además ha de tener la posibilidad de encontrarte rápidamente.

3. A través de los agujeros que sirven como ventanitas muéstrale una mano saludando o un muñeco que sea significativo para él. Ofrécele pañuelos coloridos y con brillo para que el niño tire de ellos.

Objetivos

Ayudarle a superar la etapa de la «separación de mamá» sin pánico, al ver desaparecer y aparecer la cara de mamá.

Ayudar al niño demasiado apegado a mamá.

Cooperar con la maduración emocional del niño.

Atención. Estas series de «escondidas» favorecen notablemente la separación entre el niño y la madre.

Recuerda

Debes observar la reacción del niño en cada uno de los juegos, ya que es importante que no se asuste; si ves que esto sucede, no te escondas, haz aparecer y desaparecer su juguete favorito, un títere, muñeco, osito o cualquier otro juguete. Dale tiempo para que coja confianza y, de esta manera, favorecerás un despegue progresivo.

3.6.2. EL TÚNEL DEL TIEMPO

Qué necesitamos

Una tela transformada en un túnel con los extremos abiertos o bien la funda de un edredón nórdico.

Cómo hacerlo

Coloca la tela en el suelo como si fuera un aro, de forma que quede recogida y se vea el suelo. Coloca al niño de manera que te pueda ver y entonces te metes en el aro y, poco a poco, vas subiendo la tela de forma que vayas desapareciendo de abajo arriba. Observa atentamente la reacción del niño. Al principio, puedes alzar la tela hasta tus hom-

Figura 3.25.

bros, de forma que se te vea la cara, volver a bajarla y despacito subirla de nuevo para terminar por desaparecer del todo. Recuerda que tanto al desaparecer como al volver a aparecer has de mantener una gran sonrisa. Puede suceder que al principio el niño no acepte no verte, pero, a medida que lo vas haciendo, él comprenderá que es un juego. Deja que te toque a través de la tela y, a medida que vaya cogiendo confianza, invítale a que entre. Vuelves a colocar la tela formando un aro en el suelo y sales de él. Entonces le invitas a entrar; si no quiere, no insistas: con el tiempo posiblemente le gustará. En el caso de que entre, entonces subes la tela sólo hasta sus hombros y observas cómo reacciona. En caso de que le veas con confianza, entonces puedes intentar subirlo por encima de su cabeza y luego lo vuelves a bajar.

Objetivos

Ayudar a superar la etapa de separación de mamá.
Favorecer el establecimiento de la noción de objeto permanente.
Adquirir seguridad en sí mismo.

Recuerda

Lo que te proponemos es jugar inteligentemente con tu bebé, proporcionarle los estímulos que mejor convienen a su desarrollo de una manera lúdica y afectuosa.
Estos juegos están enfocados especialmente al afrontamiento de todo tipo de «separaciones» en la vida.

3.6.3. LA TORRE DE CRISTAL

Qué necesitamos

Varias botellas trasparentes de plástico y de tres tamaños diferentes.
Un embudo.

Cómo hacerlo

Es recomendable jugar en la cocina, baño, jardín, patio o terraza.
Colocamos una botella de un litro con el embudo y, lentamente,

echaremos el líquido por él, dejando que el niño vea la operación, cómo cae el agüita en la botella. El líquido puede ser de té muy liviano para que tenga un color amarillento. Al traspasar el líquido, paras por algunos segundos para volver a comenzar.

Podemos usar la botella del tamaño mediano para ir traspasando de la botella grande a la otra. Observa la reacción del niño y sus comentarios. En torno a los dos años él querrá hacerlo contigo. Le ofreces la botella pequeña con un embudo pequeño o, si la botella tiene el orificio ancho, puede con un vasito echarle el líquido y ver cómo cae y pararlo cuando él quiera. Dejas que manipule su botella jugando, derramando o llenando o con el tapón puesto, pero, si esto no le gusta, no insistas en mantener la botella cerrada (véase *Todo un mundo de sonrisas*).

Objetivos

Introducir al niño en la conciencia del control de esfínteres.

Recuerda

Estando en el comienzo de la etapa del control de esfínteres, a los niños les encanta jugar a traspasar agua de un lado al otro, a cerrar y abrir grifos. Necesitan establecer un control sobre «los líquidos», relacionado con el concepto de orinar.

3.6.4. El cofre del tesoro

Qué necesitamos

Seis cajitas de colores. Se pueden conseguir en las tiendas en las que venden diferentes cajas para regalos. Éstas pueden ser de diferentes tamaños, entre 5 y 15 cm de diámetro.

Cómo hacerlo

Coloca en la caja diferentes juguetes para que el niño busque la sorpresa que hay dentro. Dile: «La pelota está en la caja roja y el cochecito en la amarilla; ¿dónde está?». También puedes llenar una de

Figura 3.26.

las cajas con garbanzos y otra con cascabeles. Otra posibilidad es dejar al niño experimentar con las cajas apilándolas o metiéndolas unas dentro de otras (véase *Todo un mundo de sonrisas*).

Objetivos

Potenciar la toma de conciencia infantil respecto a la existencia independiente de los objetos.

Promover el desarrollo de la audición y el lenguaje.

Descubrir los distintos tamaños y colores.

CONSEJOS PRÁCTICOS PARA EL PERÍODO DE 18 A 24 MESES
Crear un ritual diario antes de dormir.
Poner música todas las veces que sea posible.
Dejar pocos juguetes y variarlos mucho.
Esconder los juguetes que no se usan.
Leerle cuentos realizando gestos y sonidos.
Festejar todos sus logros.
Hablarle mucho y reír juntos.
No gritarle si hace algo con lo que no estamos de acuerdo. Explicarle el porqué y poner cara y voz de desaprobación.
Establecer un horario para las comidas, el baño, dormir, pasear... Crear un ritual que anticipe la acción.
Organizar el tiempo para acudir a grupos de bebés.
Nombrar los objetos sin utilizar diminutivos ni apodos. Vocalizar correctamente.
Recoger los juguetes juntos cantando. La letra de la canción ha de referirse a la acción de «guardar».
Ponerse de acuerdo toda la familia sobre las situaciones prohibidas. Intentaremos escoger sólo las más importantes.

Hoja guía

3.1. Tu bebé de diecinueve meses

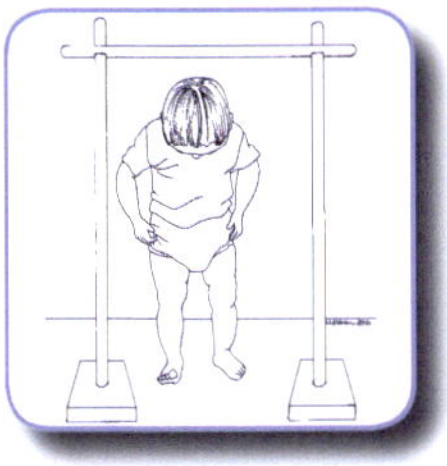

3.1.1. Pase misí, pase misá, por la puerta de Alcalá...

3.1.2. Los aros. Arriba, abajo, camina el escarabajo

3.1.3. Bandeja de hielo. Descubrir el seguimiento lineal

3.1.4. Colorín, colorado, jugando con bolas de harina vamos. Pintura de dedos

3.1.5. Lectura en posición vertical

3.2. Tu bebé de veinte meses

3.2.1. Disfruto con mi independencia

3.2.2. Tengo un coche, vaya pasada

3.2.3. El pequeño arquitecto

3.2.4. El «supertablero» es el más completo. Un día tendré que reconocer las letras

3.3. Tu bebé de veintiún meses

3.3.1. Los bolos, soy un experto calculando

3.3.2. El baile del calipso. Conociendo mi esquema corporal

3.3.3. El escondite de los palos. Cabe o no cabe

3.3.4. Coser. ¿Quién dijo que coser era cosa de la abuela?

3.3.5. Lectura con frutas y verduras

3.4. Tu bebé de veintidós meses

3.4.1. El laberinto, la alegría me hace dar un brinco. Esquivando obstáculos

3.4.2. Los saquitos. Tengo un cuerpo de campeón

3.4.3. El corro de la patata

3.4.4. La serpiente de la selva encantada

3.5. Tu bebé de veintitrés meses

3.5.1. El enano y el gigante. Trucos para corregir el mal apoyo plantar

3.5.2. Un batería muy especial

3.5.3. El dominio de colocar las figuras en vertical

Un cuento para soñar

3.5.4. Un cuento para soñar

3.6. Tu bebé de veinticuatro meses

3.6.1. ¡La perdiz se escondió!

3.6.2. El túnel del tiempo

La torre de cristal

3.6.3. La torre de cristal

3.6.4. El cofre del tesoro

4

La motivación según las últimas investigaciones en neuropedagogía. Juegos en familia

¡Sólo quiero verte disfrutar!

¿Qué es la motivación?

Se podría definir la motivación como aquella fuerza que nos empuja a la realización de una tarea o conducta encaminada a la satisfacción de una necesidad. Es el motor que nos impulsa para seguir avanzando y evolucionando a lo largo de nuestra vida. El surgimiento de una necesidad hará que nuestros recursos se activen para satisfacerla. Si no existe la necesidad, no hay motivación y por tanto tampoco la sensación de sentirnos satisfechos.

El origen de la motivación puede ser interno o externo. En el caso de los bebés podrá ser el hambre (interno) el que dirija su conducta llamando la atención sobre su madre para la satisfacción del apetito, bien llorando, bien despertándose o haciendo algún tipo de ruido. En el caso de un niño en su segundo año puede consistir en buscar las alabanzas y celebraciones de sus padres cuando consigue algún logro. La motivación en este último caso es el reconocimiento de papá y mamá (externa).

A lo largo de nuestro desarrollo, desde que nacemos, las motivaciones van cambiando. Por ejemplo, los bebés durante los primeros años son auténticos investigadores y exploradores. Lo que más les llama la atención es la novedad. Si observáis detenidamente a vuestros bebés, os daréis cuenta de que, en cuanto han sacado el máximo partido a un juego, lo sueltan y buscan otra cosa u otro uso distinto de lo que tienen entre manos. Recuerdo en los grupos de juego el caso de una niña de 12 meses a la que entregué una caja con agujeros en los que encajar unas pinzas de madera. La niña estuvo un buen rato entretenida, pero cuando se dio cuenta de que ya lo dominaba, cogió la caja e intentó abrirla, girarla, meter los dedos por los agujeros... Ya no le interesaba más encajar, eso ya lo conocía y dominaba, buscaba algo nuevo. Esto nos lleva a plantearnos la necesidad de mantener esta iniciativa que se convierte en la automotivación por aprender y conseguir objetivos que en el futuro serán imprescindibles para encontrar una ocupación, hobby o profesión con los que disfrutemos.

Por ejemplo el golfista Tiger Woods es el mejor en su profesión porque disfruta jugando al golf. Cuentan que de niño lanzaba las pelotas de golf a los árboles, dejaba que cayeran en terreno irregular e intentaba con el golpe hacer un «par» de todos modos porque así era más divertido. Encontraba la automotivación para continuar perfeccionando cada golpe.

En estas edades tan tempranas (6-24 meses) es muy positivo observar a nuestros niños para ofrecerles aquellos juegos que incentiven su curiosidad y sus ganas de aprender. A través de ellos van a ir construyendo y organizando su cerebro, y seremos nosotros, padres y educadores, los que les ayudemos a ello. El hecho de incentivar a nuestros hijos en este proyecto favorecerá el desarrollo de procesos cognitivos básicos como la atención, fomentando la permanencia durante un tiempo prolongado en aquella actividad interesante, o la percepción, permitiendo la exploración del entorno con todos los sentidos y emociones que se deriven de ella, así como la memoria, a través de la que todas estas experiencias quedarán almacenadas en el cerebro del niño ayudándole a activar y entrenar dichos procesos. Además de incentivar al bebé, también podríamos aumentar los niveles de tolerancia a la frustración a través del juego. Con estos dos factores, incentivar la curiosidad y aumentar la tolerancia a la frustración, estaremos estableciendo unos cimientos sólidos para las etapas de escolarización*.

Todas estas experiencias que generan placer en sí mismas quedan registradas en el sistema límbico asociadas a esa emoción positiva. Los humanos tendemos a la búsqueda del placer, y en la edad adulta buscaremos aquellas fuentes de placer arraigadas en nuestras emociones. Se ha descubierto que nos sentimos más realizados

* Para más información acerca del tema, acompañada de vídeos ilustrativos, véase: www.efodor.com/Bebes/Cursos.html.

y felices eligiendo actividades, bien laborales, bien de ocio, relacionadas con aquellos juegos o pasatiempos que nos permitan recuperar los tiempos en los que descubrir y entender el mundo a través del juego era nuestra actividad favorita.

FACTORES QUE INFLUYEN EN LA MOTIVACIÓN PARA FAVORECER LOS RESULTADOS LOS ADULTOS QUE RODEAN AL BEBÉ HAN DE DAR MÁS IMPORTANCIA AL PROCESO DE APRENDIZAJE QUE AL RESULTADO QUE DESEAN OBTENER		
Factor biológico	Desarrollo cerebral. Dependerá del sistema de refuerzo para la búsqueda de novedad y de la carga emocional.	Tengo hambre… Lloro.
Factor cognitivo	Incidencia directa sobre la búsqueda de conocimientos e información.	Veo una botella… Busco con un interés inusitado qué hay dentro.
Factor social	A través de la experiencia, la relación con sus iguales, la cooperación, la identificación o pertenencia al grupo y la búsqueda de identidad.	Si me sonríes y me gustas… sonrío.

* Cuadro basado en la información recogida del libro *Neurociencia y Educación,* de T. Ortiz.

Juegos en familia. Los juegos de siempre bajo el enfoque de las últimas investigaciones en neuropedagogía

A aquellos padres que tenéis poco tiempo y vais siempre corriendo de un lado a otro queremos ofreceros unos juegos estrella para sacar el mejor partido y que podáis disfrutar de vuestro bebé. Para ello os brindamos un menú a la carta. Esperamos que logréis reencontrar la alegría que sentíais al jugar cuando erais niños.

Para la selección de estos juegos estrella hemos tenido en cuenta:

Por un lado, la búsqueda de lo que en general a los padres les hace disfrutar jugando con sus bebés, para lograr encontrar la motivación que les lleve a volver a repetir la experiencia y de esta manera lograr una educación positiva.

Por otro lado, los avances en el conocimiento del funcionamiento del cerebro humano y su desarrollo y las investigaciones recientes.

Y por último, el estudio de la inteligencia adoptando la perspectiva de la teoría de las inteligencias múltiples de Howard Gardner*.

EL BEBÉ DE 6 A 9 MESES
MIS PRIMEROS AVANCES

La importancia de una educación positiva.	Inteligencias múltiples según H. Gardner*.
El primer año el bebé necesita una vida positiva llena de felicidad para conseguir que se convierta en una persona optimista. De ahí la importancia de los juegos que provoquen sensaciones positivas y de bienestar.	Inteligencia corporal-cinestésica. Inteligencia intrapersonal. Inteligencia interpersonal. Inteligencia naturalista.

Juego estrella. Un juego para las sensaciones.

Qué ofrecer. Un lugar seguro y una mamá dispuesta a disfrutar con el tacto.

Qué hacer. Véase juego 1.1.3: Jugando con harina de maíz.

Objetivos del juego. La concentración vista bajo un nuevo prisma.

Entrenar la concentración en acción. El niño desarrolla una actividad frente a lo que tiene delante explorando de forma voluntaria.

Favorecer la concentración en quietud. Cuando mamá acaricia al bebé o masajea su cuerpo con la harina, toda su atención está en las sensaciones que eso le produce.

Reforzar el vínculo afectivo. La emoción y el disfrute del momento quedan registrados directamente en el sistema límbico.

Descubrir diferentes texturas: harina, la bandeja, las manos de mamá, a través del tacto. Esta información es procesada y almacenada en lóbulo parietal.

Favorecer el desarrollo de la propiocepción-localización interna de cada parte del cuerpo, también almacenada en el lóbulo parietal; de ahí la importancia de acariciar al bebé por todo su cuerpecito.

Fomentar el movimiento de sus manos y dedos, de los que en un futuro podrían salir hermosas obras de arte. Esta actividad se refleja en el lóbulo frontal (centro de Exner).

Desarrollar la inteligencia sensoriomotora.

Dar al niño la posibilidad de explorar diferentes materiales y elementos de nuestro entorno.

* http://www.psicologia-online.com/infantil/inteligencias_multiples.shtml.

El bebé de 6 a 9 meses
Mis primeros avances

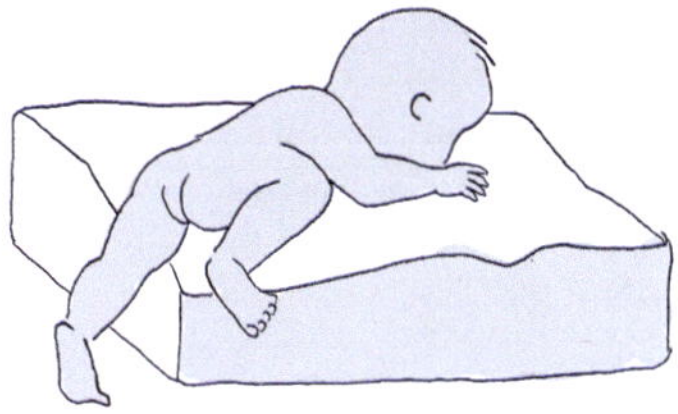

Juego estrella. Compartiendo risas con papá.

Qué ofrecer. Un papá dispuesto a tirarse al suelo para disfrutar de las andanzas de su bebé.

Qué hacer. Vése el juego 1.4.1: Atravesando una gran montaña.

Objetivos del juego. La concentración en movimiento vista bajo un nuevo prisma.

El niño se va moviendo concentrado en el mismo movimiento, pero a la vez debe responder ante los cambios u obstáculos que aparecen en su camino.

Motivar al niño para el gateo de una manera divertida y en contacto con el cuerpo de sus padres. El control y la coordinación de los movimientos se llevan a cabo a través de la coordinación de varias estructuras cerebrales, entre otras el lóbulo frontal y el cerebelo.

Experimentar cambios posturales al trepar por el cuerpo de los padres que informan de la localización de las diferentes partes del cuerpo. Toda esta información propioceptiva se registra en el lóbulo parietal.

Acomodación de la vista a los diferentes cambios de plano. Favorece el cálculo de distancias integrando el trabajo del lóbulo occipital y parietal.

Ayudarle a superar la etapa de la «separación de mamá», al desaparecer y aparecer la cara de ésta (véase *Todo un mundo de emociones,* cap. «La misteriosa vida emocional del bebé de 9 a 10 meses». Ed. Pirámide). Esta experiencia emocional al ver aparecer a una mamá sonriente, relajada, que transmite tranquilidad y seguridad quedará grabada en el sistema límbico y ayudará a descubrir que el mundo que le rodea es fiable.

Dar seguridad al bebé a través de un padre firme, acogedor, presente, accesible…, que alienta y confía en los logros de su hijo. La imagen que el padre ofrece con esta actitud permite al niño ir creando su autoimagen con respecto a sus capacidades, favoreciendo su autoestima.

* http://www.psicologia-online.com/infantil/inteligencias_multiples.shtml.

EL BEBÉ DE 9 A 12 MESES
VAMOS DE JUERGA

La importancia de una educación positiva. En esta etapa lo que el bebé más desea es la interacción con mamá y papá. Por este motivo es tan importante que los padres tengan disponibilidad para compartir el mayor tiempo posible con el bebé.

Inteligencias múltiples según H. Gardner*.
Inteligencia lingüística.
Inteligencia musical
Inteligencia espacial
Inteligencia interpersonal.

Juego estrella. Disfrutar de un tiempo de juego compartido con mis papás.

Qué ofrecer. Un clima distendido en el que la diversión esté asegurada.

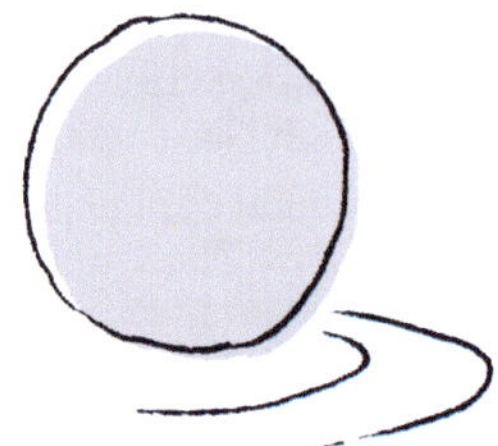

Qué hacer. Véase el juego 1.6.2: Una intensa vida social. Aprendiendo a compartir**.

Objetivos del juego. La concentración en acción vista bajo un nuevo prisma.

Se ofrece una pelota para establecer un juego de intercambio social en el cual las emociones fluyen de manera natural. También se benefician las siguientes áreas:

Coordinación visomotora. La coordinación de determinadas áreas del lóbulo occipital y el lóbulo parietal da como resultado la localización de los objetos en el espacio. Además, requiere la coordinación motora, que reside, como comentamos anteriormente, en el lóbulo frontal y el cerebelo entre otros.

Conocimiento espacial. El lóbulo parietal es el encargado de esta función.

Descubrir objetos escondidos. El niño anticipa dónde los va a encontrar; la capacidad de anticipar reside en el lóbulo frontal, además de mantener el recuerdo el tiempo suficiente en su memoria.

Fomentar la comunicación y las relaciones sociales. El área orbitofrontal será la encargada de evaluar el contexto social basado en las experiencias.

Fortalecer el vínculo afectivo a través de risas, alegría y disfrute compartido.

Desarrollo del lenguaje, tanto la producción como la comprensión. Para ello se activan áreas frontales y temporales respectivamente.

Aprender el concepto de dar y recibir. La conducta parte del lóbulo frontal, que llevará a cabo esta acción siempre y cuando se produzca la repetición, y si es con mamá y papá, mejor. Estos momentos de diversión reforzarán el juego por el placer que conlleva y se registrarán en el sistema límbico.

---

* http://www.psicologia-online.com/infantil/inteligencias_multiples.shtml.

** Para más información acerca del tema, acompañada de videos ilustrativos, véase: www.efodor.com/Bebes/Cursos.html.

EL BEBÉ DE 9 A 12 MESES
VAMOS DE JUERGA

Juego estrella. Descubrir el silencio.

Qué ofrecer. Un compañero de juego que infunda paz y sosiego.

Qué hacer. Véase el juego 1.6.5: Los sonidos del silencio.

Objetivos del juego. Integrar concentración y los sentidos vistos bajo un nuevo prisma.

Concentración en quietud. Está atento a lo que sucede y actúa buscando la música. Armoniza la actuación de los dos hemisferios.

Cuando el niño hace sonar los instrumentos de diferentes maneras, está empleando la concentración en acción (véase el juego 2.6.4: La caja de música).

Estimular el sentido de la audición a través de los diferentes sonidos. El procesamiento de la información auditiva tiene lugar en el lóbulo temporal.

Fomentar el sentido del ritmo. El área que se pone en funcionamiento para distinguir las diferentes melodías o voces será el lóbulo temporal. Es en estas edades cuando los niños muestran su máxima receptividad a los juegos musicales.

Integrar el ritmo a través del sonido seguido del silencio. Este período se caracteriza por lo que llamamos imitación sensoriomotriz, es decir, la repetición de esquemas vocales. El encargado de estos movimientos vocales será el lóbulo frontal, y más concretamente el área de Broca.

Cultivar el silencio. Para encontrar el placer en los momentos de silencio acompañado de paz y tranquilidad en un juego divertido.

Localizar la fuente de sonido. Durante los seis primeros meses esta capacidad se desarrolla de forma más rápida y precisa; a partir de esta edad, sigue mejorando de manera más gradual, sobre todo a nivel espacial. Se debe a que la corteza cerebral se implica más en el proceso (lóbulo temporal y parietal). Sin embargo, es en el tronco cerebral, más concretamente en la protuberancia, donde se realiza el análisis para saber de dónde procede el sonido.

Como hemos anotado más arriba, el niño aprende a integrar ritmos y distinguir sonidos, fomentando su sensibilidad hacia la música. Los juegos musicales fomentan la producción de sonidos en el bebé, y junto con los ritmos va aprendiendo las características del lenguaje hablado.

EL BEBÉ DE 12 A 15 MESES ¡ESTOY FISGONEANDO TODO EL DÍA!	
La importancia de una educación positiva. El bebé tiene mucha gracia y él lo sabe. Aprovechar esto para darle alas acompañándolo en la aventura de lograr su incipiente autonomía.	**Inteligencias múltiples según H. Gardner*.** Inteligencia lógico-matemática. Inteligencia espacial. Inteligencia corporal-cinestésica. Inteligencia intrapersonal. Inteligencia interpersonal.

Juego estrella. Un espejo mágico donde aparece un bebé.

Qué ofrecer. Un espejito con el que el bebé se divertirá viendo aparecer y desaparecer su imagen.

Qué hacer. Véase el juego 2.1.1: ¡Soy yo!

Objetivos del juego. La concentración en acción y la concentración en movimiento vistas bajo un nuevo prisma.

El niño se siente atraído por algo en su entorno e interactúa con ello y con mamá. Establece un plan de acción para buscar o descubrirse en el espejo, para desplazarse...

Caminar lateralmente en ambas direcciones. La programación motora se desarrolla en el lóbulo frontal y sistema vestibular para el mantenimiento del equilibrio.

Ver aparecer y desaparecer tanto su carita como la de mamá o papá le produce al niño un gran placer. En estas etapas es el juego que más diversión le producirá. Es otro de los juegos que ayuda a superar la «separación de mamá».

Reconocerse como él mismo en el espejo. La conciencia de sí mismo reside en áreas anteriores del cerebro, del lóbulo frontal y la corteza cingular anterior pertenecientes al sistema límbico.

Alrededor de esta edad comienza el reconocimiento de su imagen y la identificación consciente de su cuerpo como suyo. **Esta etapa se conoce como «estadio del espejo».** A los dos años logrará la relación entre su propio cuerpo y la imagen que se ve en el espejo tocándola, y entonces adquirirá un sentimiento de identidad propia y **diferenciará lo que es «yo» de «no yo».**

---

* http://www.psicologia-online.com/infantil/inteligencias_multiples.shtml.

EL BEBÉ DE 12 A 15 MESES
¡ESTOY FISGONEANDO TODO EL DÍA!

Juego estrella. Trasladarse de un lugar a otro, lo más importante en el desarrollo del bebé.

Qué ofrecer. Un lugar seguro para propiciar que el pequeño disfrute de su motricidad.

Qué hacer. Véase el juego 2.1.3: Recorriendo nuevos horizontes.

Objetivos del juego. La concentración en movimiento vista bajo un nuevo prisma.

El niño está concentrado en el desplazamiento y tiene que corregir en función de los obstáculos que aparezcan en su camino.

Conocimiento espacial. El niño se va moviendo y conociendo el espacio por el que se mueve, lo que le ayuda a crear un mapa mental en su lóbulo parietal.

Descubrir los giros con el carro. Esto implica un aprendizaje motor que requiere la intervención del lóbulo frontal. A su vez, cuanto más practique, mejor podrá anticipar los giros evitando chocar con la pared u otro obstáculo que se le presente. El cálculo de distancias en el espacio también requiere del lóbulo parietal. La anticipación de consecuencias requiere de memoria, y en este caso programación motora, lóbulo frontal. Más adelante, al adquirir mayor destreza motora, podrá realizar el juego 2.4.1: ¡Que te pillo, que te pillo!

Descubrir las dimensiones. Lo que cabe y no cabe en un sitio determinado. Mientras exista manipulación o programación motora, el lóbulo frontal está implicado. El niño a esta edad necesita manipular objetos con diferentes texturas, tamaños y formas. De esta manera, más adelante el niño podrá anticipar si cabe o no cabe sólo con observar, manipulando mentalmente los objetos y el espacio, siendo el lóbulo parietal el que entraría en escena.

Percepción de su propio cuerpo. Es en el lóbulo parietal donde se registra la información referente a la propiocepción.

Trasladar, llenar y vaciar. Es a través de la manipulación de los objetos como se produce el descubrimiento de la causa-efecto, después de haber practicado muchas veces observando las variaciones en la repetición.

Los conceptos que va adquiriendo el niño a través de esta manipulación son la antesala de las matemáticas y del pensamiento lógico: cabe o no cabe, es más grande que...

Concentración en acción. Toda esta actividad requiere concentración para realizar todas las secuencias que implica. A través de ensayo-error el niño puede replantear cómo colocar sus juguetes dentro del carrito, programación motora.

Todo lo anterior le revierte información sobre sus capacidades, dándole seguridad y fomentando su autoestima. **Esto se va almacenando en áreas cerebrales más internas y anteriores que intervendrán en la conciencia de uno mismo y en cómo experimentamos los sentimientos.** Para que todo esto un niño lo haga consciente, han de pasar todavía años. **Por eso en estas edades los papás ejerceréis de reguladores de vuestros hijos para que ellos en un futuro puedan hacerlo solos.**

Estos juegos ayudan a crear las bases para, en el futuro, poder establecer relaciones personales sanas y afrontar los retos que aparezcan en la vida gracias a la imagen de niño querido y capaz que se va creando.

El bebé de 15 a 18 meses
Mi palabra favorita es NO

La importancia de una educación positiva. El bebé cada vez se siente más seguro y firme en sus criterios. Al niño le dan seguridad los límites. Éstos han de ser mantenidos por toda la familia y no superar de tres a cinco prohibiciones. Los límites solo funcionan si son con conocimiento de causa.

Inteligencias múltiples según H. Gardner*.
Inteligencia lingüístico-verbal.
Inteligencia musical.
Inteligencia espacial.
Inteligencia corporal-cinestésica.
Inteligencia intrapersonal.
Inteligencia interpersonal.

Juego estrella. La música y el ritmo.

Qué ofrecer. Diferentes instrumentos y unos papás preparados para divertirse.

Qué hacer. Véase el juego 2.4.4: Los tambores.

Objetivos del juego. La concentración en movimiento y la concentración en acción vistas bajo un nuevo prisma.

Una perfecta combinación entre la **concentración en movimiento** y la **concentración en acción**. Actividad mental y motora actúan conjuntamente.

Estimular la audición. Estaríamos favoreciendo el desarrollo del lóbulo temporal a través de los diferentes ritmos y canciones que van asociadas a gestos, por lo que están también implicados los lóbulos frontales.

Adquirir el concepto de fuerte/suave.

La experiencia con música, ritmos, sonidos, canciones… en estas edades es la antesala de la explosión del lenguaje verbal, lateralizado generalmente en el hemisferio izquierdo.

Adquirir el concepto de detrás, aprender conceptos espaciales teniendo su cuerpo como referencia. Es el lóbulo parietal el que se encarga del procesamiento de esta información.

Adquirir el control motriz voluntario de sus manos. Como hablamos más arriba, son las áreas motoras corticales las encargadas de estos movimientos y las conexiones de las fibras que llegan desde las manos hasta el cerebro.

Entrenar la segmentación de los dedos de las manos. En estas edades se va dando la mielinización de estas fibras, lo que va a favorecer todos estos movimientos más precisos y rápidos. El perfeccionamiento de esta actividad es una de las cosas que nos diferencia del resto de los primates.

A través de las manos, los niños y los adultos expresan emociones y crean sus obras de arte.

Favorecer las relaciones sociales haciendo algo divertido. Estas experiencias positivas quedarán registradas en su sistema límbico y será el área orbitofrontal, gracias a las conexiones procedentes de la amígdala, la encargada de regular las emociones. Los estados de ánimo positivos favorecen los aprendizajes.

A través de estas experiencias el niño observa las emociones de sus padres y experimenta las propias.

Favorecer el aprendizaje a través de la repetición y la asociación. Los niños recordarán dónde está la caja y la anticiparán en el momento de cantar. Es la forma en que aprenden los niños a estas edades, a través de repetición e imitación, y las conductas motoras son imprescindibles.

EL BEBÉ DE 15 A 18 MESES
MI PALABRA FAVORITA ES NO

Juego estrella. El juguete más versátil, una caja.

Qué ofrecer. Cajas de diferentes tamaños y unos padres que dejan al bebé desarrollar su juego.

Qué hacer. Véase el juego 2.6.2: Cajas, cajas y más cajas. ¡Que placer!

Objetivos del juego. Estimular la concentración en movimiento vista bajo un nuevo prisma.

La concentración y la actividad son uno. Adquirir el equilibrio corporal necesario para evitar las caídas y, en caso de que caigan, saber caerse para hacerse el menor daño posible. Es el cerebelo el encargado de coordinar y sincronizar los movimientos. Recibe información de la corteza motora en el lóbulo frontal y de los diferentes sentidos, visión, audición, equilibrio vestibular y propiocepción, de modo que adapta el movimiento a las necesidades del momento.

Interiorizar conceptos como arriba/abajo, dentro/fuera. Los conceptos espaciales se van almacenando en áreas de asociación parietal. La experiencia motora le proporcionará un mejor aprendizaje de estos conceptos.

Empujar y arrastrar la caja por la sala. El niño realiza todo un estudio espacial del lugar en donde se encuentra y aprende a medir visual y corporalmente las distancias para no chocarse con otros objetos y para calcular el tamaño de la caja en relación con el sitio por el que quiere pasar. En esta actividad el niño pone en funcionamiento áreas corticales de los lóbulos occipitales, parietales y frontales.

Meterse en la caja. Salir de la caja. Por un lado el niño experimenta con el espacio donde cabe su cuerpo, información procesada por el hemisferio izquierdo, y por otro lado con el espacio de la caja metiendo y sacando objetos, información procesada por el hemisferio derecho.

Los objetivos anteriores van a servir al niño para aprender a establecer relaciones entre las formas y el espacio.

Subir en la caja. Saber perder el equilibrio para recuperarlo y mantenerlo en movimiento. Descubrir el tamaño de la caja y de la sala estando él sobre ella. Descubrir la satisfacción de estar en las alturas. A los niños pequeños les encanta subir encima de las cosas, ya que es la única manera de «estar encima de...», observando objetos y personas desde otra perspectiva. Ser más grandes o altos que los adultos. Estos cambios de altura favorecen el buen desarrollo del sistema vestibular de manera que músculos (propiocepción), ojos (sistema visual) y extremidades (corteza motora) están coordinados para mantener el equilibrio y no caerse.

---

* http://www.psicologia-online.com/infantil/inteligencias_multiples.shtml

EL BEBÉ DE 18 A 21 MESES
ME GUSTA IMITAR A MIS PAPÁS

La importancia de una educación positiva. Los padres han de tener cuidado para ser consecuentes con sus actos. El niño está aprendiendo a encontrar soluciones y resolver sus pequeños problemas, y lo conseguirá según los modelos que tenga en casa.

Inteligencias múltiples según H. Gardner*.
Inteligencia lógico-matemática.
Inteligencia espacial.
Inteligencia corporal-cinestésica.
Inteligencia intrapersonal.
Inteligencia interpersonal.
Inteligencia naturalista.

Juego estrella. Un juego para utilizar la inteligencia lógico-matemática y la espacial.

Qué ofrecer. Un juguete que brinde distintas posibilidades para colocar piezas en vertical, horizontal, tamaños y colores para descubrir las variadas posibilidades.

Qué hacer. Véase el juego 3.2.4: El «supertablero» es el más completo.

Objetivos del juego. Descubrir las variadas posibilidades que ofrece el juguete.

Concentración en acción. La actividad es la que atrae o capta la atención. Y va estableciendo planes de acción según va jugando con ello.

Cálculo visual del espacio. Para ello entran en funcionamiento de manera coordinada el sistema visual, el lóbulo occipital y el lóbulo parietal, encargado de la creación de mapas espaciales a través del movimiento y la manipulación, dirigidos y ejecutados por áreas frontales.

Descubrir diferentes longitudes y equivalencias entre las diferentes piezas y sus lugares de colocación.

Colocar piezas tanto en horizontal como en vertical.

El niño va a aprender a combinar diferentes longitudes para establecer equivalencias. Del mismo modo experimentará similitudes entre elementos aparentemente diferentes.

Colocar de izquierda a derecha, ya que las figuras redondas que son más fáciles de colocar las situamos a la izquierda. Esto favorece el rastreo visual de izquierda a derecha, es decir, la dirección que seguimos tanto en la lectura como en la escritura. Durante el proceso atencional, las áreas óculo-motoras del lóbulo frontal actúan en coordinación con las áreas específicas del mesencéfalo en el tronco cerebral.

Familiarizarse visual y cognitivamente con el reconocimiento de las letras. El reconocimiento de las letras va a suponer el reconocimiento de unas formas determinadas en un espacio determinado. Dicha tarea se realizará más adelante en el área de asociación, área de confluencia entre los lóbulos occipital-temporal y parietal.

Reconocer figuras redondas y alargadas. En el reconocimiento de las formas están implicadas las conexiones que van del lóbulo occipital al lóbulo temporal.

El bebé de 18 a 21 meses
Me gusta imitar a mis papás

Juego estrella. La diversión por encima de todo.

Qué ofrecer. Unos papás que dan más importancia a disfrutar que a las reglas del juego.

Qué hacer. Véase el Juego 3.3.1: Los bolos, soy un experto calculando.

Objetivos del juego. La concentración en acción vista bajo un nuevo prisma.

El niño tiene como principal objetivo tirar los bolos lanzando una pelota. En estas edades la diversión como objetivo prima sobre el hecho de ganar o perder.

Entrenar la coordinación visomotora. En este caso el sistema visual dirigirá los movimientos de las manos para alcanzar las piezas en un determinado lugar. Es decir, que el lóbulo occipital se coordina con el parietal para enviar la información al lóbulo frontal, donde se iniciará el movimiento. El cerebelo intervendrá en caso de que haya que corregir el movimiento llevado a cabo.

Familiarizarse con los colores. En el reconocimiento de los colores intervienen las conexiones entre el lóbulo occipital y el lóbulo temporal.

Facilitar el desarrollo del lenguaje. La comprensión del lenguaje reside en el área de Wernike del lóbulo temporal, y la producción del lenguaje, en el área frontal de Broca.

Entrenar la tolerancia a la frustración. Es en esta edad cuando empiezan a tener cierta capacidad de espera, pues los circuitos de inhibición de conducta en el lóbulo frontal están empezando a madurar. Por eso es importante que los padres ayudemos a nuestros hijos hablándoles y explicándoles que hay que esperar porque es el turno del hermanito y que después le tocará a él.

Fomentar la autovaloración al conseguir el objetivo. En este caso estaremos ayudando a las conexiones implicadas en el autoconocimiento y regulación de las emociones para un futuro funcionamiento autónomo. Éstas son áreas frontales conectadas con la corteza cingulada anterior, donde residen las neuronas Von Economo**.

Experimentar el cambio de lugar de los objetos en el espacio.

---

* http://www.psicologia-online.com/infantil/inteligencias_multiples.shtml.

** http://psicoproyecto.wordpress.com/2013/04/29/neuronas-de-von-economo-cognicion-social-y-empatia/.

EL BEBÉ DE 21 A 24 MESES NO SOY MAYOR, SÓLO UN BEBÉ GRANDE	
La importancia de una educación positiva. Es necesario respetar el gran paso que dará tanto en el desarrollo de su inteligencia como en el de su mundo emocional. Es capaz de predecir que una causa produce un efecto.	**Inteligencias múltiples según H. Gardner*.** Inteligencia espacial. Inteligencia corporal-cinestésica. Inteligencia intrapersonal. Inteligencia interpersonal.

Juego estrella. Dominar lúdicamente las diferentes formas.

Qué ofrecer. Unos padres con paciencia y flexibilidad

Qué hacer. Véase el juego 3.5.3: El dominio de colocar las figuras en vertical.

Objetivos del juego. La concentración en acción vista bajo un nuevo prisma.

El niño tiene como objetivo encajar las piezas y tendrá que ir acomodando los movimientos de las manos a dicho objetivo, buscando la mejor manera de conseguirlo.

Descubrir las formas geométricas. La función del reconocimiento de las formas está reservada a las conexiones que discurren desde el lóbulo occipital hacia el lóbulo temporal. Por otro lado, el niño las está tocando lo que significa que también está grabando dicha información en el lóbulo parietal, lo que le permitirá más adelante reconocerlas sólo a través del tacto.

La habilidad para el reconocimiento de las formas y los colores, así como para colocar las piezas en vertical, forma parte de la inteligencia espacial.

Entrenar la coordinación visomotora. Será el mismo proceso para encajar las piezas que para agarrar los bolos o coger la pelota y lanzar. El niño dirige la mano hacia un lugar determinado y modificará la posición de ésta en función de la necesidad. De nuevo entran en acción los lóbulos occipital, parietal y frontal, ejerciendo de verificador el cerebelo.

---

* http://www.psicologia-online.com/infantil/inteligencias_multiples.shtml.

El bebé de 21 a 24 meses
No soy mayor, sólo un bebé grande

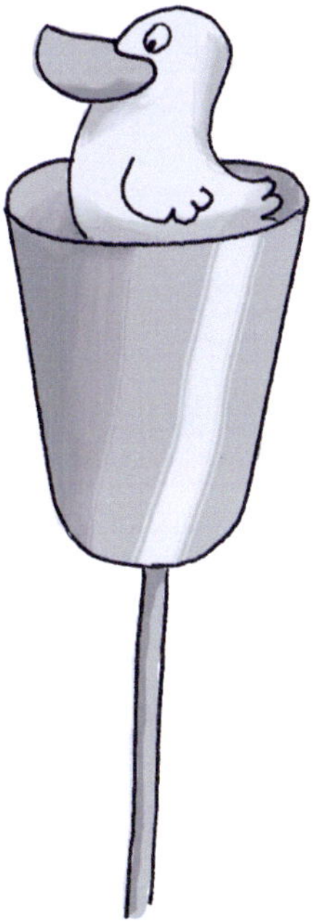

Juego estrella. Las escondidas, juegos para «crecer».

Qué ofrecer. Una mamá que deja crecer a su bebé.

Qué hacer. Véase el juego 3.6.1: La perdiz ya se escondió.

Objetivos del juego. La concentración en movimiento vista bajo un nuevo prisma.

El niño busca a mamá, se mueve, mira por un agujero... o se mete dentro del túnel.

Ayudar al niño a superar la «separación de mamá» sin pánico. Al ver desaparecer y aparecer la cara sonriente de mamá, va aprendiendo a través de juegos divertidos.

Ayudar al niño demasiado apegado a mamá a adquirir seguridad en sí mismo, cooperando en su maduración emocional.

A través de este juego el niño observa la emoción en el otro y la irá asociando a algo divertido, aprendiendo a responder de forma adecuada.

El niño poco a poco adquiere seguridad y confianza en la madre, sabiendo que siempre va a estar ahí aunque no esté presente físicamente. También puedes probar a jugar al juego 3.6.2: El túnel del tiempo. Todo este proceso se va desarrollando a través del funcionamiento de las diferentes estructuras del sistema límbico. Vemos una progresión de cómo el niño pasa del miedo a separarse de mamá, la supervivencia y, por tanto, la activación de la amígdala, a la confianza de alejarse de ella, tomando él mismo una decisión propia al valorar el contexto como seguro, implicando el funcionamiento del lóbulo frontal en el manejo de las emociones y en la toma de decisiones.

5

Disfruta del mundo mágico de la cultura

La inteligencia, la capacidad de aprendizaje y de juicio y el criterio moral residen en los hemisferios cerebrales; cada uno tiene su propia manera de pensar. El hemisferio izquierdo es racional, lógico y analítico, capta muy bien los símbolos y conceptos abstractos, como el del honor o la verdad. El hemisferio derecho es, por lo general, emocional, intuitivo y totalizador, pero necesita de la habilidad lingüística del hemisferio izquierdo para poder funcionar.

5.1. Introducción

Piaget nos hace ver que el niño tiene un «criterio moral» muy específico y diferente del adulto en su contenido. Considera que es necesario guiar al niño para que descubra el concepto de la *autonomía,* definida ésta como: «*la capacidad de decisión moral e intelectual* del individuo».

Lo opuesto a la autonomía es la heteronomía, la dependencia de los demás a la hora de tomar las propias decisiones. El niño, si desde pequeño no aprendió la autonomía, es decir, a tomar sus propias decisiones, se convertirá en un adulto indeciso.

Haremos un resumen de los objetivos generales de este libro —a pesar de haber incluido en cada ejercicio sus objetivos específicos— para observar que todas las actividades están correlacionadas. Es necesario trabajar en el «preaprendizaje» con el niño pequeño, de una forma global e integral, y en compañía de sus padres y educadores para poder disfrutar todos juntos, lúdicamente, en la adquisición de:

- Conocimiento con una óptima calidad.
- Autovaloración y seguridad dentro del contexto de un «grupo social a través del juego».
- La capacidad de resolver pequeños problemas por sí mismos, encontrando diversas combinaciones de elementos.
- Sociabilidad. Experimentar que la relación social es divertida, alegre y gratificante.

— Sensibilidad para disfrutar de actividades culturales.
— Recursos para evitar el comportamiento violento.

De esta manera, habremos logrado niños —futuros adultos— sensibles, creativos, inteligentes, seguros de sí mismos y tolerantes. Sabrán disfrutar de la vida sanamente.

«Disfruta... disfrútalo... que lo disfrutes...» Seguramente, al igual que nosotros en reiteradas ocasiones, has leído y oído este verbo conjugado en diferentes tiempos y destinado a la primera, segunda o tercera persona.

Esta palabra, con un contenido tan preciado y deseado por todos (a la mayoría de las personas nos gusta disfrutar), parecería estar, actualmente, relacionada con las actividades y objetos de consumo. Por lo que vemos y oímos, parecería que sólo podemos disfrutar de estar con amigos, siempre que bebamos determinada bebida o fumemos una determinada marca de cigarros o vistamos con la ropa de una firma en particular.

Quizá, en el apuro de esta vida moderna, no nos demos el tiempo para observarnos y darnos cuenta de qué es lo que verdaderamente nos gusta y darnos el permiso, el tiempo y el espacio para disfrutar nuestro propio descubrimiento. Quizá nos emocione el silencio de las bibliotecas y el olor de los libros, o mirar a través de la ventana la puesta de sol o mirar a los ojos y tocar a la persona que más queremos. Quizá sea así..., quizá menos sencillo que disfrutar de lo impuesto.

Entre los múltiples objetivos de este libro, detallados en cada uno de los juegos, deseamos que los padres, docentes y todas aquellas personas dedicadas a la educación de los niños, y que tengan este material en sus manos, se reencuentren y rescaten esta posibilidad de disfrutar con una de las actividades más antiguas que es el *juego*.

Con elementos como instrumentos, libros, pinturas, etc., deseamos acercar a los niños al mundo del arte y de la cultura, comenzando por darles la posibilidad de que vivan la magia de la música, disfruten de las coloridas imágenes de sus cuentos y experimenten con el color, olor y tacto de las pinturas y del ruido que hacen al mezclarlas con las manos...

Observar sus propias producciones y hacerlo detenidamente fomentará en ellos un espíritu crítico, pudiendo discriminar entre lo que les gusta y lo que no.

Deseamos de todo corazón que, recorriendo las páginas del capítulo «Disfruta del mundo mágico de la cultura», los adultos se reencuentren con el juego y que, junto con ellos, sus hijos se diviertan y aprendan. Sin pretender hacer niños máquina que sólo funcionen con el «estímulo-respuesta» y, a través del movimiento y del ritmo, ayudarles a desarrollar la habilidad de pensar con lógica y cómo aplicarla a la vida cotidiana.

> «La lógica es la ciencia que tiene por objeto determinar, entre todas las operaciones intelectuales que tienden al conocimiento de lo verdadero, cuáles son válidas y cuáles no lo son.»
>
> ARISTÓTELES

5.2. La lógica: movimiento, ritmo y lenguaje

Nuestra sociedad funciona con la lógica binaria, y esta función lógica debe ser posibilitada en el niño pequeño a través de los siguientes parámetros:

— Relaciones sensibles y sensoriales. Audición y lenguaje.
— Relaciones en el espacio. Prelectura, preescritura y conceptos matemáticos básicos y de cálculo.
— Conciencia de las relaciones.
— Acceso al número.

5.2.1. RELACIONES SENSIBLES Y SENSORIALES. AUDICIÓN Y LENGUAJE

A este apartado pertenece el lenguaje. El pensamiento y el lenguaje se generan mutuamente. Así, desde pequeño, el niño aprende a hablar y a pensar a la vez. Un niño pequeño de dos años y medio a tres puede dominar bastantes conceptos, aunque no use más de 300 palabras. El lenguaje se aprende debido a la formación de circuitos neuronales en el cerebro y sólo se adquiere en la primera infancia y en contacto con los padres o personas cercanas. Comienza con los sonidos (véase *Todo un mundo de sensaciones*, Ed. Pirámide); de ahí la importancia de los juegos sonoros con ritmo. Hay que dejar que, al principio, los sonidos y los ritmos actúen sobre los sentidos del niño. El movimiento del cuerpo reflejará que se ha establecido una relación entre los sonidos y los sentidos. La periodicidad del ritmo de los sonidos será entre 2 y 10 segundos. Se establece un diálogo rítmico con el niño, quien escucha y sigue el movimiento. El niño, al sentir la regularidad del sonido y reflejarlo en el movimiento rítmico y ordenado, comienza a adquirir y sentir globalmente cierta armonía. Es conveniente cantar canciones unidas a gestos para que, de esta manera, el niño aprenda a distinguir, diferenciar y reconocer la percepción global de las relaciones de equivalencia y orden. Es beneficioso utilizar los juegos sensoriales para el desarrollo de los sentidos, y así, mediante la percepción, llegar a la identificación de los colores, formas, dimensiones y proporciones.

Existen diferentes criterios sobre el desarrollo del lenguaje. Aquí mencionamos algunos de ellos:

— La escuela de Piaget (*Le Langage et la pensée chez l'enfant*, 1962).
— La escuela de Vygotski (*Pensamiento y lenguaje*, 1977).
— La escuela de Wyatt (en *Pediatrics*, 1965).
— La escuela de Luria (*The role of speech in the regulation of normal and abnormal behaviour*, 1961).

No obstante, la etapa fundamental en la adquisición del lenguaje oral se suele situar entre los primeros meses de vida y la adolescencia, ya que su desarrollo en sí no tiene límites.

5.2.1.1. Qué es el habla y cómo se produce

El órgano del habla produce gran variedad de sonidos diferentes llamados fonemas (nasales y labiales) que pueden ser producidos con diversos sonidos (musicales o guturales).

Los sonidos del habla se producen al exhalar el aire. La corriente que pasa por las cuerdas vocales las hace vibrar generando ondas sonoras. La tensión de las cuerdas determina el tono del sonido. Los sonidos puros se producen en la laringe y en el órgano de la voz, al hacer vibrar el aire que procede de los pulmones, mediante un par de cuerdas vocales elásticas. Luego, la boca transforma esos sonidos en fonemas y éstos construyen palabras empleando los dientes, la lengua, el paladar, los labios y los músculos faciales. El tono del sonido emitido depende de la frecuencia de las vibraciones, que podemos variar estirando o contrayendo más o menos las cuerdas mediante un grupo de músculos que mueven los cartílagos de la parte posterior. En el caso del llanto del bebé, antes de producirse, va precedido de un momento de silencio, que es cuando aspira profundamente aire, bajando el diafragma; por eso, es capaz de llorar con tanta resistencia. Es el mismo mecanismo que aprenden, en el canto, los cantantes de ópera (ya que esa habilidad de usar el diafragma se pierde en la niñez).

Las voces chillonas de los niños se deben a su anatomía y no a sus ganas de molestar, como se puede creer, ya que sus cuerdas vocales son cortas y emiten sonidos agudos. Para hablar en voz baja, susurrar o cuchichear, no usamos las cuerdas vocales, sino directamente el aire, que sale transformado en palabras con la ayuda de la lengua, los dientes, el paladar y los labios.

Producir el habla en sí ya es un sistema complejo, y para convertirlo en lenguaje necesita de una capacidad intelectual determinada.

El desarrollo del lenguaje está íntimamente fusionado con el desarrollo de la inteligencia. Su mecanismo y etapas serían los siguientes:

5.2.2. RELACIONES EN EL ESPACIO. PRELECTURA, PREESCRITURA Y CONCEPTOS MATEMÁTICOS BÁSICOS Y DE CÁLCULO

El niño comienza por situar todo con relación a su cuerpo; así comenzarán las primeras posibilidades de acción. Si tuvo la oportunidad de moverse en libertad desde el nacimiento, habrá adquirido una notable riqueza de movimiento que quedará almacenada en su memoria corporal. Esto será beneficioso para el conocimiento de las relaciones en el espacio. El niño, por tanto, tiene que crear su esquema corporal y luego colocarlo y moverlo adecuadamente por el espacio que le rodea para poder leer, escribir y calcular correctamente para la edad escolar.

5.2.2.1. Prelectura y preescritura

Para el niño pequeño, la lectura y la escritura consisten al principio en un aprendizaje, es decir, en el establecimiento de unas relaciones estables entre las percepciones y acciones en función de un significado (B. Audrey, *La dyslexie, maladie ou erreur pédagogique).*

Tenemos que diferenciar dos estadios muy distintos en la educación de la lectura:

1. El período de aprendizaje.
2. La lectura verdadera.

Este aprendizaje viene condicionado por unos factores como:

— Posibilidades de análisis y comprensión de los símbolos, que aparecen alrededor de la edad de cinco a seis años. Por tal motivo, no tiene ningún sentido comenzar con anterioridad, ya que el niño simplemente sabrá reconocer un texto o letra en una ficha, pero no sabrá interpretarla.
— Un lenguaje correcto.
— Destreza en la coordinación neuromotriz que permita la rapidez y precisión, condición para el desarrollo de la escritura.
— Las posibilidades de atención y memoria, captación inmediata de series dispuestas en el espacio y ordenadas en el tiempo.
— Las habilidades motoras y neuromotoras correctas: seriación, visión y movimientos de izquierda a derecha.
— Éstas son sin duda las condiciones neuroperceptivo-motrices necesarias para poder adquirir en el futuro una lectura y escritura correctas.

Cómo hacerlo: Los juegos del esquema corporal son fundamentales, ya que todo el cuerpo debe participar en la acción, piernas, brazos, gestos simples, amplios y grandes que van complicándose progresivamente. Cantos, bailes, utilización de los brazos y piernas indistintamente. Juegos con el saquito de arena para perfeccionar el tacto y movimientos de los dedos. Recuerda que el niño en el colegio escribirá en pizarras, en mesas. Los juegos con figuras redondas y alargadas que luego se parecerán a las letras. *Clasificar* estos objetos. *Capacidad perceptiva-visual* del movimiento de la mano de izquierda a derecha (bandeja de hielo), agrupar linealmente cubos, juguetes, en esta dirección.

Series lineales

Pelotas grandes y pequeñas del mismo color.
Pelotas del mismo tamaño pero de distinto color.

Estructuración espacial

Todos los juegos mencionados anteriormente sobre descubrir el espacio, llevando, empujando, agrupando objetos.

Incorporando el ritmo, los sonidos y la intensidad de los mismos.

Juegos con dos y tres sonidos o ruidos diferentes, los tambores, la caja de música.

5.2.2.2. Conceptos matemáticos básicos y cálculo

El cálculo o las matemáticas, antes de ser una actividad intelectual, son, en principio, *acción*.

El niño, para adquirir el concepto del número, necesita una actividad real, experimentada en el mundo de los objetos. Según J. M. Lerner *(L'initiation mathématique au cycle élémentaire)*, el razonamiento matemático es una manipulación imaginaria de objetos imaginarios, pero esta manipulación imaginaria implica el recuerdo y la integración, en el aparato conceptual, de una actividad anterior real.

Todos los juegos de anticipar o descubrir objetos escondidos fomentarán esta capacidad.

Adquirir la noción de *cualidad*, como forma, tamaño, peso y color.

Comparar dos o tres objetos diferentes, comparar dos o tres objetos parecidos.

Comparación de dos objetos, uno con relación al otro.

Noción de *igualdad*. Buscar objetos iguales en forma, tamaño y color.

Colocar por *orden-seriación*. Volúmenes, colores, tamaños, parecidos, diferentes, de inferior a superior, de superior a inferior. Al principio no dominará estos conceptos, pero, a través de los juegos o juguetes, practicando e imitando, tomará contacto a través de su motricidad con todos estos conceptos, ya que habrá adquirido una visión global.

Conjuntos: Agrupar objetos. Balones o pelotas y cajas. Se agrupará en un sitio de la sala las pelotas y en otro las cajas. Para el concepto de «igual» se agruparán unas cuantas pelotas en un sitio y otros tantas en otro. Se puede hacer lo mismo en función del volumen: pelotas grandes y pequeñas. Agrupar en función del color, utilizar el rojo y amarillo para comenzar. Con la ayuda del niño, trasladar a otro sitio de la sala; se puede colocar entre los objetos una cinta adhesiva para unirlos de modo que el niño ande sobre la cinta como un caminito entre los objetos.

Comparación de los conjuntos: Agrupar en la sala, en un lado las pelotas y en otro las cajas, encerrarlas con la cinta adhesiva, haciendo un círculo alrededor de ellos. Caminar en círculo sobre la cinta y luego también por el otro círculo. Se pueden unir nuevamente con la cinta los elementos, andando sobre ella. Luego, entre risas, se quita la cinta, ya que esto les encanta a los niños. Con los continuos cambios de objetos de un lado a otro transportando con una simbolización progresiva, el mundo de los objetos se hace un mundo viviente, en el que el cálculo no es una abstracción, sino una realidad. Es necesario este aspecto de la educación lúdica, ya que permite crear las nociones básicas de las matemáticas y cálculo.

5.2.3. CONCIENCIA DE LAS RELACIONES

Se realiza a través de la adquisición del lenguaje. Juegos de arriba/abajo, dentro/fuera, grande/pequeño, grueso/fino, acompañados con la expresión adecuada a la acción. Con esto el niño accederá a la conciencia de la relación de orden de cada dimensión con relación a la otra.

5.2.4. ACCESO AL NÚMERO

Canciones y juegos con conceptos numéricos. Para que el niño comprenda el concepto del número uno, hay que referirse a que él solo forma un conjunto. El dos está relacionado con su esquema corporal: dos manitas, pies, ojos, orejas, brazos, piernas. El tres engloba a un conjunto. Aquí es fundamental el ritmo, juego de chocar los platillos «ma ma ma»... Sólo se accederá al concepto del número cuando el niño haya adquirido la madurez cerebral y neuronal sináptica necesaria para que esto se produzca. De ahí la importancia de establecer una buena base para que, cuando llegue el momento, el niño pueda comprender e integrar el concepto abstracto de lo que significa el número en sí, y además lo haga adecuadamente.

Una vez que el niño haya interiorizado el ritmo y la armonía, podremos pasar a la melodía[1]. Nuestra aliada será la música y las canciones melódicas con letras claras y cortas bien entendibles, referente a los conceptos que él conoce. En el libro *Todo un mundo de sensaciones* insistimos en que, para el niño muy pequeño, lo que importa al cantar es el tono melodioso de la voz; ahora es importante saber cantar. Se pueden poner cintas o CD cantados por niños para que la imitación sea adecuada. Las canciones han de ser en el propio idioma y referirse a acciones o conceptos que formen parte de la vida del niño; puedes inventarlas y añadir actividades cotidianas del niño, como la hora de ir al baño o el momento de guardar los juguetes. Cuando estéis jugando a manualidades, pon música barroca que ayude a fomentar la inteligencia.

La música pasa y resuena en y por el cuerpo del niño; además, facilita la utilización de sus propios recursos. La música nos hace sentir y dominar nuestro aparato respiratorio, decidir si dejamos salir más o menos aire y modular esa expulsión.

La música ejerce sobre el niño una influencia real por:

El tono. Intensidad, grado de elevación de un sonido. Dominar el tono es importante para dominar la intensidad que utilizaremos en el momento del habla.

El modo. Distribución de los intervalos en la escala musical tipo. Sirve para saber modular nuestro lenguaje y darle un mayor sentido a lo que queremos decir.

El tiempo. Cada una de las partes iguales en las que se divide el compás (signo que determina el ritmo en cada composición y las relaciones de valor entre los sonidos). Dar un tiempo determinado a cada frase según la situación en la que nos encontremos.

---

[1] *Ritmo:* se suele confundir con el término «compás». El ritmo es una división cualitativa del tiempo, que puede manifestarse por acentos o por un número determinado de valores correspondientes a un metro dado, pero mientras que éste divide el tiempo de manera cuantitativa, el ritmo califica los sonidos durante su emisión.

Armonía: este vocablo significa la relación orgánica entre los elementos de un todo. En términos musicales, se denomina así al conjunto de normas que ordenan y regulan las relaciones entre las partes de una composición y las articulan entre sí en función de leyes basadas en unos principios acústicos.

Melodía: sucesión temporal de sonidos de distinta altura, dotados de sentido musical. Toda sucesión ordenada de sonidos con independencia de su altura. Melodía = sucesión de sonidos de diverso espectro armónico de ritmos.

Diccionario de la música, Manuel Valls Gorina, Alianza Editorial.

Un tiempo lento denota serenidad, ternura, calma; uno rápido da vigor, excitación y alegría.

Estos dos tiempos se oponen en una estructura temporal idéntica, pasando de una actividad a la otra, tan necesaria para el desarrollo global perceptivo del niño.

La incidencia de la actividad perceptiva e intelectual sobre la integración del ritmo, armonía y melodía se transformará en lenguaje.

5.2.4.1. El lenguaje y el ritmo

Existe un vínculo muy estrecho entre la organización temporal y el desarrollo del lenguaje, ya que la adquisición de la palabra supone:

1. Transcurso en el tiempo: el lenguaje es sucesión de fonemas en el tiempo.
2. Longitud y melodía de las palabras, de las frases.
3. Variación en frecuencia e intensidad.
4. Organización de los elementos percibidos, su fragmentación y su puesta en relación. Análisis y síntesis.

En el fenómeno de la dislexia, del que tanto se habla en los últimos tiempos, un nuevo estudio realizado por los científicos e investigadores norteamericanos del hospital infantil de Boston y Centro Médico Beth Israel Deaconess revela que la dificultad de lectura que padecen los disléxicos podría estar relacionada con un desorden genético. Un niño que padece dislexia suele tener una gran capacidad intelectual, aunque presente problemas para poder aprender a leer o escribir. Tanto en la dislexia como en la disgrafía, que consiste en un fracaso en el aprendizaje de la lengua leída o escrita, precisamente una de las dificultades básicas es la falta de ritmo.

Existe un vínculo de tipo lineal entre la actividad de lectura y la reproducción de ritmos, pues el ritmo es una repetición de series. En las pruebas de ritmo, los mecanismos sensoriomotores, mecanismos de pura repetición, son precisamente necesarios para la adquisición de la descodificación, sobre todo en la ortografía. El desarrollo de la conciencia rítmica está vinculado al desarrollo del lenguaje. En este proceso influye notablemente también el estado emocional del niño; hay que tener en cuenta las modificaciones del ritmo según las emociones vividas en ese instante. La etimología de la emoción es idéntica a la de la motricidad y el movimiento.

Wallon, en sus estudios, resalta la importancia del papel de la afectividad en el desarrollo psicomotor del niño.

Según Dalcroze, «el cuerpo es el intermediario ideal entre los sonidos y nuestro pensamiento y se convierte en el instrumento directo de las sensaciones, emociones y sentimientos»; por otro lado, resalta que: «la educación, bien en el campo particular de la música o bien en el de la vida afectiva, debe ocuparse de los ritmos del ser humano, favorecer en el niño la libertad de sus acciones musculares y nerviosas, ayudarle a triunfar sobre las resistencias y las inhibiciones y armonizar sus funciones corporales con las del pensamiento». Los juegos de movimiento y ritmo con la utilización del lenguaje son necesarios en la educación musical para beneficiar el carácter del niño.

5.3. La música. La necesidad de una educación sensorial y musical en el aprendizaje infantil

En el comienzo de la vida, los datos sensoriales recogidos por los órganos de los sentidos son confusos, y ordenarlos es uno de los resultados de la actividad sensoriomotriz. Al evocar sonidos, los niños se conectan con su memoria, asociando experiencias anteriores que pueden ser de antes de nacer o de los primeros años de vida. Cuanto más cultivado sea su medio ambiente en conocimiento de los diferentes instrumentos y objetos que producen sonidos o voces humanas, más huella dejarán en su memoria, más rico será su conocimiento acumulando experiencias.

Cada persona tiene su ritmo interior biológico y camina en la vida al son de su expresión. A mayor sincronía con el exterior, mayor equilibrio interior. Un niño pequeño, ante un ritmo, responde balanceándose sobre el balón, pero le llevará tiempo y práctica sincronizar sus movimientos. Irá sensibilizándose al ritmo desarrollando la capacidad de percibir las estructuras rítmicas, la aptitud para controlar los movimientos corporales y la anticipación. Todos estos componentes son necesarios para sincronizar el mundo interior con el mundo exterior, tan necesario para encontrar la sensación de la felicidad como también para adquirir un lenguaje inteligentemente expresado. Antes de nacer el bebé, ya en la tripita de mamá, experimenta lo que es el concepto de *ritmo;* escucha los sonidos fisiológicos de la madre, el corazón, el torrente sanguíneo y los ruidos intestinales. Si mamá da largos paseos o realiza diferentes actividades con tranquilidad y regularmente, tanto en casa como en el trabajo, el bebé percibirá con *armonía* el placer de estos movimientos simultáneos y diferentes, pero acordes. Cuando la mamá canturrea, durante el embarazo, canciones o cuentos repitiéndolos varias veces, el bebé adquiere la noción de la *melodía.* De esta manera, el niño, antes de nacer, irá familiarizándose con los conceptos de *ritmo-armonía-melodía,* tan importantes luego para un adecuado desarrollo de la inteligencia y del lenguaje.

Con el despertar de los sentidos, la música no se entiende, se siente; el niño aprende a escuchar y el sonido adquiere una significación mágica como comunicación no verbal; los ritmos musicales seguirán los matices:

— **Del tiempo:** duración corta es movimiento rápido y duración larga es movimiento lento.
— **De la intensidad:** sonidos fuertes: golpear el tambor con fuerza, y sonidos débiles: golpear el tambor suavemente.

Al golpear sobre un tambor, el niño tiene dificultades para controlar su impulsividad en este tipo de situación. Encontramos dos clases de niños: el niño hipotónico, en el que prevalece una cierta inhibición de los tiempos cortos y los sonidos fuertes, y el niño hipertónico, para el cual la música constituye un sedante para su actividad tónica, por lo que se le ofrecerán tiempos más largos y sonidos débiles.

El ritmo, como movimiento que es, exige espacio y tiempo. El perfeccionamiento de los movimientos en el espacio asegura la conciencia del ritmo plástico, es decir, de los movimientos en el tiempo y en el espacio; éstos sólo pueden adquirirse por medio de ejercicios con ritmo y juegos musicales.

Por todo esto sabemos que el niño siente la necesidad de:

— Expresarse como ser humano independiente.
— Producir música, sonidos.
— Diseñar diversas situaciones de aprendizaje sonoro y/o musical.

La exploración sonora le sirve al niño para enriquecer la capacidad de discriminación auditiva e interrelacionarla con la percepción visual y analógica del desplazamiento temporal y espacial del sonido.

La calidad de estas experiencias dependerá de las diferentes maneras de percibir el mismo fenómeno. La percepción está relacionada con la audición sonora y musical y precisamente con la «escucha», uno de los contenidos fundamentales de la educación musical.

No es lo mismo oír que escuchar. El niño puede OÍR, pero cuando presta atención y por medio del oído registra y percibe lo que oye, entonces decimos que el niño ESCUCHA. En los niños pequeños entre los 9 y 11 meses —la edad en que más abiertos están para recibir sonidos— es muy común que presten una atención muy marcada y que perciban con nitidez los sonidos, llegando hasta a reconocer visualmente el instrumento. Ésta es la forma más lúdica para obtener en el futuro una concentración sostenida en el niño y prepararlo para la entrada en la escuela, evitando así el fracaso en el aprendizaje.

> «Todo ser humano, en su alma, tiene un sonido muy bajito, su nota. Es el sonido de su esencia, de su ser. Y si los actos de su vida no coinciden con esa nota, esa persona no puede ser feliz.»
>
> NIKITA MIJALKOV

5.4. Imaginando, creando, inventando

5.4.1. INTRODUCCIÓN

Todo el mundo en su interior tiene la creatividad latente, y los niños, por supuesto, sienten pasión por la pintura. Con los juegos de pintura lo que pretendemos es destapar la chispa de la inspiración en el pequeño. Compartir junto a él la aventura de una vida creativa. Nuestro pequeño artista disfrutará realizando trazos sobre papel con ceras de colores, lápices, pintura de dedos. Sus manos se moverán de aquí para allá, haciendo trazos, ondas, círculos, con un estilo totalmente libre. Intenta no imponer tu criterio de adulto a la hora de plasmar su idea. Simplemente admíralo, y así tu pequeño artista continuará expresándose con sensibilidad.

Paloma. La historia de un collage (E. Fodor)

Me acuerdo como si hubiera sido ayer. Una niña de 20 meses, con sus ricitos dorados, empujaba la caja con una precisión increíble por la sala de juego. Ella era Paloma. A unos centímetros de la pared aparcó su caja, la miró, la tocó, le dio la vuelta y estuvo experimentando con ella un buen rato; hasta que apareció la «caja de música». Con la nueva actividad su entusiasmo crecía, al ver cómo su primo Alejandro revolvía en la caja en busca de un instrumento. Rápidamente, entre los dos, montaron una orquesta improvisada con sonidos rítmicos, palmadas y risas. Al terminar la clase de música pasaron a la pintura.

Es aquí donde comienza una pequeña gran historia. La figura 3.6 (pág. 193) es la reproducción del *collage* de Paloma. El dibujo comenzó con unos trazos finos, y después fue colocando plastilina de color amarillo y rojo aplastándola con sus deditos, mientras observaba atentamente su creación agregando, con el lápiz, trazos fuertes y finos. Al echarle el último vistazo, cogió decididamente el lápiz, colocando los puntitos en el lado izquierdo superior del cuadro. Yo, como profesora de la clase, me quedé atónita al ver su precisión, decisión, concentración y gusto estético, teniendo en cuenta su edad. Al observar su trabajo, ya me imaginaba cómo iba a ser de mayor. Lo que más me llamaba la atención era el conocimiento espacial que había adquirido, tanto corporal como visualmente. Nunca la pude olvidar y guardé su cuadro.

Lo que no me imaginaba era que un día iba a encontrármela. Pero así sucedió, cosas del destino. Los rizos dorados de la pequeña Paloma se habían convertido en espesas y hermosas trenzas, y ella en una adolescente sensata, cariñosa, inteligente, íntegra y alegre. Tal cual yo la veía de pequeña.

Ojala que la nueva generación tenga muchas Palomas.

5.4.2. Recetas mágicas para jugar

Para facilitar a tu pequeño la realización de «grandes obras de arte», sugerimos unas recetas mágicas que podéis elaborar juntos y así hacer más divertida la actividad. Te aconsejamos vivir la experiencia junto a tu pequeño compartiendo comentarios y disfrutando de las «tertulias» que surgen durante el juego.

Os deseamos de todo corazón mucha imaginación y creatividad para vivir el mundo mágico de la pintura entre mamá, papá y vuestro hijo.

5.4.2.1. Pintura de dedos

Medio vaso de harina de maíz.
Dos vasos de agua hirviendo.
Un vaso de agua fría.
Colorante vegetal.
Un sobre de gelatina sin condimentar.

Echa la harina de maíz con ¾ del vaso de agua fría en una salsera y mézclalo bien. Vierte ¼ del vaso de agua fría en un plato aparte y moja la gelatina. Añade el agua hirviendo a la mezcla de harina de maíz, removiendo a medida que viertes.

Cocina a fuego medio y remueve constantemente hasta que hierva. Cuando la mezcla esté espesa y esponjosa, sácala del fuego y échala en la gelatina disuelta. Cuando la mezcla se haya enfriado, sepárala en recipientes para hacer colores diferentes. Luego añade unas gotas de colorante en cada recipiente y mézclalo.

5.4.2.2. Pintura para la cara

1-¼ cucharadita de harina de maíz.
Media cucharadita de agua.
1-¼ cucharadita de nata.
Una gota de colorante.

Mezcla todos los ingredientes con el palo de un polo. Utiliza varios recipientes pequeños para separar colores. Aplica la pintura sobre la cara de tu hijo con los dedos y ya puede divertirse.

5.4.2.3. Pintar con rodillo

Utiliza un frasco de desodorante de bola como aplicador de pintura. Lava la botella y llénala de pintura. Vuelve a poner la bola. Otra opción es que el niño moje el extremo de la bola en la pintura y lo aplique directamente sobre el papel.

5.4.2.4. Pintura comestible

Para pintar en casa con un material comestible y fácil de limpiar, deja a tu hijo pintar con los dedos en un mantel de plástico o en una bandeja con alguno de los siguientes materiales: pudin instantáneo, gelatina, nata batida, yogur espeso o cereal cocido, como la harina de avena o la sémola, caramelo líquido, bolitas dulces de caramelo y chocolate y casi todos los ingredientes que se utilizan para adornar postres.

5.4.2.5. Jugar con arena

Esparce migas de galleta, cereales, preparados de arroz o harina de avena cruda en una bandeja o similar. Tu hijo se divertirá usando coches pequeños, cucharas u otros utensilios de cocina para hacer colinas, carreteras y pasteles de «arena» comestibles.

Esta actividad es muy buena para los niños pequeños, que suelen llevárselo todo a la boca.

5.4.2.6. Pompas de jabón

Combina lo siguiente:

Medio vaso de líquido lavavajillas.
Ocho vasos de agua.
Dos cucharadas de glicerina (opcional).
Una pizca de azúcar (para que la mezcla cuaje).

5.4.2.7. Pegamento no tóxico

Tu hijo puede pegar diferentes elementos, como fotos, trozos de fieltro o tela, sobre papel de embalar o en un plato de papel.

Para hacer el pegamento utiliza ¼ de un vaso de harina mezclado con ¼ de un vaso de leche.

5.4.2.8. Arcilla

Cuatro vasos de harina.
Un vaso y medio de leche.
Un vaso de sal.

Mezcla todos los ingredientes. Cuando tu hijo haya acabado su escultura, colócala en una bandeja y cuécela a 350º hasta que se seque pero sin llegar a tostarse. El tiempo de cocción variará dependiendo del tamaño de la escultura.

5.4.2.9. Para la caja de música

- Maracas: llena botellas de medicamentos que sean de plástico o cajitas de plástico pequeñas de las que se usan para meter en la nevera con arroz, judías, macarrones o cuentas de colores. Asegura las tapas con pegamento o con cinta aislante.
- Platillos: puedes usar dos tapas de cacerola pequeñas.
- Tambores: botes de café, cajas de cartón o cubos grandes de plástico.
- Palillos: utiliza cucharas de madera o espátulas de caucho.
- Guitarra: pon gomas elásticas en una caja vacía de pañuelos de papel.

Si tu hijo tiene amigos o hermanos, puedes formar tu propia banda musical.

5.4.2.10. Puzles caseros

Puedes fabricar puzles caseros pegando fotografías de revistas, postales o fotos en cartón o cartulina. Luego, recorta la figura en tantas piezas como sea apropiado para la edad de tu hijo. A partir de los 18 meses puedes comenzar por dos piezas para ir aumentando a cuatro hacia el segundo año.

5.4.2.11. Mi casita

Tu hijo quizás necesite su propio espacio para sentirse alejado de todo. Hazle una tienda de campaña para que pueda esconderse dentro, poniendo una sábana o manta sobre una mesa o dos sillas. Haz una cama con mantas, sábanas, cojines o un saco de dormir. Si le añades algunos de sus animales de peluche favoritos para hacerle compañía, la tienda de campaña se convertirá en un refugio acogedor. Incluso a los niños a los que no les gusta dormir la siesta se les puede hacer entrar en la tienda para dormir un rato con sus muñecos.

También puedes aprovechar una caja grande de una lavadora o una nevera. Corta un cuadrado como ventana; has de cortar la puerta de forma que quede unida por un lado para poder abrirla y cerrarla. Hazle un agujero en la mitad, cerca del borde, e introduce una anilla con una cinta para que se pueda abrir y cerrar.

6

Consejos útiles

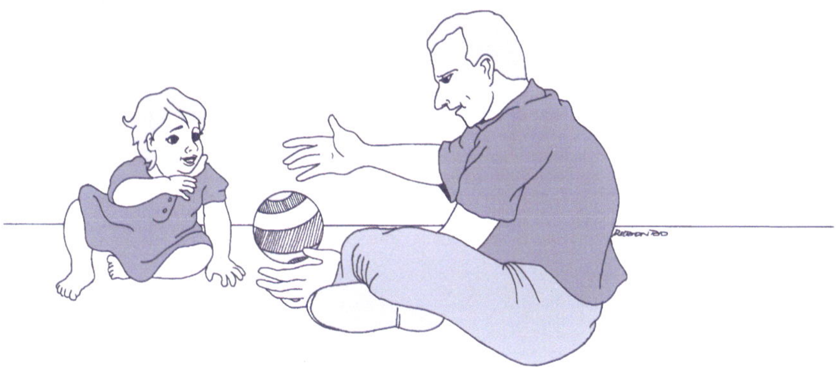

«Os amo. Respétame, acéptame como soy.»

6.1. Todo a la boca

6.1.1. El chupete. Sí o no o cómo dejarlo

Es necesario distinguir entre una oralidad normal o exagerada (véase *Todo un mundo de sensaciones*, Ed. Pirámide). Nosotros te aconsejamos que no le quites ni los juguetes ni el chupete a la fuerza, podría causarle ansiedad. Cuando ya sea mayor, cerca de los dos años, le explicas que el chupete es de niños pequeños, y él ya es muy mayor, ya que sabe hacer... (aquí le mencionas aquellas actividades que el niño sabe realizar y le dan placer).

Invítale a que, cuando ya no necesite el chupete, él mismo lo pueda tirar al cubo de la basura y le muestras dónde está. Por favor, no te obsesiones y no insistas todos los días con el tema. Verás que él un día lo tira solito. No obstante, es posible que para la noche se haya arrepentido y pida su chupete. Trata de distraerlo contando un cuento que le guste o realizar algo que a él la dé placer. También puedes recurrir al pensamiento mágico, colocando su osito debajo de la almohada, diciéndole: «El osito te abraza, te acaricia y se queda contigo toda la noche». Este recurso también es válido para afrontar los miedos irracionales de las noches.

Recuerda

Él siente curiosidad por las cosas y la boca le permite relacionarse directamente con el mundo que le rodea y obtiene información sobre los objetos. Es su tercer ojo.

6.2. Acondicionar el espacio

En caso de no poder llevar al niño a los «grupos de juegos», es necesario organizarse en casa. El niño, desde que comienza a gatear y dar sus primeros pasos, está lleno de energía. Esta energía motriz se vuelca en el juego y le permite desarrollar su creatividad y experiencias para resolver problemas a través de su corporalidad. Tendrás que acondicionar el espacio del que dispones. Una o dos veces por semana, durante una hora aproximadamente, puedes explicarle que la sala se convierte en su sala de juego, donde vais a disfrutar los dos o toda la familia juntos. Retira todos los objetos delicados, coloca los protegeenchufes para tener un sitio amplio y seguro. Hemos hecho un dibujo tipo para tu orientación. Puedes colocar una

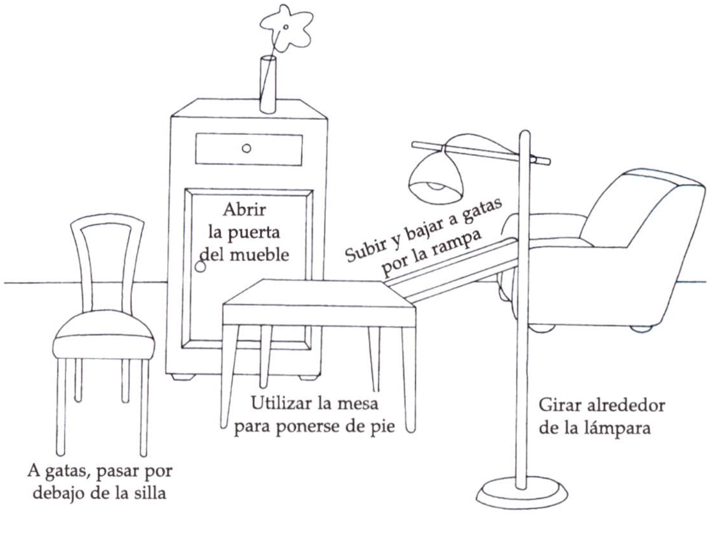

Figura 6.1.

tabla de aglomerado de 80 × 60 cm apoyándola en el sillón para que pueda gatear o andar hacia arriba, girar y bajar, sentarse y explorar todo tipo de movimientos. Es necesario colocar cojines alrededor, pues en caso de caerse no se hará daño. Es necesario que descubra por sí mismo el ancho de la tabla y dejarle resbalar hasta los cojines sin intervenir, pero vigilando para evitar que se haga daño. Festeja con grandes carcajadas cada uno de sus logros. En caso de necesidad podéis usar la tabla de planchar, pero cuidado porque es más angosta.

Pasar a gatas por debajo de las sillas, mesa, ponerse de pie cogido de la mesa, andar con paso lateral alrededor de ella enseña al niño las maravillas del desplazamiento motor. Colocar un balón o una pelota con una cuerda en la lámpara a la altura del niño para que al pasar por debajo pueda tocarlo con la mano. Girar en ambas direcciones alrededor de la lámpara. Jugar a: «cucú-tras» detrás del sillón y al juego «que te pillo». La mesa puedes cubrirla con un mantel y esconderte detrás. También abrir la puerta del mueble, entrar y salir, cerrar y abrir la puerta, usarla como una casita colocando cacharros, cucharitas y frutas de plástico para jugar a las casitas. Si es un mueble con cajones, esconder juguetes siempre diferentes dentro y dejar que al abrir pueda cogerlos. El juego siempre tiene que ser con buen humor y con grandes risas y festejando, aplaudiendo con las manos sus logros, diciendo: «¡qué bien!, lo has hecho fenomenal, eres un campeón». Una vez terminado el juego, juntos vais a recoger, explicándole que por hoy se ha terminado, pero otro día vais a volver a jugar. Así tendrá claro que sólo en estas ocasiones se utiliza la sala para jugar. Esto tiene que quedar muy claro. Entonces tienes que ofrecerle otro juego; puedes aprovechar para darle la merienda, jugar a manualidades, cantar juntos: «a guardar, a guardar»; así asociará el acto de guardar sus juguetes con la palabra expresada.

Se debe permitir que el niño, desde pequeño, colabore con el adulto en hacer todas las actividades de la casa; hay que incorporar al niño a la vida cotidiana. Mientras estáis jugando, déjale ir hasta el final de sus iniciativas; no importa tanto el objeto en sí como todas las actividades que ha permitido desarrollar.

El niño desarrolla sus capacidades motrices y psíquicas interiorizando sus experiencias. Un niño que esta interrumpido y contrariado y no puede llegar hasta el final de su experiencia será un niño insatisfecho y no podrá concentrarse en sus actividades. Para evitar el fracaso escolar es fundamental que el niño domine tanto su fuerza motriz como la concentración. La capacidad de concentración es una capacidad aprendida y se convierte con el tiempo en un don precioso. Hay que respetar su ritmo, sin prisas: el niño no entiende el concepto del tiempo y las prisas le causan ansiedad y falta de atención. Obsérvale cuando juega concentrado con unas cajas o cuencos: tal vez para ti no tenga ningún valor en sí el jaleo que se trae con las tapas y cacharros, pero para él es *la actividad que él mismo se ha impuesto* y esta experiencia es fundamental para su porvenir, para convertirse en un estudiante motivado, interesado y concentrado en sus deberes y más tarde en un adulto lógico, coherente y automotivado, en una palabra, en un ser humano.

6.3. La independencia

La independencia comienza en su forma más elemental con el gateo, cuando el niño puede voluntariamente acercarse o alejarse de los juguetes, objetos o personas. Irá aumentando con la marcha y, según sea el comportamiento de los padres, se independizará paulatinamente, para sentirse en su salsa, sobre los tres años.

La autosuficiencia es un camino lento, con sus etapas de progreso y retroceso. Este proceso es clave para la maduración del niño y por ello es un punto clave en su vida. Los padres necesitan orientación para evitar actitudes que puedan obstaculizar esta evolución. Es bueno que el niño haga cosas por sí mismo (no importa si no le salen perfectas), eso le ayudará a fomentar su autoestímulo para intentarlo una «próxima vez», siempre que sepa que *alguien* (papá, mamá...) está ahí por si él le necesita. Sólo si el niño cuenta con una figura estable se sentirá seguro y deseoso de independizarse.

También es bueno saber que, mientras el bebé indica algo con su dedo pero mantiene sus ojos en la cara de mamá, *no significa* que esté interesado en lo que señala, sino que hay algo nuevo que ha descubierto y esto le da inseguridad. Él está pendiente de la cara de mamá: si ésta le devuelve una sonrisa y le habla suave, él volverá a recuperar la confianza (no hay peligro); pero si la madre, con pánico, le dice: «No vayas por ahí que está la carretera y es peligrosa», él se asustará y se pondrá a llorar (no por la prohibición, sino por la expresión de la cara de mamá y su voz).

Consejos a seguir para mantener la armonía:

— Si no desea ir en la silla, no te enzarces en una batalla y déjale andar empujándola.
— No hagamos que el niño viva el proceso de independencia con sentimientos de culpabilidad, diciendo: «Ahora te vas con tu amigo y dejas sola a mamá, pobrecita».
— Para que las ventajas de hacerse independiente sean mayores que los inconvenientes, debes estar presente, pero sólo cuando el niño realmente te necesite le responderás con cariño reconfortándole. Sólo así recuperará la confianza en sí mismo.
— En caso de caerse, observa su reacción, deja que se levante solo y, si se hizo «pupa», recógelo diciendo las palabras mágicas: «sana, sana, culito de rana». Mimos mejor que argumentos.

6.4. Cómo educar sin miedo

No te asustes, tu pequeño se va convirtiendo paulatinamente en un perfecto tirano. Te preguntarás: «¿Cómo es posible?, este bebé tan cariñoso y delicioso de repente se ha convertido en un tirano». Es normal. Ha crecido, madurado y su personalidad está en pleno desarrollo, pero todavía es muy primitivo. Mientras tú le permitas hacer de todo, él considera que estás a su favor; de lo contrario, cree que estás en su contra. No entres en esta trampa, creyendo que él te dejará de querer. Todo esto no tiene nada que ver con el amor. No os vais a querer menos si estableces unas normas y límites; al contrario, es justamente lo que busca el niño. Él no sabe lo que es correcto o no. Tú eres quien tiene que enseñarle con mucho amor, pero con firmeza. Pon en práctica nuestro consejo:

— Convierte la expresión mímica y el tono de voz en una recompensa o en una inhibición. Si estás de acuerdo con el comportamiento del niño, sonríele, acarícia le, elógiale y juega con él a algo con lo que disfrute.

Cada vez que el niño haga algo que no debe, adopta un tono estricto y frunce el ceño para que el niño deje de hacer lo que no debe.

Puedes levantar el dedo en señal de prohibición. Cuando lo ha comprendido y deje de hacer lo que no debía, vuelves a jugar con él, y de esta manera queda muy claro que tú desapruebas su conducta, pero no a él como persona. Nunca le digas que es malo o que no le quieres por lo que hizo.

Posiblemente el niño pondrá carita seria o triste, incluso puede ponerse casi a llorar; no te preocupes: tiene que experimentar el sentimiento opuesto y pasar por momentos ocasionales en los que se sienta mal para saber que su conducta no era la correcta.

Hay que permitir al niño comprender que los cambios dependen en gran medida de su conducta. Si se porta mal, muchos de los aspectos agradables de la vida se desvanecerán, pero nunca el amor de sus padres. La seguridad emocional del niño surge si los padres recompensan a su hijo cuando se comporta de la manera deseable, pero reaccionan frente a su conducta indeseable de tal manera que el pequeño comprenda que esa reacción no está aceptada.

Así aprenderá, con el tiempo, a adaptar su conducta no sólo a sus necesidades, sino también a las necesidades de los demás.

6.5. Los límites

Establecer los límites es fundamental en la educación del niño pequeño. En caso de no haberlos establecido desde el principio, el niño se vuelve caprichoso, sobreexcitable, inquieto e inseguro, recurriendo cada vez a cosas más insólitas y peligrosas con tal de llamar la atención. El niño cree que a nadie le interesa lo que le pasa. Los límites le dan *seguridad* y *protección*. El niño empezará a comprender las prohibiciones, la palabra *no* y las órdenes a partir de los diez meses, coincidiendo con la etapa de la separación de la madre. En casa todos tenéis que poneros de acuerdo sobre cuatro o cinco cosas que estarán prohibidas para el niño y entonces se le explica cuál es el motivo por el cual no puede hacer esto o aquello. Utiliza gesto y tono de voz duro y firme y recuerda ser consecuente y coherente con tu decisión. Si tienes poco tiempo de estar con el niño, no quieras compensarle siendo permisiva y así, tal vez, evitar la sensación de culpabilidad. No hay nada por lo que te debas sentir culpable. Lo importante no es la cantidad, sino la calidad del tiempo que estáis juntos.

Los límites son indispensables para un correcto y equilibrado desarrollo de la personalidad. Hay que prohibir:

— Todo lo que le haga daño.
— Lo que hace daño a los demás.
— Cuando destruye los juguetes y objetos con actitud agresiva y caprichosa, y no con la finalidad de descubrir cómo son las cosas, investigando.

Si te encuentras en la necesidad de negarle algo rotundo, antes es mejor que busques otra opción para ofrecerle. Siempre la hay.

Recuerda

Un niño amado, aceptado y respetado será feliz, y si los límites establecidos han sido consecuentes, se sentirá seguro y con una buena autoestima que será fundamental en la edad adulta para autovalorarse.

Atención a...

Las expectativas que desarrollamos en torno a nuestros hijos pueden ser deseos nuestros insatisfechos que ahora vemos la oportunidad de que se cumplan.

Recuerda

No utilices a tu hijo para cumplir tus sueños.

6.6. Pautas de comportamiento

EDAD	✓ LO QUE DEBES HACER	✗ LO QUE DEBES EVITAR
6-12	✓ Colocar al alcance de su mirada y de su mano objetos que produzcan sonidos variados. ✓ Juegos en que el concepto de dar y recibir sea la base. ✓ Permitirle gatear por un sitio amplio y seguro de la casa. ✓ Proteger enchufes, asegurar puertas y cajones y las mesas bajas para que no se haga daño. ✓ Hablarle mucho explicando las acciones que lleváis a cabo. Si te vas de casa, explícale que te vas y dale una pauta para la vuelta (por ejemplo: «mamá volverá cuando tú hayas cenado»).	✗ Dar gritos o voces desaforadas en su presencia. ✗ Forzarle a realizar actividades antes de haber logrado el desarrollo madurativo necesario. ✗ Prohibirle romper papeles y arrugarlos, coger objetos y tirarlos, ya que son acciones que necesita hacer para aprender. ✗ Dejarle solo mucho tiempo, ya que necesita el contacto humano y la presencia del otro de una manera vital. ✗ Reducir el tiempo de jugar, comunicarse y hablar con el pequeño y prohibirle coger los alimentos con la mano o utilizar la cuchara. ✗ Regañar con gesto cariñoso o riendo y así confundir al niño. Gastar bromas como si se estuviera enfadado. El niño no lo entiende.
12-18	✓ Pedirle que te haga pequeños recados para traer y llevar cosas de un sitio a otro. ✓ Utilizar frases cortas de dos o tres palabras para pedirle algo. Poco a poco podrás ir complicándolas. ✓ Dejarle que realice las cosas él solo siempre que le sea posible. Dejarle que se equivoque.	✗ Prevenir al niño con mensajes como «no corras, que te caes», «no te muevas», «cuidado», «ya decía yo que te ibas a caer»... ✗ Ignorar las demandas del niño cuando señala con su dedito algo determinado. ✗ Utilizar palabras peyorativas como: torpe, malo, inútil, tonto, plasta...
18-24	✓ El niño comienza a tener interés en terminar lo que empezó. Aliéntale a acabarlo para que en el futuro sea un adulto responsable. ✓ Comienza a jugar a juegos de imitación de la vida real. Juegos de simbolización. ✓ Esconder cosas y luego buscarlas es un juego importante en esta etapa. ✓ Tener conversaciones con él y leer cuentos juntos.	✗ No participar en su juego y anticiparse a las ideas del niño sin dejarle tomar sus propias decisiones y caminos durante el juego. ✗ Impedir que el niño haga por sus propios medios cuanto sea capaz con el fin de terminar antes. ✗ Perder la paciencia. Cada niño tiene su ritmo. A los dos años se estrena la función de la capacidad de la anticipación como signo de inteligencia. Empieza a ser capaz de representar y evocar objetos, acciones y situaciones que ocurrieron con anterioridad sin necesidad de tenerlas presentes, pero necesita su tiempo para ello.

6.7. La rutina diaria

Para que tu hijo tenga una personalidad equilibrada es fundamental establecer una rutina diaria amena, pero rutina al fin y al cabo.

Por las mañanas al despertar podéis abrir juntos las cortinas mostrándole el sol, el cielo, las nubes o todo aquello que vuestra mirada pueda abarcar desde su cuarto, explicándoselo con palabras sencillas y bonitas. Coméntale también cuál será el próximo paso en su programa diario; así él aprenderá a anticipar los hechos, se sentirá más seguro y obtendrás su colaboración.

Antes de las comidas es conveniente que preparéis juntos tanto el sitio donde va a comer como la comida, contándole en todo momento lo que estáis haciendo. Dale la cuchara, enséñale cómo usarla, pero no insistas, muchas veces cogen con los deditos los trocitos pequeños o meten la mano en la comida para poder comer solos. Déjale, no intervengas, él tiene que aprender a comer solo, y si tú te decides a darle la comida para que no se ensucie, por prisas o por motivos educativos, él dejará de comer y muchas veces puedes encontrarte obligada a tener que darle de comer hasta los tres o cuatro años.

El niño disfruta tocando la comida, pues su sentido del tacto está muy desarrollado. En caso de poder tocarla a sus anchas, será un niño que probará con gusto los nuevos alimentos y no será difícil para comer. Si le permites comer solo y a su manera, en el segundo año encontrará placer al imitar a mamá o papá en su forma de comer. En caso contrario, el niño se pondrá rabioso y se opondrá a todos tus deseos. Babeará, escupirá, cerrará la boca, tirará la comida y lo utilizará para chantajearte, ya que se habrá dado cuenta de cuál es tu punto débil. Tampoco insistas en las cantidades. Ningún niño se ha muerto de hambre, y ellos saben muy bien la cantidad que necesitan.

Hay que evitar decir: «Esta cucharada por mamá...». Distraer con cuentos o canciones.

Todos los conflictos con la comida en la edad adulta se establecen en esta etapa, pero aparecen a largo plazo. Deja que el niño siga su desarrollo natural antes de imponerle una «educación» que no es la correcta para su edad.

En caso de dormir la siesta, tendrá que ser en su cuarto y en su cama, con la cortina cerrada, con su osito o muñeco y explicándole que ahora todos vais a dormir la siesta o en su defecto él y su osito, y que luego iréis de paseo (explicar la actividad que vayáis a realizar).

Nunca le prometas algo que no puedas cumplir. El niño tiene muy buena memoria y no te perdonará que le hayas mentido.

Al ir de paseo, deja que lleve sus juguetes o al menos alguno especial que le haga ilusión. No le condiciones a tus deseos pensando: «Qué lata llevar el triciclo o el cochecito, luego soy yo quien tiene que cargar con ello». El niño va a jugar y a disfrutar y no a frustrarse ya de antemano. Acuérdate de que le estamos enseñando el sentido del humor, la alegría, y no a estar contrariado, con prisas y tensiones. Otro de tus problemas a la hora de que el niño lleve un juguete al parque puede ser: «Este juguete no, ya que siempre armas el follón por no querer compartirlo con nadie, eres un egoísta». Vete olvidando de ese pensamiento, ya que ningún niño quiere compartir sus juguetes. Los adultos tampoco queremos compartir nuestras motos, bicicletas, coches, casa... No te empeñes diciéndole en todo momento que deje sus juguetes al amiguito. Al contrario, dile: «Hijo, comprendo que ese osito no quieras prestarlo, es tuyo y sólo tuyo, es tu preferido; ya habrá cualquier otra cosa que podáis compartir para jugar todos los niños juntos». Trata de inventar algún juego entre todos. Los niños que son respetados en sus sentimientos auténticos serán más generosos de mayores. Demuéstrale en casa la generosidad, así él podrá imitarlo.

Si ha cogido una rabieta de las buenas, no te desesperes. Es frecuente entre los 12 y los 24 meses. El niño se encuentra desbordado en sus emociones, está confundido, no sabe todavía controlarse y esto le asusta. Además quiere ser independiente, pero sabe que depende de ti, y así aparece la dualidad. Tú puedes actuar de dos maneras diferentes, observa cuál de las dos funciona mejor con tu hijo.

¿Qué hacer ante una rabieta?

Hay niños que quieren ser abrazados en estos momentos para sentir a través del lenguaje corporal de su madre los límites de sus emociones, ya que se sienten desbordados por ellas. Utiliza una voz tranquila, calmándole diciendo: «Estás furioso, es normal, desahógate y luego ya se te pasará. A mí también me ocurre algunas veces».

Otros, en cambio, quieren estar solos. Patalean, gritan y no quieren que les toquen. Hay que respetarles y dejarles solos. En unos momentos se les pasará y volverán como si nada hubiera pasado. No hay que recordar lo que sucedió.

Cuando **señala con su dedito** la carretera que se encuentra al lado del parque, no te asustes, él no irá por ahí. Obsérvale: si su dedito indica en una dirección pero la mirada la sostiene en tu cara, esto significa que ha visto algo nuevo y esto le produce inseguridad. Su seguridad depende de la expresión de tu cara y de tus gestos. Si tú estás relajada con una gran sonrisa, tranquilizando al niño, él estará feliz, tranquilo y habrá recuperado su seguridad; en este caso puedes decir: «Sí, cariño, es algo nuevo para ti pero no pasa nada». En cambio, si tú estás nerviosa, irritable y preocupada, pues crees que se quiere ir a la carretera, él se asustará y se pondrá a llorar. Tú crees que él llora porque no le has permitido ir a la carretera, pero no es así, él se asustó al ver tu cara y ha deducido que lo que ocurría no era nada bueno.

El niño posiblemente ni se percató de que había una carretera, tal vez vio una flor, un perrito, una mosca o una hormiga y se asustó. ¿A quién recurrir mejor que a mamá para buscar la seguridad? Tú eres su seguridad.

Pasados los dos años, ya es probable que siga con la vista lo que indica; en este caso sí es posible que sepa lo que está indicando.

A la hora de **cenar** es válido el mismo comportamiento que a la hora de comer.

Antes del **baño o de ir a dormir** es conveniente que los juegos que hagáis sean suaves para no excitar demasiado al niño e ir relajando su tono.

Sobre la televisión. En caso de ver un vídeo de dibujos animados o la televisión, antes de dormir, escoge algo divertido, colorido y con un tema agradable. Olvídate de todas las películas en las que las madres desaparecen o los lobos se comen a los niños.

Es bueno compartir con el niño el momento de ver la televisión como una actividad social. Se pueden hacer comentarios sobre lo que estáis viendo. No utilices la televisión como un canguro, ésta tiene un efecto hipnótico, y luego le costará volver a tomar contacto con la realidad. Dejarle solo frente a la televisión le hará sentirse abandonado, como si al fin hubieses logrado quitártelo de encima.

Ver la televisión junto a tu hijo hará que disfrute a tope del momento, al escuchar tu voz, sentirte cerca corporalmente y compartir la misma actividad; además, fomenta el lenguaje y el desarrollo de su inteligencia.

Explícale que después del vídeo o cualquier otro juego viene la hora del baño, la cena o dormir. De cualquier forma, es necesario establecer siempre la misma actividad para que él sepa y pueda anticipar el próximo suceso.

En el baño no tengas prisa, es un momento delicioso para el niño. Hay tantos juegos para realizar en el agua. Ríe y disfruta con él. Utiliza toda tu creatividad con vasitos, tazas, trasvasando agua de un lado al otro, animalitos de goma, libros de plástico, figuras que se puedan pegar en los azulejos... Abrázale al sacarle del agua y ponle una crema hidratante con suaves masajes sobre su cuerpo y pies. Puedes poner alguna música relajante o cantar si se te da bien. Es el momento oportuno para tenerle abrazado con mimos y caricias antes de acostarle, ya que luego no te conviene hacer estos arrumacos o sacarle de la cama.

Al acostarle, debe estar en su cama y con la cortina cerrada. Cuéntale un cuento; puedes utilizar escenas bonitas que han pasado durante el día. Colócale su juguete favorito y su chupete. Le adviertes de que al acabar el cuento apagarás la luz y a dormir.

Deja la puerta un poco abierta para que pueda oír un suave murmullo por la casa, pero no lo saques de la cama pase lo que pase. En caso de que comience a llorar, vuelves a entrar y le explicas que tiene que dormir igual que el osito, le vuelves a dar el chupete y le dejas otro al lado de la almohada por si lo necesita. Entras y sales tantas veces como sea necesario, pero sin sacarle de la cama, y das todas las explicaciones necesarias: es de noche, está todo oscuro y es la hora de dormir. Puedes aprovechar el pensamiento mágico de los niños a estas edades: escondes un juguete bajo su almohada y le dices: «Mira, vamos a colocar esto aquí, te cuidará toda la noche y soñarás con unos balones de colores volando por el aire».

Advertencias para el baño

Si tiene miedo al agua, acostúmbrale poco a poco colocando sus pies en el agua, salpicando y jugando. Puedes lavarle con esponja sin necesidad de sumergirlo en la bañera hasta que se acostumbre.

Si observas que de repente se pone a llorar cuando quitas el tapón de la bañera y antes no lo hacía, es posible que sea porque siente miedo al ver escapar el agua por el agujero, creyendo que él también va a colarse y desaparecer. En unas semanas se le habrá pasado este temor y entonces podéis quitar juntos el tapón, explicándole que por este agujero solamente sale el agua.

Los niños pequeños ante lo desconocido sienten miedos irracionales, como por ejemplo cuando escuchan el ruido del aspirador al limpiar la casa. Tienes que pensar que él todavía no sabe asociar los conceptos, por eso es tan necesario que tú le expliques todo lo que sucede a su alrededor.

Recuerda

En los dos primeros años de la vida del niño es fundamental rodearle de una rutina diaria de acontecimientos agradables y con gente de sentido común y alegre para obtener un desarrollo equilibrado de su personalidad.

No le mientas nunca. Los niños copian el comportamiento de los adultos.

6.8. Control de esfínteres

El control voluntario de esfínteres es un mecanismo muy complejo que necesita de una maduración neurológica, ya que intervienen una serie de músculos y sistemas neurotransmisores, neurohormonales y neuromotores. La edad adecuada del control diurno suele ser sobre los dos años, y del nocturno, sobre los tres. Interviene, también, la actitud de los padres. Se debe tomar con mucha paciencia y tiempo, respetando la demanda de cada niño.

La doctora F. Dolto, en su libro *Los niños y su derecho a la verdad,* dice que en la época en la que las casas tenían suelo de barro (las madres no se preocupaban por la limpieza excesiva), los niños controlaban los esfínteres a su tiempo. También hay que tener en cuenta que los niños aprenden más tarde que las niñas. Esto tiene una explicación fisiológica: la vejiga está comunicada con el conducto que emitirá el esperma en la edad correspondiente; la separación de estos conductos comenzará entre los 21 y los 30 meses. El niño puede tener varias erecciones por la noche y por eso se le escapa el pis.

Para comenzar el control, se puede jugar y hacer como si una muñeca usara un orinal pequeño o un adaptador para la taza, para evitar la angustia que podrían sentir algunos niños por la sensación de caerse dentro.

El comportamiento de los padres no debe ser demasiado estricto y tampoco empezar excesivamente temprano. Debes explicarle que él ya es un niño/a mayor al quitarle el pañal. Dale importancia a ser mayor, esto le encantará, pues él también se sentirá orgulloso de ser mayor. Piensa bien cuándo comenzar, ya que una vez le hayas quitado los pañales no volverás a ponérselos, aunque se haga pis. Si sales a la calle, debes llevarle una muda, pero en ningún caso debes colocarle el pañal; por eso, la época ideal para este aprendizaje es el verano.

Hay que prepararse para los accidentes, teniendo siempre unas braguitas o calzoncillos de repuesto. No premiar si lo ha hecho bien, pero sí felicitarle; tampoco hay que enfadarse o castigar si lo ha hecho mal. Simplemente vuelves a explicárselo para que él sienta y encuentre el placer de *ser mayor.* De esta forma, no permitirás que manipule la situación con las deposiciones, que suele ser muy frecuente, ya que la actitud de los padres es *premiar* o *castigar,* y así, el niño, cada vez que esté nervioso o quiera conseguir algo, manipulará la situación haciéndoselo encima.

7

Por un cuerpo sano

«Mi mente será sana si cuidas la salud de mi cuerpo.»

7.1. El desarrollo de la columna vertebral infantil

En el seno materno, el niño está con la espalda encorvada y con las piernas dobladas hacia su vientre (postura fetal). Por esto el recién nacido tiene una columna vertebral doblada hacia adelante. Ya al nacer esta posición obligatoria de la postura fetal deja de ser necesaria y disminuye al cabo de pocos meses, como también el ángulo de la curva que forma el muslo (fémur) con la cadera, por estar en flexión las piernas del recién nacido.

La columna vertebral se endereza gradualmente formando la curvatura lumbar. Por el efecto de levantar la cabeza en la posición boca abajo se desarrollan los músculos del cuello formando la curvatura cervical. Por el estímulo del medio ambiente, se motiva el deseo de moverse y el bebé seguirá desarrollándose. Se dan cada vez mejores capacidades motrices, para que el niño pueda incorporarse y vencer la gravedad. Especialmente durante el gateo se fortalece la musculatura del dorso, que más adelante será tan importante para sostener el tronco. Apenas el niño aprende a andar, será más notable la curvatura en S de la columna vertebral, como se puede observar en la figura 7.1.

Para que la columna se desarrolle sanamente es necesario fortalecer poco a poco la musculatura que rodea las vértebras y las articulaciones y corregir los vicios posturales en el primer semestre (véase el capítulo «¿Cuándo puedo sentar a mi bebé?», *Todo un mundo de sensaciones*, Ed. Pirámide).

Figura 7.1.

En la mayoría de los casos, los daños se adquieren por una mala postura. Esto quiere decir que la musculatura del dorso no es suficientemente fuerte, se cansa demasiado rápido y no logra mantener por tiempo prolongado erguidos el tronco y la columna vertebral.

Al poco tiempo de estar sentado sin interrumpir la posición, al niño se le desmorona el tronco, se dobla sobre sí mismo, presentándose la columna vertebral torcida y produciendo así en el futuro la cifosis.

Razones por las que la columna vertebral puede estar torcida en la infancia o adolescencia:

— Por traumatismo.
— Por un cansancio prematuro causado por la insuficiente musculatura alrededor de las vértebras.
— Por colocar al bebé sentado o de pie cuando todavía no está preparado para ello. Por no haber cambiado de posición boca abajo, boca arriba y de ambos lados en el primer semestre (véase *Todo un mundo de sensaciones*, Ed. Pirámide).

Éstas son las principales razones por las que los niños pueden padecer problemas futuros en la espalda. Cuando no se ha cuidado y protegido la columna, aparecerán posturas compensatorias que se convertirán en vicios posturales constantes producidos por una sobrecarga y por un peso excesivo. Como resultado de estas malas posturas, el niño está incapacitado para erguirse correctamente y para adquirir la postura correcta inicial de la figura 7.1.

La columna vertebral está constituida por las vértebras, los discos colocados entre ellas y los ligamentos que están encargados de dar estabilidad al conjunto. Para poder sostener y mantener erecto el cuerpo, es necesaria una musculatura bien trabajada. Podemos observar tres curvaturas leves: la cervical, la dorsal y la lumbar. Cuando estas curvaturas están dentro de lo normal, las llamamos inclinaciones naturales. Las curvaturas sirven para absorber las compresiones que en la columna se producen al correr y saltar. Para adquirir una columna con elasticidad, es necesaria una construcción específica. Esta construcción está formada por numerosas partes, conectadas entre sí por las vértebras y los discos intervertebrales. El disco intervertebral tiene la función de amortiguar, ya que está constituido por cartílagos elásticos, el anillo discal y un núcleo gelatinoso que contiene una sustancia de mucosidad; su estabilidad se debe al sostén muscular. Por tal motivo es tan importante que el niño pequeño adquiera una buena musculatura utilizando sus músculos y no sus vértebras para girar, sentarse, gatear o estar de pie, subir, bajar, saltar y correr. Cuando las vértebras se encuentran sobrecargadas por exceso de peso o realizan movimientos fuertes, podrían perjudicarse. Para evitar este daño, es necesario que la columna vertebral sea estable pero móvil.

7.2. La importancia del cuidado de la cadera

El niño pequeño, en el segundo año de su vida, pasa muchas horas sentado en el suelo realizando sus juegos y ordenando sus juguetes. Muchas veces el «vicio postural» ya hizo mella en su corta existencia. La postura del niño de la figura 7.2 es incorrecta, no debes permitirle que siga sentado así, ya que es perjudicial para su cadera. La postura correcta es la de la figura 7.3.

Figura 7.2.

Figura 7.3.

Recuerda

El niño todavía es muy flexible y podrá tener dificultad en el correcto desarrollo de las articulaciones de su cadera si no está sentado adecuadamente.
Si tu hijo se sienta incorrectamente, cámbiale de postura cuantas veces haga falta.

7.3. Por unos pies sanos

Cuando existe un apoyo plantar, la carga corporal se reparte en tres puntos de la planta del pie, formando un trípode. Con esto se consigue que el peso se encuentre equilibradamente dividido. Además, necesitamos un buen desarrollo de los músculos plantares para el final del primer año de vida. Una buena postura corporal consiste en que el centro de gravedad de la pelvis, del tórax y de la cabeza se encuentre perpendicular al puente del pie y a una distancia determinada máxima el uno del otro.

8

La personalidad del niño

«Reconoce mis progresos con tu amorosa valoración; así mi autoestima no tendrá límite.»

El niño irá construyendo su personalidad a lo largo de su infancia, logrando su integración para la edad adulta. Esta integración será más o menos sólida según su aprendizaje anterior, dependiendo de los factores hereditarios y ambientales; de ahí la necesidad de un comportamiento predecible y estable de los adultos que le rodean para así evitar la confusión en el niño. Hay diferentes teorías sobre la personalidad (Pavlov, Maslow o Freud); nuestro criterio se acerca más a la teoría de Rogers (véase *El proceso de convertirse en persona*). La personalidad del niño será el resultado de la interacción de los estímulos recibidos según su medio y en relación con los demás y la adquisición de su propia percepción en el proceso. Es necesario que tenga oportunidad de vivir la interacción con «él mismo», «con los demás» y «con su propio ambiente», ya que de este aprendizaje surgirá el comportamiento que manifestará en diferentes formas, según las situaciones.

Estos comportamientos pueden ser estables o no, según los modelos que haya tenido. ¿Cómo lograr que el desarrollo de la personalidad del niño sea sano y equilibrado? Hay diferentes factores que intervienen en este proceso:

1. Comportamiento de la familia y educadores.
2. El medio ambiente.

Estos factores se verán beneficiados por la enseñanza a través de unos juegos específicos. Con la representación y la imitación, el niño adquiere un conjunto de imágenes y esquemas mentales; cuando hablamos de personas, situaciones y cosas que él conoce, le estimulamos para que el desarrollo del lenguaje y la comunicación social evolucionen favorablemente; en caso contrario, aparecerán diversos conflictos.

El niño necesita saber de qué está hablando el adulto. Te ofrecemos un ejemplo real:

> «... Esta mañana en la sala de espera de la consulta de análisis clínicos. Frente a mí había dos mujeres jóvenes sentadas y una niña de aproximadamente veinticuatro meses que se movía de un lado hacia otro, alrededor de las mujeres, con el dedo en la boca y con cara de preocupación. Una de las mujeres, viendo lo preocupada que estaba, le dijo: "No te preocupes, que a la que van a pinchar es a mamá". Lo dijo con tal firmeza y seguridad que yo misma me lo creí, cuando, para mi sorpresa, les tocó el turno y la madre cogió a la niña en brazos y mientras levantaba la manga de la camisa le decía: "No, cariño, si no te van a hacer nada". La niña, como es de suponer, lloraba desconsoladamente y, para desconcierto propio, cuando salían, y como por supuesto la niña continuaba llorando, la madre decía: "Para de llorar ya, que no ha sido nada"».

En estos casos lo que conviene hacer es: antes de salir de casa realizar la dramatización de lo que va a suceder con una muñeca o un osito. Se le dice: «Hoy vamos a ir al médico y vamos a llevar la muñeca y...». Entonces explicar lo que se le va a hacer. Esto es válido para un análisis clínico, una inyección, una revisión médica o una operación. Salimos de casa para dirigirnos al médico con la muñeca y cuando llegamos pedimos la colaboración del médico. Lo importante es incorporar a la muñeca en todo el proceso. Cuando la niña llora, hay que reconocer que le han hecho daño y que es algo molesto pero que pasará. Todo esto es válido cuando el niño se cae y se hace «pupa»: se reconoce que se hizo daño y que existe un dolor y aprovechando el pensamiento mágico del niño en esta edad se puede hacer lo siguiente. Abrimos el bolso, sacamos un pañuelo y utilizando una voz sorprendente decimos: «Atención, el daño y el dolor se fueron por el aire muy despacito volando...», a la vez que pasamos el pañuelo sobre la parte dañada con suavidad. Podéis inventar otros trucos mágicos, según las costumbres del niño.

Recuerda

No mencionar delante del niño las aprensiones o miedos que tú tienes, ya que él te imitará incluso en eso.

8.1. Las figuras de referencia, «los modelos»

Las figuras de referencia, «los modelos» a imitar, como padres, familia, educadores, etc., intervendrán en el comportamiento emocional del niño. Según esta experiencia, aprenderá el autocontrol de sus emociones y a adecuarlos a cada situación. La transmisión verbal o no verbal tendrá que ser positiva para que la experiencia también lo sea. Los gestos, las miradas, las sonrisas y los elogios fomentan la autoestima del niño. En nuestra sociedad actual, en la educación de los niños pequeños, desgraciadamente se le da más importancia a la eficacia y preparación intelectual a través de memorización que a la preocupación por el estado anímico del niño y su maduración emocional. Para que la autoestima y la automotivación se conviertan en autoeficacia y además sean percibidas, tanto por el niño como por los otros que le rodean, de forma positiva, será necesaria la utilización de unos juegos específicos y, si es posible, en grupos y en compañía de los padres, en los que puedan compartir con otros niños y adultos la experiencia interactiva. De esta forma, surge en el niño su propia autopercepción sensitivo-emotiva en relación con los demás, con los juguetes, conceptos, situaciones, y además fomentará su sociabilidad, autoestima y lenguaje.

8.2. La autoestima

¿Qué es la autoestima y cómo fomentarla en el niño pequeño? La autoestima es la percepción, cómo nos sentimos frente a diversas situaciones y acontecimientos laborales, sociales y personales. Esta percepción está relacionada con nuestro concepto sobre la propia eficacia, que, a su vez, frecuentemente está influido por el reconocimiento social. En el niño pequeño, hasta los veinte o veintidós meses, es necesario reforzar su valía a través de aplausos, risas, reconocimiento continuo. Al traspasar esta edad y entrar en el estadio del pensamiento preoperacional (Piaget), dejaremos de festejar todo lo que haga. Comenzaremos a reconocer y festejar sólo sus logros reales, pero sin criticar aquellas actividades que no haya podido realizar. Es necesario que el niño comience a diferenciar lo que realmente ha sido un éxito y lo que no. No obstante, nunca se debe recriminar ni castigar, como tampoco referirse a lo que no ha podido realizar. De esta manera, lograremos que para la edad adulta haya adquirido seguridad en sí mismo. En los grupos de juego los niños tienen la oportunidad de adquirir la autovaloración a través de los juegos, ya que éstos ponen a prueba sus capacidades, y, con la amorosa valoración de los padres y educadores que están a su lado reconociendo sus logros, se sentirán valorados.

Los padres, en su mayoría, son educadores no especializados, ya que se encuentran de repente con una tarea para la que no están preparados. El oficio más difícil es el de «ser padres».

La mayoría de los «problemas» a los que se enfrentan son consecuencia de no saber de antemano las características de las diferentes etapas en las que se encuentra el niño y los patrones de conducta que están condicionados por su desarrollo.

Hay diferentes etapas por las que pasan los niños. Lo que es válido cuando el niño tiene 18 meses no lo es cuando tiene 24. Cambiar las pautas educativas casi en su totalidad en tan corto tiempo se hace difícil sin una ayuda orientativa.

Aquí mencionamos los cambios más importantes en el período del segundo semestre al segundo año:

1. A los 6 meses. El niño descubre que además de su madre hay otros a su alrededor.
2. A los 8 meses. El niño manifiesta extrañeza e inseguridad ante la desaparición de la cara de la madre y al afrontar la aparición de nuevas personas y acontecimientos en su vida. Véase capítulo «La separación de mamá».
3. Entre los 15 y los 18 meses. El niño suele ser opositor, llevando la contraria a los adultos. Es un paso necesario para su autoafirmación.
4. Entre los 18 y los 22 meses. El niño tiene sentimientos contradictorios, entre querer ser mayor y seguir siendo un bebé. Desarrolla el concepto de su propia identidad.
5. Segundo año. Incrementa la conciencia de sí mismo y el poder sobre los demás y las situaciones que le rodean.

Podemos identificar cuatro etapas básicas en el desarrollo del ser humano:

1. Dependencia. Hasta la preadolescencia.
2. Antidependencia. La adolescencia.
3. Independencia. Al terminar los estudios y encontrar el primer trabajo.
4. Interdependencia. El adulto sano y maduro.

El niño va cambiando según va creciendo, y las pautas educativas también.

Por ejemplo, a un niño de 18 meses hay que indicarle pautas fijas y mostrarse inflexible ante esas pautas que hemos marcado.

Un niño de 24 meses que se encuentra en una fase de «tozudez» y a la vez con una gran presión psíquica no sabe bien qué le ocurre cuando de repente le entra una rabieta. Es conveniente ser más tolerante con él, ya que se siente desbordado por sus propias emociones.

8.3. ¿Qué hacer ante una rabieta?

Hay niños que quieren ser abrazados en estos momentos para sentir a través del lenguaje corporal de su madre los límites de sus emociones, ya que se sienten desbordados por ellas. Utiliza una voz tranquila, calmándole diciendo: «Estás furioso, es normal, desahógate y luego ya se te pasará. A mí también me ocurre algunas veces».

Otros, en cambio, quieren estar solos. Patalean, gritan y no quieren que les toquen. Hay que respetarles y dejarles solos. En unos momentos se les pasará y volverán como si nada hubiera pasado. No hay que recordar lo que sucedió.

Lo que hay que tener siempre en cuenta es que todo comportamiento es aprendido, tanto el positivo como el negativo. Hay que ponerse en el lugar del niño como ser humano. El ser humano prefiere siempre el elogio al castigo o la indiferencia.

Por ejemplo: un matrimonio con su hijo viendo la televisión. El niño juega durante un rato con sus juguetes. De vez en cuando requiere la atención de sus padres mediante gestos, miradas, frases... y poco a poco va dándose cuenta de que los adultos están mirando la televisión. En el momento en que descubra que apretando un botón la televisión se apaga, lo pondrá en práctica, pues será la única forma de que sus padres reaccionen y le presten atención. En este caso podéis jugar con su osito y hablarle de forma positiva: «Mira, osito, cuando (nombre del niño) deje de apagar la televisión, entonces jugaremos todos a (un juego preferido del niño)».

La mejor manera de evitar conductas negativas es:

— Prestar la *atención* necesaria y adecuada a los hijos.
— Enseñar el respeto. Demostrarlo en casa entre la familia. Respetando los horarios, sitios y juegos del niño de la misma manera que ellos tienen que respetar los del adulto.
— Dar felicitaciones y elogios en el momento oportuno. Es necesario imponer límites, ya que el niño no sabe lo que puede hacer y lo que no; así adquiere la seguridad en sí mismo. Un niño sin límites es un niño excitable, inseguro, nervioso y caprichoso.

La autoridad se demuestra con ejemplos, coherencia y firmeza en las decisiones tomadas:

— La pareja ha de estar de acuerdo.
— Explicar al niño que hay un sitio para él y otro para los padres.
— Demostrar el respeto hacia él y hacia los demás.
— Incorporar al niño a las actividades diarias.
— Los límites que se utilizan son para cortar formas de conducta no deseadas, *nunca* deben ser una manifestación de la superioridad del adulto.

Recuerda

El castigo nunca induce a la sensatez, sólo puede fomentar el miedo y la mentira.

8.4. El camino para el desarrollo de una personalidad sana y estable del niño. La separación de mamá

El bebé no puede guardar en su mente la imagen de su madre mientras ésta está ausente y reclama su presencia. La manera en que el bebé ve a su madre se aproxima más a lo que ella es en la realidad, y también el resentimiento que siente es más realista. Le produce tristeza el hecho de que el ser que ama esté ausente. Podríamos decir que esta tristeza es un dolor provocado por el crecimiento, y el niño se está desarrollando de manera normal. En cambio, si el bebé no es capaz de sentir tristeza, debemos preocuparnos, pues eso implica que su respuesta a toda frustración sigue siendo la indiferencia, la cólera, el enfado o el miedo.

El bebé no desea que lo despojen de su tristeza, pero necesita que su madre lo comprenda serenamente; el cariño y la comprensión de ésta serán una gran ayuda para él. Este sentimiento de tristeza es un importante paso hacia adelante, y el niño crecerá gracias a estas experiencias.

Alrededor de los seis meses, ha acumulado ya muchos recuerdos de las sucesivas idas y vueltas de su madre y, por consiguiente, comienza a confiar en que ésta volverá, aunque cuando, durante su ausencia, se haya sentido enfadado con ella, podemos decir que, en su imaginación, el bebé puede ahora interiorizar la imagen de una madre que es más fuerte e inspira más confianza.

Hemos llegado a la conclusión, según los estudios del psicólogo clínico Spitz, de que en esta etapa pueden ya discriminar entre su madre y las demás personas. Son capaces de conservar en su mente la imagen de aquélla y pueden recordarla y reconocerla.

Por otra parte, la separación resultará más fácil para el bebé si puede permanecer en su casa, en un medio que ya le es familiar. De todas formas, si la madre se ve forzada a ausentarse, debes saber que será necesario que transcurra cierto tiempo, durante el cual deberá armarse de paciencia, antes de que su hijo vuelva a sentir por ella la misma confianza que anteriormente.

El bebé va madurando emocionalmente y para hacer frente a esta maduración cuenta con algunos medios. El pequeño ha acumulado ya muchos recuerdos de las sucesivas idas y vueltas de su madre. Podemos decir que en su imaginación ha interiorizado la imagen de ella y la confianza de saber que mamá va y viene. El psicólogo Winnicott definía esta maduración como «la capacidad de estar solo pero acompañado», o sea, la habilidad de representar objetos y personas en su memoria de forma que se sienta acompañado. Esto significa que podrá aprender a permanecer solo, porque sabe que su madre está cerca, aunque no pueda verla (véase *Todo un mundo de sonrisas*).

Los juegos de las escondidas o el de arrojar un juguete y luego recuperarlo, entretenimientos que pueden ocuparlo durante largas horas, parecen ser una manera de practicar y controlar la partida y el regreso de algo. Es muy instructivo observar cómo los bebés desarrollan este juego en las diversas etapas de su proceso de crecimiento. La madre esconde su cara detrás de un pañuelo, primero semitransparente y luego opaco; el bebé mira con una actitud expectante y, si ella tarda en reaparecer, se muestra algo confundido o comienza a experimentar cierta ansiedad; por último, gorjea con gran placer cuando el rostro de la madre vuelve a aparecer. Más adelante, puede realizar el mismo juego con su propia cara, haciéndola desaparecer y aparecer debajo de una sábana; en este momento, es probable que se sienta menos atemorizado, pues ha logrado un mayor control sobre su madre. Muchos juegos infantiles posteriores se relacionan con este tema de la desaparición y el regreso y, de esa manera, representan y sacan a la luz algunos de los temores que los niños experimentan ante el alejamiento de su madre.

Lo más importante es la confianza que la madre inspira al bebé, ya que, en el recuerdo del niño, ha de prevalecer ésta sobre el enfado que le produjo la desaparición de su ser más amado. Esta confianza no la pudo destruir ni siquiera la ira que le produjo que su madre no estuviera presente.

Te recomendamos que juegues a todos estos juegos con tu hijo:

1. «El parque de atracciones». Véase capítulo «Campeón de gateo», ejercicio 1.2.1.
2. «Atravesando una gran montaña». Véase capítulo «Campeón de gateo», ejercicio 1.4.1.
3. «Una intensa vida social. Aprendiendo a compartir». Véase capítulo «Campeón de gateo», ejercicio 1.6.2.
4. «Espejito, espejito, ¿quién es el niño más bonito?». Véase capítulo «Campeón de gateo», ejercicio 1.7.2.
5. «¡Soy yo!». Véase capítulo «El comienzo de la independencia», ejercicio 2.1.1.

6. «Andando, andando, con el equilibrio voy jugando». Véase capítulo «El comienzo de la independencia», ejercicio 2.3.3.
7. «¡La perdiz se escondió!». Véase capítulo «Integrando el mundo», ejercicio 3.6.1.
8. «El túnel del tiempo». Véase capítulo «Integrando el mundo», ejercicio 3.6.2.

9

La prevención del fracaso escolar y la violencia infantil

«Un niño que no sabe jugar será un adulto que no sabe pensar.»

JEAN CHATEAU

9.1. Introducción

Para prevenir estos dos males de nuestro tiempo, tenemos que integrar el «juego infantil» desde edades muy tempranas, como hemos mencionado a lo largo de este libro. El juego es una actividad fundamental para el niño, es su trabajo, es una necesidad interior, lo necesita para desarrollarse de una manera armónica y equilibrada. El juego se basa en dos capacidades:

1. La imitación.
2. La fantasía.

1. La imitación. Comienza desde que el bebé nace (véase *Todo un mundo de sensaciones*, Ed. Pirámide). Observa e imita todo lo que ve y todo lo que sucede a su alrededor. La imitación sólo es posible si hay un ejemplo a seguir. Los modelos para copiar: los padres, la familia, los educadores, son las piezas clave en esta función. Cuando un niño no sabe jugar, hay que preguntarse si tiene suficientes ejemplos a su alrededor que le motiven para ello.

> «Un niño que no sabe jugar será un adulto que no sabe pensar.»
>
> JEAN CHATEAU
> *Psicología de los juegos infantiles*

2. La fantasía. La fantasía es lo que lleva al niño a transformar una simple caja en un barco que navega por un mar azul. Hoy en día nos preguntamos cada vez más por qué los niños no saben jugar: es porque se les da todo inventado, por lo que no tienen la oportunidad de imaginar, de utilizar la fantasía. Cuando estos niños tienen aproximadamente seis años, sólo quieren jugar con juguetes electrónicos, ya que éstos se lo dan todo hecho y por lo tanto no necesitan pensar. Por eso hay que ofrecer al niño juegos y juguetes simples y sencillos como los mencionados en este libro. Éstos le ofrecen distintas posibilidades y fomentan su creatividad y fantasía: papel, tela, corcho, animales de goma y de madera, muñecos, ositos, botellas de todo tipo y tamaño o cajas de varias medidas. Al niño le encanta sentir el peso de las cosas. Levantar una botella o una caja, rasgar, amasar y romper.

El tipo de juguete que elegimos para nuestros hijos determina su forma de jugar. Los juguetes fabricados son demasiado reales, no puede proyectar su fantasía sobre ellos, y el pequeño se convierte en un espectador pasivo.

Actualmente, hay cierta tendencia a atiborrar a los niños de juguetes. Los padres cada vez tienen menos tiempo de estar con ellos, de crear juegos y juguetes juntos, de imaginar, soñar, fantasear y de establecer lazos afectivos en este proceso. Hay que preguntarse: ¿cuál es la imagen del ser humano que se pretende dar al niño? Si ofrecemos juguetes bélicos, juegos violentos, muñecos que hacen todo por sí mismos, en los que no cabe la fantasía, por no hablar de algunos dibujos animados, y todo eso con la poca cantidad y calidad de tiempo que pasamos con ellos. ¡Cómo vamos a evitar la violencia!

Todos los seres humanos somos el resultado de la riqueza o pobreza espiritual, intelectual y relacional de nuestra infancia. En el juego, el niño muestra su inteligencia, su personalidad; hay que prestar atención a la manera en que juega y compartirlo con él, creando lazos afectivos positivos para evitar, en el futuro, la conducta violenta. Jugar es beneficioso para la salud mental, para el desarrollo de la imaginación, la fantasía, la imitación y para proporcionar al niño una personalidad equilibrada.

No es necesario preocuparse por cuándo los niños tienen que aprender a leer, escribir o sumar, es mucho más importante todo el proceso anterior.

Para prevenir el fracaso escolar, es necesario estimular la aptitud natural del niño, además de permitir que alcance una maduración en tres áreas fundamentales:

a) El lenguaje.
b) La orientación. Espacio y tiempo.
c) La capacidad de concentración.

9.2. El lenguaje

Para fomentar la aparición del lenguaje, es necesario que realices estas sencillas actividades:

— Habla y escucha a tu hijo. Utiliza juegos de tertulia.
— Realiza juegos de imitación: dar de comer al adulto o a la muñeca, ayudar en la limpieza de la casa, llevar un vaso de agua, etc. Hay que incorporarlo en la vida cotidiana para que pueda imitar.
— Fabrica libros en casa con láminas de colores que se refieran a nuevos acontecimientos en la vida del niño, así como con fotos de familiares y amigos. Estos temas suelen ser más atractivos para los niños.
— Imita sonidos de animales y objetos durante el juego.
— Cuéntale cuentos.
— Asiste a grupos de juego para estar en contacto con otros niños desde muy pequeñitos y en compañía de sus padres.

9.3. La orientación. Espacio y tiempo

— El espacio y el tiempo tienen mucho que ver con el aprendizaje de la lectura y la escritura. Las letras y los números están situados en un espacio y sus símbolos se colocan de izquierda a derecha y de arriba abajo. Los niños adquieren su noción del espacio a través de juegos de motricidad y conceptos. Véanse los ejercicios 3.1.3, 3.2.3 y 3.2.4.
— Jugar con su propio cuerpo (véase *Todo un mundo de sensaciones,* Ed. Pirámide). Mirar su imagen en el espejo y la de sus amigos. Los ojos, la boca, las cejas, la nariz. Jugar con sus bra-

zos, pies y todos los juegos recomendados del esquema corporal. Véanse los ejercicios 1.7.2, 2.1.1 y 3.3.2.
— Permitir los juegos de destrucción y desorden, pero siempre de una forma coherente y en un ambiente placentero, como desparramar una torre de cubos, destripar un juguete por curiosidad, volcar un canasto lleno de juguetes o pelotas. Suelen realizarlo entre los 18 y 24 meses. En esta etapa el niño necesita autoafirmarse y comprobar su dominio sobre las cosas.
— Empujar objetos y cajas en el espacio y ver dónde están: cerca/lejos, bajo/alto, angosto/ancho, por debajo/por el centro/por encima, al lado de... Véase el ejercicio 2.6.2.
— Dejarle comer solo, ya que es uno de los mejores ejercicios de orientación espacial, sin preocuparnos de que se manche.
— El juego de las pelotas y los balones. Véase el ejercicio 3.2.1.
— Los juegos de obstáculos. Pasar por encima y por debajo, trepar, parar, atravesar. Véase el ejercicio 2.5.2.
— Juegos rítmicos. Con música: marchar, parar, dar vueltas, dar palmadas, etc., le ayudará a introducirse en el mundo del orden. Véanse los ejercicios 2.1.2 y 3.2.1.
— El juego de las casitas. Véase «recetas mágicas», donde se explica cómo construir una casa. Y meterse en cajas. Véase el ejercicio 2.6.2. Estos juegos le harán sentir las dimensiones de su propio cuerpo.

9.4. La capacidad de concentración

— El niño pequeño es más bien activo y le cuesta concentrarse. Aprenderá a concentrarse si los juegos despiertan su interés.
— A lo largo de este libro te ofrecemos unos ejemplos, pero volveremos a insistir en:

- Saber escuchar el silencio.
- Mirar lo que hay dentro de diferentes cajas. Encontrar figuras y completar el puzle.
- Tocar materiales en trabajos manuales. Pintar, modelar, doblar, pegar.
- Ordenar y clasificar por tamaños, colores y formas.
- Construir con fantasía.

Recuerda

El aprendizaje de la lectura, la escritura y el cálculo está conectado fundamentalmente con el sentido del ritmo. Las palabras tienen acentos; las frases, pausas y separaciones. Podemos estimular el desarrollo del ritmo con todos los juegos que encontrarás en el capítulo «La necesidad de una educación sensorial y musical en el aprendizaje infantil».

9.5. Los juegos de aptitudes

A pesar de que insistimos en el desarrollo global e integral del niño, desarrollando todas las áreas armónicamente, debemos permitir que disfrute con aquel juego en el cual más destaca, lo necesita para su autoafirmación.

Éstos pueden ser:

- Físicos (motricidad gruesa).
- Musicales (baile, jugar con instrumentos y objetos sonoros).
- Artísticos (utilizar su mano, pintar, amasar, plastilina, etc.).
- Cognitivos (puzles, armar figuras, construcciones, etc.).
- Culturales (utilizar los libros, láminas, fichas y especialmente el lenguaje).

9.6. Repetición de actividades y situaciones

Las últimas investigaciones de la Universidad de Harvard (Estados Unidos) acerca de las reacciones de la zona del cerebro denominada hipocampo han demostrado que la repetición una y otra vez de las actividades y situaciones que vive el niño le sirven a éste para grabarlas y poder utilizarlas en un futuro para su beneficio.

El hipocampo, cuando recibe una información nueva, emite una leve señal. Cuando se le expone nuevamente a la misma circunstancia, emite una señal ligeramente más larga; así, cada vez que se repite esta situación, el hipocampo la irá emitiendo con mayor duración para, al fin, grabar esta experiencia en la corteza cerebral.

El niño en ese momento está preparado para utilizar ese aprendizaje en otra situación diferente y adaptarla a sus necesidades. Ofreciendo a los niños la posibilidad de grabar el máximo de experiencias, con sentido común, evitaremos posibles dificultades en el aprendizaje en su futura vida escolar.

10

El desarrollo de la visión

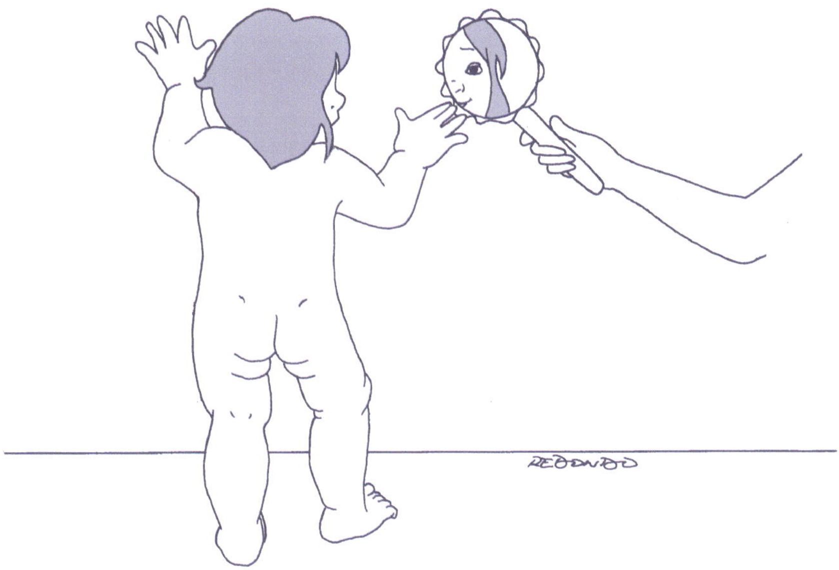

«Ahora que me desplazo solo, consigo coordinar mis ojos.»

10.1. Introducción

La visión es un conjunto de fenómenos.

Estos fenómenos se llevan a cabo gracias a «unas estructuras» creadas por la naturaleza (ojos, músculos, cerebro, conexiones nerviosas entre ellos...) que nosotros debemos «poner en funcionamiento». Esto puede llevarse a cabo con o sin una estimulación programada. Lo que es indiscutible es que se requiere para ello una estimulación adecuada.

Algunos educadores, pediatras, etc., llevan años investigando sobre esto, con el fin de diseñar la estimulación programada con dos objetivos:

a) El de ayudar a nuestros hijos a desarrollar sus habilidades lo mejor posible, especialmente por el nivel, cada vez mayor, de exigencias a que se les está sometiendo en esta cada vez más competitiva sociedad.
b) El de disfrutar este maravilloso período de la vida de nuestros bebés.

Este período al que nos referimos es el comprendido entre los seis y los veinticuatro meses de vida, ya que es en el que, a una considerable velocidad, se establecen una cantidad enorme de conexiones nerviosas, que van a permitir nuestro funcionamiento durante el resto de nuestra vida. De no establecerse dichas conexiones en esta primera etapa, será bastante difícil establecerlas más adelante, y de lo que no cabe duda es de que lo harán de una forma precaria, por lo que su eficacia será relativa.

Para entender lo que vamos a sugerir, hemos de empezar mencionando «las estructuras» a las que hacíamos referencia.

10.2. El aparato visual

Está formado por:

a) Dos ojos (con todas sus estructuras internas y externas).
b) Las conexiones nerviosas de éstos, llamadas nervios ópticos, que se unen al cerebro.
c) Córtex visual. Es el área del cerebro especializada en la visión.
d) Las conexiones nerviosas entre esta área y otras como la de la memoria, la de la motricidad, que nos permite coordinar el movimiento de nuestro cuerpo para, por ejemplo, esquivar un objeto que se nos acerque y queramos evitar, o de nuestras manos cuando queremos coger algo o escribir...

10.3. Funcionamiento del aparato visual

El ojo es un órgano receptor de información, capaz de transmitir dicha información al cerebro con el fin de que ésta sea interpretada. Para ello tiene un sistema óptico, semejante al objetivo de una cámara fotográfica, que, bajo las órdenes del cerebro, es capaz de enfocar los objetos sobre la retina.

La retina es un tejido especializado, mitad epitelial mitad nervioso, que se encuentra tapizando al globo ocular por su parte posterior interna. Tiene la capacidad de recoger el estímulo visual utilizando sus células receptoras (también llamadas fotorreceptores), transformarlo en energía eléctrica y enviarlo así al cerebro, a través de un «cableado» muy organizado.

La organización de este cableado comienza ya desde la retina de cada ojo, quedando ésta así dividida en dos mitades: la retina nasal y la retina temporal.

Conviene mencionar, como una interesante curiosidad, que las fibras nerviosas que conectan la retina con el cerebro, procedentes de células receptoras de las retinas temporales, van a parar a los lados correspondientes del cerebro, mientras que las fibras nerviosas que conectan las células receptoras de las retinas nasales con aquél van a parar a los hemisferios cerebrales opuestos. «Traducido», esto significa que, cuando, por ejemplo, vemos un objeto situado a nuestra derecha, es decir, utilizando nuestras retinas nasal del ojo derecho y temporal del ojo izquierdo, el hemisferio que va a interpretar lo que vemos va a ser el izquierdo. Esto genera teorías sobre lo que facilitaría, para su aprendizaje, que la información referente a las diferentes áreas como puedan ser: la lengua, las matemáticas, las artes plásticas o el deporte, entre otras, sea introducida desde nuestra derecha o nuestra izquierda, con el fin de que sea asimilada más eficazmente, teniendo en cuenta la ya conocida localización, en el cerebro, de las diferentes áreas especializadas, pensando que al entrar directamente, sin pasar por el otro hemisferio, lo harán con mayor eficacia.

Esto, como tantas otras cosas, es sumamente difícil de establecer de forma genérica, dado que existen muchos condicionantes para poder valorar dicha eficacia, como son la postura, la iluminación, etc.

De lo que no cabe la menor duda es de que la estimulación es necesaria para desarrollar cuantas más capacidades, mejor.

La función visual se analiza y examina desde diferentes áreas.

Por orden, la primera función que se puede valorar es la sensibilidad al contraste. Es una función que tan sólo depende de la capacidad de cada ojo, por separado, de transmitir al cerebro estímulos básicos de luz de diferentes intensidades, proyectadas en la retina. En este momento, el trabajo de equipo entre ambos ojos todavía no es absolutamente necesario, y aunque ya existen mecanismos para que los ojos estén normalmente alineados, todavía podremos ver que el alineamiento de los ejes visuales puede romperse en algunos momentos, sin ser esto un problema.

El cerebro, en este momento, se centra en desarrollar habilidades como son: la percepción de las formas y del movimiento. Esto sí que va a demandar al cerebro la necesidad de establecer conexiones nerviosas para que los ojos comiencen a trabajar en equipo. El cerebro va a responder estableciendo dichas conexiones en dos áreas fundamentalmente:

1. Va a empezar a emparejar a los fotorreceptores de las retinas de ambos ojos, de manera que la información procedente de

una determinada zona del campo visual sea transmitida coordinadamente en tiempo y espacio por las células retinianas correspondientes, con el fin de que el cerebro sea capaz de fusionar o superponer las imágenes descodificadas a partir de la información eléctrica recibida, y no ver doble.

2. Para ello, también habrá de contar con los seis músculos que, insertados en cada uno de los globos oculares, serán los responsables de mover, de una forma precisa y eficaz, estos órganos para que las células correspondientes de las retinas puedan recoger y enviar correctamente la información hasta el cerebro.

   De esto va a depender la percepción de la profundidad. A continuación, se irá desarrollando la percepción de los colores y la discriminación de detalles.

De esta manera, el cerebro, como discriminador, interpretará y descodificará las sensaciones e información en general captadas por el ojo.

La visión es, en última instancia, un acto cerebral. No cabe la menor duda de que, para que se lleve a cabo con éxito, todas las estructuras han de estar en buen estado y haberse establecido entre ellas las conexiones nerviosas adecuadas. Esto es lo que se lleva a cabo a través del juego. Si el juego está programado para que la actividad sea adecuada al nivel de desarrollo que el bebé tenga en cada momento, la motivación será mucho más efectiva.

Nuestro desarrollo es escalonado, porque así lo ha organizado sabiamente la naturaleza. Los juegos y los juguetes se crean basándose en ello. Es importante tener esto en cuenta al comprarlos, sabiendo que detrás de cada juguete suele haber un equipo de investigación que nos orientará sobre la edad necesaria para poder manejarlo (esto se refiere no sólo a que al bebé le atraiga el juguete, la actividad programada para el mismo, sino que, además, no tenga piezas que se le puedan desprender y el bebé se pudiera tragar, ni tintes u otras sustancias tóxicas que el bebé pudiera disolver al llevárselo a la boca).

10.4. Algunas observaciones y consejos sobre la visión de los bebés

10.4.1. HASTA LOS SEIS MESES

— La mirada del bebé será aparentemente normal. Los ojos estarán habitualmente alineados, a pesar de que los mecanismos de alineamiento no están del todo desarrollados, por lo que, si alguna vez el bebé tuerce un ojo, no deberá ser motivo de alarma. A veces, cuando el bebé tiene la base de la nariz ancha, puede parecer que, al mirar lateralmente, un ojo se mete en exceso. Aunque se sepa que esto no suele tener importancia, no está de más consultar con el especialista.

— En este momento, el parpadeo es escaso, al igual que el menisco lagrimal.

— Existe una condición que, aunque es muy poco frecuente, conviene conocer. Consiste en un «aparente excesivo lagrimeo» de un ojo, sin irritación, en el que la lágrima no es drenada por el conducto lagrimal de ese ojo, sino que cae por la mejilla. Esto ocurre cuando dicho conducto está obstruido. Sea cual sea el motivo de la obstrucción, lo tiene que ver un especialista con el fin de abrir el conducto, no sólo para que la lágrima drene por su sitio, sino, lo más importante, para evitar una infección.

— Las pestañas del párpado inferior pueden estar invertidas hacia el globo ocular. Esto es pasajero hasta que el músculo encargado de tensar el párpado acabe de desarrollarse y sea capaz de compensar al músculo orbicular, encargado de cerrar el ojo, que ya lo está.

— Mientras el ojo permanezca blanquito, no se observe secreción mucosa ni lagrimeo excesivo, no hay por qué preocuparse. Tan sólo conviene observarlo y, por si acaso, nunca está de más consultarlo con el especialista.

— El estado refractivo deberá ser *hipermetrópico,* de igual cuantía en ambos ojos y especialmente cuando está relajado, como, por ejemplo, después de haber comido.

— Todavía es difícil saber lo que ve. Lo que sí se puede saber con bastantes probabilidades de no equivocarse es que, teniendo una cuantía parecida de hipermetropía en cada ojo y el mismo tipo y cuantía de astigmatismo, si lo hubiera, se debería conseguir, cuando la retina llegue a madurar del todo, una buena agudeza visual (AV), o, lo que es lo mismo, una visión normal del detalle.

— Las pupilas deben ser redondas, reactivas a la luz y, a ser posible, de igual diámetro. Esto no significa que el hecho de que nuestro bebé tenga una pupila de mayor diámetro que la otra tenga necesariamente un problema. No está de más, sin embargo, que un especialista le examine para saber si dicha diferencia pudiera ser considerada «fisiológica».

— La estimulación más adecuada durante este período es toda aquella que le pueda entretener y se desarrolle en el plano frontal de su campo visual, a una distancia aproximada de entre 30 y 40 cm desde sus ojitos. Al final de este período ya se le pueden acercar y retirar los objetos para que funcione su mecanismo de acomodación, o, lo que es lo mismo, su sistema de enfoque, coordinándolo con el mecanismo de convergencia que va a desarrollarse más en serio desde que empiece a sentarse, al final de este período.

— El estímulo visual que le proporciona una cara conocida, haciéndole muecas, acompañadas de sonidos que le resulten familiares, le va a ser, además de útil para el desarrollo de sus capacidades visuales, fantástico para el desarrollo de sus emociones.

— Comienza a responder a su imagen en el espejo, básicamente con sorpresa, ya que, como es natural, no comprende de qué se trata.

— El método de desplazamiento que hasta ahora practica le está iniciando en la binocularidad, tanto cuando rueda como cuando repta.

En esta etapa los ojos suelen alcanzar los objetos que hayan llamando la atención del bebé antes que sus manos, lo cual les hace ser un poco «cascarrabias».

— En poco tiempo, el manejo de sus manitas es ya suficiente para sostener objetos y la coordinación ojo-mano está ya tan desarrollada como para poder llevarse el objeto en cuestión a la boca, con una precisión asombrosa, para explorarlo, dado que la boca es considerada un «tercer ojo».

Hay que tener mucho cuidado de que no se puedan desprender del objeto ni piezas ni tintes.

— Al final de este período, estando el bebé sentado sobre nuestras rodillas, con objetos de su interés a su alcance, el objetivo de éste será cogerlos y soltarlos una y otra vez y, a ser posible, al suelo. Una razón es la de poder ver qué pasa cuando lo suelta, cómo cae, cómo suena; pero ésta no es la razón primaria, ya que, cuando el bebé suelta un objeto por primera vez, lo hace para aprender a «soltar». Al observar lo ocurrido, descubre la caída por la fuerza de la gravedad, y esto le resulta suficientemente interesante como para repetirlo una y otra vez.

En este ejercicio, tan de andar por casa y tan natural, se está integrando una cantidad de información tremenda al mismo tiempo. El sistema visual sigue el objeto a lo largo de su caída. El oído archiva el sonido de impacto. El bebé consigue que el adulto le preste atención y le hable, aunque, por lo general, tan sólo sea para regañarle.

— Es también conveniente poner en su campo visual objetos de sonido agradable y de contraste y/o colorido vistoso. Éstos podrán estar en suspensión y estimular así al sistema visual del bebé, con el movimiento, o podrán estar a su alcance con el fin de que los coja y se los pueda llevar a la boca.

Es muy importante para el bebé introducir en su memoria «información combinada» (en este caso: viso-auditiva-táctil y viso-auditiva-emocional en el punto anterior), pues es imprescindible para establecer conexiones entre las diferentes áreas del cerebro.

Si se piensa bien, la «información combinada» seguirá siendo el mejor estímulo para el resto de nuestra vida.

10.4.2. Desde los seis hasta los veinticuatro meses

— La alineación de sus ejes visuales debe ser ya estable.

— Su estado refractivo deberá seguir siendo *hipermetrópico*, generalmente en forma de astigmatismo.

— El iris va a tener ya un color definido, y tan sólo lo vamos a ver cambiar como consecuencia de la composición de la luz que alumbre sus ojitos.

— Comienza el período vertical para el cuerpo del bebé (de sentado a de pie) y con ello la exploración horizontal de los ojos, además de la necesidad de enfocar pasando de lejos a cerca.

— Ya ha comenzado a enfocar y a converger sus ojitos, especialmente cuando tiene algo cogido con alguna de sus manitas y lo mira.
— En este período sigue siendo muy importante, para el bebé, llevarse todo a la boca. Tanto es así que, desde esta perspectiva, a la boca se le llama «el tercer ojo».
— Al sentarse ya por sí solo, empieza a utilizar la trona o silla alta, desde donde puede, mejor que desde ningún otro sitio, practicar la caída libre de toda clase de objetos. Este juego-ejercicio le aporta información visual del concepto distancia y del concepto verticalidad, además de la información sonora generada por el golpe del objeto contra la superficie en la que caiga. Sigue, además, practicando la relajación de la mano para soltar así los objetos. Si nos fijamos, veremos que todavía le cuesta y lo hace con torpeza y lentitud. Debemos dejarle «trabajar».
— La binocularidad se plantea ya en serio al cerebro como una necesidad para no ver doble, y éste comienza a elaborar los mecanismos necesarios.
— Observaremos, en este período, que el bebé nos empieza a reconocer cada vez desde más lejos. Es bueno que le hablemos a distancia porque, aunque todavía no nos vea tal y como nosotros vemos, sus ojitos nos buscarán, y esto es un estupendo estímulo para que su sistema de enfoque se ponga en funcionamiento.
— Eso, unido a que su campo visual se ha ampliado considerablemente y en él aparecen elementos muy interesantes y atractivos (objetos, espacios: pasillos, escaleras..., luces y sombras, reflejos, etc.), se le va a crear una nueva necesidad: la de desplazarse para explorar. Comienza el gateo y, con él, una de las etapas más importantes para establecer conexiones nerviosas para todas las áreas, incluida, cómo no, la visual. Una vez más, podemos observar cómo la naturaleza diseña el progresivo y escalonado desarrollo, de tal manera que una habilidad conseguida crea una necesidad que, a su vez, permite conseguir otra u otras habilidades que, a su vez, vuelven a crear otra necesidad, y así sucesivamente.
— Leer con él o ella libros es ya muy gratificante.
— Al final de este período se desplazan ya totalmente erguidos. Su campo visual es muy amplio; su binocularidad o capaci-

dad de ver coordinando los dos ojos está bastante desarrollada. Hasta ahora, durante el gateo, el bebé iba mirando básicamente al suelo, y su necesidad de calcular distancias era mínima. Tan sólo entrenaba esta habilidad cuando se ponía vertical, de vez en cuando, durante períodos cortos. Una recomendación durante el período que precede a la verticalidad total es la de comenzar a llamar al bebé desde una distancia de dos o tres metros e irla aumentando, mientras el bebé está sentado. Con esto le proporcionamos estímulo para establecer, más eficaz y rápidamente, las conexiones neurológicas necesarias para trabajar con los dos ojos.

— La coordinación ojo-mano, al principio de este período, es ya más que suficiente para voltear los juguetes con sus manos para explorarlos.

— También, al comienzo de este período, pueden ya participar en juegos interpersonales, al ser capaces de observar atentamente lo que los demás hacen y reproducirlo.

— Se detienen a explorar detalles en los objetos que manipulan, como pueden ser: ranuras, muescas, etc. Con ello están, de nuevo, combinando información táctil con visual.

— Hacia el año, tienen capacidad de entregar objetos a quien se los pida. Disfrutan con los juegos de dar y coger, lo que les desarrolla bastante coordinación ojo-mano, combinado con los mecanismos de prensión y relajación necesarios para ella.

Es conveniente pedirles y ofrecerles los objetos por ambos lados. Es interesante observar si hubiera diferencia entre la localización.

11

El desarrollo de la inteligencia

«Si eres ingenioso y despiertas mi curiosidad con juegos divertidos, sin duda fomentarás mi inteligencia.»

Hay juegos que están íntimamente relacionados con el desarrollo de la inteligencia del niño, como «encontrar objetos escondidos».

La secuencia que hemos elaborado está diseñada basándose en los estudios sobre el desarrollo intelectual del niño pequeño que en su día realizaron Gesell, Wallon y Piaget.

De 6 a 12 meses

Juegos de esconder objetos debajo de un pañuelo siempre **a su vista.** El niño **buscará** el objeto **donde** lo **has escondido.**

Juegos como esconder su osito debajo del pañuelo **sin que él lo vea.** El niño **buscará** y lo encontrará destapándolo.

También puedes utilizar otros objetos, como dados, cubos y pelotas. En este caso, escondes un cubo debajo de una taza y esperas la reacción del niño. Si lo encuentra una y otra vez, aumenta la dificultad escondiéndolo ante su vista en un sitio nuevo debajo de otra taza. Pueden suceder dos cosas:

- — No lo encuentra. Sigues jugando al juego anterior y cada cierto tiempo incorporas el nuevo.
- — Lo encuentra. En este caso, ha logrado una maduración en su desarrollo intelectual. Este proceso se llama **«la conservación del objeto».** Los niños que han jugado desde pequeñitos con los juegos adecuados (véase *Todo un mundo de sen-*

saciones, Ed. Pirámide) suelen lograr este paso entre los 10 y los 12 meses.

De 12 a 18 meses

Debemos seguir jugando a esconder y encontrar objetos. El niño seguirá los desplazamientos realizados al esconder el objeto; esto le ayudará a desarrollar el proceso de «representación del objeto»; es decir, el niño verá cómo escondes un botón en una caja y ésta bajo un pañuelo y lo encontrará.

También puedes jugar con cubos: ofrécele un cubo rojo y comienza diciéndole: «toma el cubo rojo»; luego le pides: «dame el cubo rojo», y continúas: «ahora te lo cambio por un cubo amarillo; ves, éste es amarillo, devuélvemelo y te doy el cubo rojo». Y así sucesivamente con diferentes juguetes y objetos siempre refiriéndose a sus características y a la acción en sí.

De 18 a 24 meses

El objeto será concebido «como una entidad en sí mismo», ya que encontrará tanto los objetos que ha visto esconder como aquellos que no.

Los juegos más recomendados son esconder cosas por la casa y encontrarlas. Podéis comenzar en su habitación o en algún lugar reducido y luego ir aumentando la dificultad y, de esta manera, fomentar el desarrollo intelectual del niño.

La forma de utilizar sus manos y dedos al manipular juguetes y objetos está relacionada también con el avance de su inteligencia. Lograr la oposición del pulgar con el índice es fundamental para escribir y/o realizar obras de arte.

Tenemos que estimular al niño para que coja, palpe, experimente con diferentes formas y texturas desde pequeñito (véase *Todo un mundo de sensaciones*, Ed. Pirámide).

Te ofrecemos en la página siguiente unos dibujos sobre cómo coge el niño los diferentes objetos a esta edad.

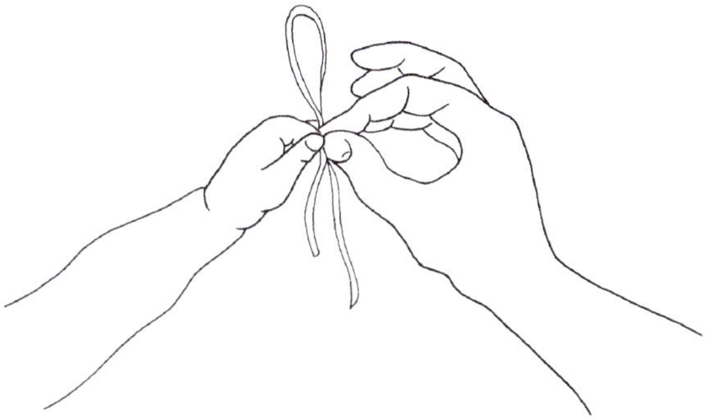

Figura 11.1.

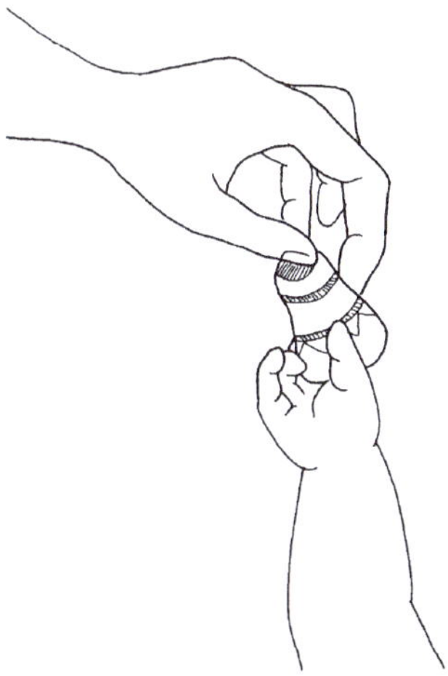

Figura 11.2.

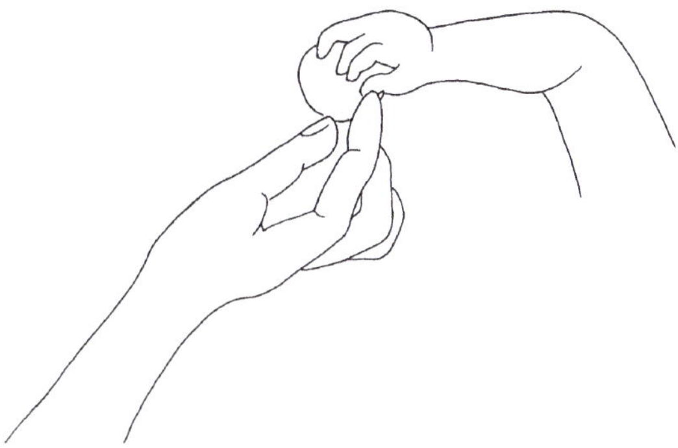

Figura 11.3.

EDAD	DESARROLLO INTELECTUAL	DESARROLLO DEL LENGUAJE
0-6	Prelingüística, preimitativo, expectación pasiva. Véase *Todo un mundo de sensaciones* (Ed. Pirámide).	
6-12	Semiintencionalidad. Verdadera intencionalidad. Inicio de la causalidad. Comportamiento intencionado. Generalización en la imitación. Causa y efecto. Conciencia de relaciones entre objetos. Experimentación activa en alcanzar objetos de forma inteligente.	Pasa del balbuceo a la emisión de: Vocales: a-e-oe-i-u. Consonantes: m-p-b-d-t-l-n-g-j. Vocalización espontánea. Vocalizaciones alternantes con el adulto. Vocalización articulada favorecida por la masticación. Para el final del primer año será capaz de articular unas cinco palabras, pero no sabrá darle el significado; por esto el adulto debe repetir constantemente los nombres de los objetos y sus cualidades. Aparece la primera palabra intencional.
12-18	Tiene interés en buscar la novedad por sí misma. Imitación de la acción sin el objeto real presente, paso previo a la representación: función simbólica. Búsqueda de la causalidad de sus acciones.	Tendrá un vocabulario de 20 palabras por término medio, pronunciando de ellas correctamente unas 10. Realiza combinaciones con dos palabras. Realiza discursos con vocales y nombres imitativos. Comprende el sentido que se expresa en el lenguaje. Utiliza sustantivos.
18-24	Con la aparición de la función simbólica comienza la inteligencia representacional. Realiza juegos «como si». Ha logrado completamente la «conservación del objeto», tanto en los desplazamientos visibles como invisibles. Es capaz de imitar un modelo que no está presente.	Repentino aumento de las palabras, nombres, verbos, adjetivos, adverbios. Emplea el «yo», «tú», «mi», «mío». Entiende el sentido de las palabras. Su léxico es de 300 a 400 palabras. Esta etapa la llamamos «la explosión del lenguaje», y aparece al final del segundo año.

Su inteligencia y lenguaje se han desarrollado armónicamente, ya que

«hace lo que dice y dice lo que hace».

12

El desarrollo general del niño de 6 a 24 meses

DESARROLLO DEL SEGUNDO SEMESTRE			
MOTRICIDAD	**INTELIGENCIA**	**LENGUAJE**	**SOCIABILIDAD**
Si se le sostiene por debajo de los brazos en posición vertical, flexiona las rodillas. Sostiene un juguete en cada mano. Se vuelve sobre el vientre. Repta. Gatea. Empieza a andar de lado cogido alrededor de los muebles. Mantiene el equilibrio del tronco. Coge objetos oscilantes. Consigue darse la vuelta estando tumbado. Se mantiene sentado. Pasa objetos de una mano a otra. Se mantiene en pie. Anda con ayuda.	Mete un cubo redondo dentro de otro. Saca juguetes de un recipiente. Saca las llaves de las cerraduras. Mete objetos en cajas y agujeros, llena con juguetes los recipientes. Tira de un juguete distante con ayuda de una cuerda. Imita las acciones que realiza el adulto y que le resultan interesantes. Aparece la anticipación. Sonríe esperando que aparezca su madre cuando se abre la puerta. Actos intencionados en conseguir metas. Curiosea; experimentando y basándose en el aprendizaje de sus errores introduce variaciones. Inicio de la causalidad. Realiza comportamientos claramente intencionados y, por tanto, inteligentes. Si un obstáculo se le interpone en el camino hacia el logro de su objetivo, el niño apartará el obstáculo y alcanzará el objeto deseado. Se despierta un mayor interés táctil y visual por los detalles. Conciencia de relaciones: causa/efecto. Experimentación activa. Si colocamos al niño frente a dos agujeros, uno cuadrado y otro redondo, existe una perceptividad espacial para el agujero redondo e intentará meter en él un palito o su propio dedo.	Dice «pa-pa, ma-ma, ta-ta, da-da»... Comienza a masticar y así incrementará la destreza de los labios y la lengua. Se deben nombrar objetos, acciones y cualidades insistentemente delante del niño. El niño señala los objetos que desea y no alcanza, pero no sabe nombrarlos; se deben nombrar antes de dárselos. Con la incorporación de los músculos accesorios del habla y de la masticación, aumenta la destreza de la lengua y de los labios y se favorece la vocalización articulada. Comprende mucho más de lo que es capaz de expresar. Por eso incrementaremos nuestra comunicación verbal. Comienza la conquista de sí mismo, de su yo. Necesita la intervención con otros niños y adultos en grupos de juegos junto a sus padres para sentirse seguro.	Manifestación de emociones. Mal genio, placer, ternura, amor, alegría, agrado, desagrado... Ese «otro» distinto de sí mismo debe descubrirlo el niño como algo realmente afectuoso y agradable. El juego repetitivo de interacción adulto-niño sienta las bases de acción e interacción social. Le gusta estar acompañado. La simbiosis afectivo-materna irá disminuyendo gradualmente, permitiendo al niño ser y conocerse como uno entre otros. Necesita de la atención familiar. Señala sus manos, pies. Sus gracias y ocurrencias deben ser aplaudidas por los adultos.

DESARROLLO DE 12 A 18 MESES			
MOTRICIDAD	**INTELIGENCIA**	**LENGUAJE**	**SOCIABILIDAD**
Deja caer las cosas y las suelta voluntariamente. Lanza una pelota hacia el adulto dando patadas con el pie. Hace garabatos sobre el papel. Logra un mayor equilibrio, ya que sus tobillos y rodillas son más fuertes y flexibles. Es capaz de masticar casi automáticamente. Imita trazos horizontales y verticales. Construye trenes con cubos.	Observa los resultados producidos por una acción y resuelve la situación. Domina las relaciones elementales de geometría del mundo que le rodea. Tiene sentido de la verticalidad (construye torres, traza rayas de arriba abajo). El niño, que continúa en las reacciones circulares terciarias, buscará la novedad por sí misma, introduciendo variaciones y observando los resultados producidos por ellas; por ello todo lo quiere hacer él solo. La actividad sensoriomotriz de un niño a los 13-14 meses le lleva a manipular constantemente los objetos y a explorar el espacio y ampliarlo con su capacidad recién adquirida de trasladarse de un sitio a otro. Esto conduce al niño a la inteligencia práctica. Al lenguaje, que es la expresión de la representación, el niño accederá por la imitación. Sabe señalar cosas, tanto en la realidad como en dibujos.	Aunque utiliza las mismas palabras que el adulto, no les atribuye el mismo significado. Con el tiempo, poco a poco, irá nombrando las palabras con el significado que el adulto les da. Ante los primeros pasos de la fase lingüística, el niño emite palabras a las que da varios significados. Con una palabra el niño se puede referir a diferentes hechos, cosas o situaciones. Entre los 12 y 14 meses el niño maneja unas 20 palabras. A partir de los 15 meses comienza a conjugar dos palabras. Aparece la indicación o señalización de los objetos, acompañada de su nombre respectivo. Combinaciones con dos palabras. Pronuncia perfectamente de diez a quince palabras. Utiliza sustantivos, verbos, adjetivos y adverbios.	Comienza a reclamar lo que le pertenece. Autorreconocimiento ante el espejo. Da y coge lo que el adulto le pide y ofrece. Las conductas se reforzarán por parte de los adultos si el niño nota que produce un efecto. Así verá reforzadas sus conductas, tanto las negativas como las positivas. Mediante la aceptación de los miembros de su grupo se creará la autoestima.

Desarrollo de 18 a 24 meses			
Motricidad	**Inteligencia**	**Lenguaje**	**Sociabilidad**
Empuja con el pie un balón. Vuelve las páginas de un libro. Hace una torre de tres cubos. Sube una escalera agarrándole de una mano. Para el final de la etapa: Hace una torre de seis cubos. Imita un trazo simple. Coloca varias piezas de un puzle. Ayuda a guardar sus cosas. Intenta plegar un papel en dos. Corta con tijeras.	Encontrará nuevos medios para resolver sus problemas. Si escondemos un juguete en nuestra mano delante de él y la introducimos en el bolsillo, sacamos la mano y le enseñamos que está vacía, el niño buscará el juguete en el bolsillo. Dominará la geometría horizontal (construye trenes y traza rayas de izquierda a derecha). Tendrá en cuenta los desplazamientos visibles y los invisibles. Hará imitaciones diferidas de un modelo que no está presente. En los juegos se manifiesta la simbolización; el niño descubre la ficción en los juegos de como si... El niño adquiere la capacidad de formar juicios negativos. Una mesa no es una silla. Aparecerá la función simbólica, es un gran paso en el desarrollo de su inteligencia. Con la aparición del simbolismo, termina el predomino de la inteligencia sensoriomotriz y comienza la inteligencia representativa.	Vocabulario básico de unas 300 palabras. Emplea yo y tú, mi y mío. Sus frases expresan intención y acción: hace lo que dice y dice lo que hace.	Colabora con el adulto en desnudarse y vestirse. Le gusta jugar «junto a» (juego paralelo); todavía no puede «jugar con» (juego participativo). Empezará a atribuirse sus acciones, y a distinguir entre yo, tú, mío y tuyo. Es la edad de las gracias, lo que posibilita al niño salir de su autocentrismo incrementando el desarrollo del intercambio socioafectivo. Se beneficia con los grupos de juego en los que puede jugar junto a otros niños, pero todavía en presencia de sus padres.

Bibliografía

Ajuriaguerra Toray (1980). *Manual de psiquiatría infantil*. Masson.
Alonso Fernández, F. (1982). *Cuerpo y comunicación*. Pirámide.
Ancín, T. (1989). *Cuerpo, espacio, lenguaje*. Narcea.
Barraguer y Bordás, L. (1993). *Cerebro-mente en neurología clínica.*
Barrera Moncada, G. (1987). *Psicopediatría*. Salvat.
Bertherat, T. (1987). *El cuerpo tiene sus razones*. Argos Vergara.
Bertherat, T. (1988). *El correo del cuerpo*. Hogar del Libro.
Bettelheim, B. (1978). *Psicoanálisis de los cuentos de hadas.*
Bettelheim, B. (1989). *No hay padres perfectos*. Crítica-Grijalbo.
Bonnet, M. y G. (1991). *La comunicación con el bebé*. Gedisa.
Brazelton, T. B. (1987). *El saber del bebé*. Paidós.
Brown, S. (2009). *A jugar*. Ed. Urano.
Córdova, Marcelo (2012). «El secreto de las neuronas donde reside nuestra conciencia». Tendencias, La Tercera.
Coriat, L. (1974). *Maduración psicomotriz en el primer año del niño*. Hemisur.
Corkille Briggs, D. (1986). *El niño feliz*. Gedisa.
Damasio, A. (2006). *En busca de Espinoza. Neurobiología de la emoción y de los sentimientos*. Crítica.
Diamond, M. C.; Scheibel, A. B. y Elson, L. M. (1996). *El cerebro humano. Libro de trabajo*. Ariel.
Dolto, F. (1990). *Los niños y su derecho a la verdad*. Atlántida.
Eliot, L. (1999). *What's going on in there? How the brain and mind develop in the first five years of life.*
Entrolgo, L. (1991). *El problema alma-cuerpo en el pensamiento actual.*
Fodor, E. y Morán, M. *Todo un mundo por descubrir*. Pirámide.
Fodor, E.; G.ª-Castellón, C. y Morán, M. (2013). *Todo un mundo de sensaciones*. Pirámide.
Fodor, E. y Morán, M. (2004). *Todo un mundo de sorpresas. Educar jugando*. Pirámide.

Fodor, E. y Morán, M. (2011). *Todo un mundo de emociones. La misteriosa vida emocional del bebé.* Pirámide.
Garvey, C. (1985). *El juego infantil.* Morata.
Gesell (1977). *El niño de 1 a 4 años.* Paidós.
Goldberg, E. (2004). *El cerebro ejecutivo. Lóbulos frontales y mente civilizada.* Crítica.
Gómez Bosque, P. y Ramírez, A. (1998). *Cerebro, mente y conducta humana.*
Gordon, M. S. (1989). *Neurobiología.* Labor.
Haken, H. y Stadler, M. (1990). *Synergetics of Cognition: Proceedings of the International Symposium at Schloss Elmau,* Bavaria, 4-8 junio de 1989. Springer-Verlag.
Haxthausen, M. (1975). *Sentir el cuerpo.* Urano.
James y Jongeward (1985). *Nacidos para triunfar.* Fondo Educativo Interamericano.
Jones, C. (1992). *Cómo ser el mejor profesor de su hijo.* Medici.
Kesselman, S. (1985). *Dinámica corporal.* Fundamentos.
Kesselman, S. (1990). *El pensamiento corporal.* Paidós.
Kolb, B. y Whishaw, I. Q. (1986). *Fundamentos de neuropsicología humana.*
Kolb, B. y Whishaw, I. (2002). *Cerebro y conducta. Una introducción.* McGraw-Hill/Interamericana de España.
Konpernik, C. (1978). *Desarrollo psicomotor de la primera infancia.* Paideia.
Lang, S. (1994). *El placer estético de las matemáticas.*
Lapierre y Aucouturier (1980). *El cuerpo y el inconsciente.* Científico-Médica.
Le Boulch, J. (1981). *El desarrollo psicomotor desde el nacimiento a los 6 años.* Doñate.
Lévy, J. (1975). *The baby exercise book.*
Lewis, D. (1987). *El lenguaje secreto del niño.* Martínez Roca.
Linden, E. (1989). *Monos, hombres y lenguaje.*
Llavona, L. M. y Méndez Carrillo, F. X. (2012). *Manual del psicólogo. Un nuevo perfil profesional.* Pirámide.
Marina, J. A. (2001). *El cerebro infantil, la gran oportunidad.* Ariel.
Martin, J. H. (1998). *Neuroanatomía.* Prentice Hall.
Mayoral Alavedra (1982). *Introducción a la percepción.* Científico-Médica.
Mazet, P. y Stoleru, S. (1990). *Manual de la psicopatología de la primera infancia.* Masson.
Muñoz Céspedes, J. M. y Tirapu Ustárroz, J. (2001). *Rehabilitación neuropsicológica.* Síntesis.
Numa, S. (1989). «A Molecular View of Neurotransmitter-Receptors and Ionic Channer», en *The Harvey Lectures,* n.º 83.
Ortiz, T. (2009). *Neurociencia y Educación.* Alianza Editorial.
Paidós educador (1985). *Desde su bebé, el niño de 1 año, 2 años... según edad del niño.*
Palomo, B. (1995). *Optometría pediátrica.*
Pikler, E. (1985). *Moverse en libertad.* Narcea.
Portellano, J. A. (2007). *Neuropsicología infantil.* Síntesis.

Prieto Miguélez, F. y Portellano Pérez, J. A. «Estudio de las asimetrías hemisféricas somestésicas en la infancia mediante test dicáptico». Revista *Polibéa.*

Rainwater, C. (1976). *Luz y color.*

Regalado García, A. (1990). *El laberinto de la razón: Ortega y Heidegger.*

Rodríguez Delgado, J. M. (2001). *La mente del niño.* Aguilar.

Rosselli, M.; Matute, E. y Ardila, A. (2010). *Neuropsicología del desarrollo infantil. Manual moderno.* México.

Rutherford, F. (1971). *You and your baby.*

Schaefer, C. y O'Connor, K. (1988). *Manual de terapia de juego.* Manual Moderno.

Schiff, E. (1988). *Hijos felices.* Martínez Roca.

Shea, W. (1990). *La magia de los números y el movimiento.*

Sieguel, D. J. y Payne Bryson, T. (2012). *El cerebro del niño. 12 estrategias revolucionarias para cultivar la mente en el desarrollo de tu hijo.* Alba.

Skarda, C. A. y Freeman, W. J. (1990). «How Brains Make Chaos in Order to Make Sense of the World», en *Behavioral and Brain Sciences,* vol. 10, n.º 2.

Spitz, R. (1961). *El primer año de vida del niño.* Aguilar.

Squire, L. R. (1993). «Memory and the Hippocampus: a synthesis from findings with rats, monkeys, and humans», en *Psycological Review,* vol. 99, n.º 2.

Stevens, J. (1976). *El darse cuenta.* Cuatro Vientos.

Stoch, E. (1986). *Enseñar a pensar.* Martínez Roca.

Stoppard, M. (1983). *Day by day baby care.*

Vayer, P. (1980). *El equilibrio corporal.* Científico-Médica.

Vayer, P. (1985). *El diálogo corporal.* Científico-Médica.

VV.AA. (1985). *Conversaciones con Gerda Alexander.* Paidós.

VV.AA. (1985). *Diccionario enciclopédico de educación especial.* Aula Santillana.

Walon, D. (1978). *Vuestro hijo de 0 a 6 años.* Herder.

Wittgenstein, L. (1991). *Observaciones sobre los fundamentos de la matemática.*

Yela, M. (1991). *Yo y mi cuerpo.*

Zeki, S. y Shipp, S. (1989). «The Functional Logic of Cortical Connections», en *Nature,* vol. 335, n.º 6188.

OTRAS OBRAS DE LA COLECCIÓN TODO UN MUNDO...

TODO UN MUNDO DE SENSACIONES

Mi bebé de 0 a 6 meses. Vivir una experiencia emotiva a través del juego

Fodor, Elizabeth; García-Castellón, María del Carmen; Morán, Montserrat

8.ª ed., 2.ª reimp., 2015 | 400 págs. | 15,5 x 23 cm
Rústica | 267047 | 978-84-368-2992-1 | ebook 978-84-368-3021-7

TOT UN MÓN DE SENSACIONS (Versión en catalán)

2013 | 376 págs. | 15,5 x 23 cm
Rústica | 267046 | 978-84-368-2939-6 | ebook 978-84-368-3022-4

TODO UN MUNDO DE EMOCIONES

La misteriosa vida emocional del bebé

Fodor, Elizabeth (Dir. y coord.); Morán, Montserrat

1.ª ed., 2.ª reimp., 2015 | 384 págs. | 15,5 x 23 cm
Rústica | 267036 | 978-84-368-2524-4

TODO UN MUNDO DE SORPRESAS

Educar jugando. El niño de 2 a 5 años

Fodor, Elizabeth; Morán, Montserrat; Moleres, Andrea

4.ª ed., 2015 | 360 págs. | 15,5 x 23 cm
Rústica | 267024 | 978-84-368-2217-5

TODO UN MUNDO DE SONRISAS

Juegos mes a mes para un bebé feliz

Fodor, Elizabeth (dir. y coord.); Morán, Montserrat

4.ª ed., 1.ª reimp., 2012 | 312 págs. | 21 x 26 cm
Cartoné | 267037 | 978-84-368-2556-5